Cambridge IGCSE™

Italian

Clelia Boscolo • Ernestina Meloni •
Carla Morra • Lucina Stuart

All exam-style questions and sample answers in this title were written by the authors. In examinations, the way marks are awarded may be different.

Photo credits

All photos © Adobe Stock

Acknowledgements

Every effort has been made to trace all copyright holders, but if any have been inadvertently overlooked, the Publishers will be pleased to make the necessary arrangements at the first opportunity.

Hodder Education would like to thank the following people:

Jackie Coe for her dedication as freelance publisher; Paola Tite for her hard work as editor; Luca Malici for his invaluable role as teacher reviewer.

Although every effort has been made to ensure that website addresses are correct at time of going to press, Hodder Education cannot be held responsible for the content of any website mentioned in this book. It is sometimes possible to find a relocated web page by typing in the address of the home page for a website in the URL window of your browser.

Hachette UK's policy is to use papers that are natural, renewable and recyclable products and made from wood grown in well-managed forests and other controlled sources. The logging and manufacturing processes are expected to conform to the environmental regulations of the country of origin.

Orders: please contact Hachette UK Distribution, Hely Hutchinson Centre, Milton Road, Didcot, Oxfordshire, OX11 7HH. Telephone: (44) 01235 827827. Email education@hachette.co.uk Lines are open from 9 a.m. to 5 p.m., Monday to Friday. You can also order through our website: www.hoddereducation.com

ISBN: 978 1 5104 4808 7

© Clelia Boscolo, Ernestina Meloni, Carla Morra and Lucina Stuart 2019

First published in 2019 by
Hodder Education,
An Hachette UK Company
Carmelite House
50 Victoria Embankment
London EC4Y 0DZ

www.hoddereducation.com

Impression number 10 9 8 7 6 5 4

Year   2023 2022

All rights reserved. Apart from any use permitted under UK copyright law, no part of this publication may be reproduced or transmitted in any form or by any means, electronic or mechanical, including photocopying and recording, or held within any information storage and retrieval system, without permission in writing from the publisher or under licence from the Copyright Licensing Agency Limited. Further details of such licences (for reprographic reproduction) may be obtained from the Copyright Licensing Agency Limited, www.cla.co.uk

Cover photo © Fotolia

Illustrations by Barking Dog

Typeset by Ian Foulis Design

Printed by Ashford Colour Press Ltd

A catalogue record for this title is available from the British Library.

MIX
Paper from responsible sources
FSC™ C104740

Contents

How to use this book   4

1 I introduce myself

1.1 My home   6
1.2 My school   12
1.3 My eating habits   18
1.4 My body and my health   22
Vocabolario 1   26
Angolo dell'esame A   28

2 My family and my friends, at home and abroad

2.1 Self, family, pets, personal relationships   34
2.2 House and home   40
2.3 Leisure, entertainments, invitations   44
2.4 Eating out   48
2.5 Special occasions   52
2.6 Family and friends abroad   56
Vocabolario 2   62
Angolo dell'esame B   64

3 Where I live and what it's like

3.1 Home town and geographical surroundings   68
3.2 Shopping   74
3.3 Public services   80
3.4 Natural environment   86
3.5 Weather   90
3.6 Finding the way   96
Vocabolario 3   102
Angolo dell'esame C   104

4 Studying and working

4.1 Italian schools   110
4.2 Further education and training   114
4.3 Future career plans   118
4.4 Employment   122
4.5 Communication and technology at work   126

5 The international perspective

5.1 International travel   132
5.2 Weather on holiday   136
5.3 Festivals and faiths   138
5.4 International menus   140
5.5 Environmental problems   142
Vocabolario 4 & 5   144
Angolo dell'esame D   146

Grammar   150

How to use this book

Structure of the book

This book is split into sections 1–5. Each section is broken down into units that cover topics on your course. Each unit is split into several spreads. Every spread has listening, reading, writing and speaking activities to help develop your skills. Below is an example of what you can find on each spread.

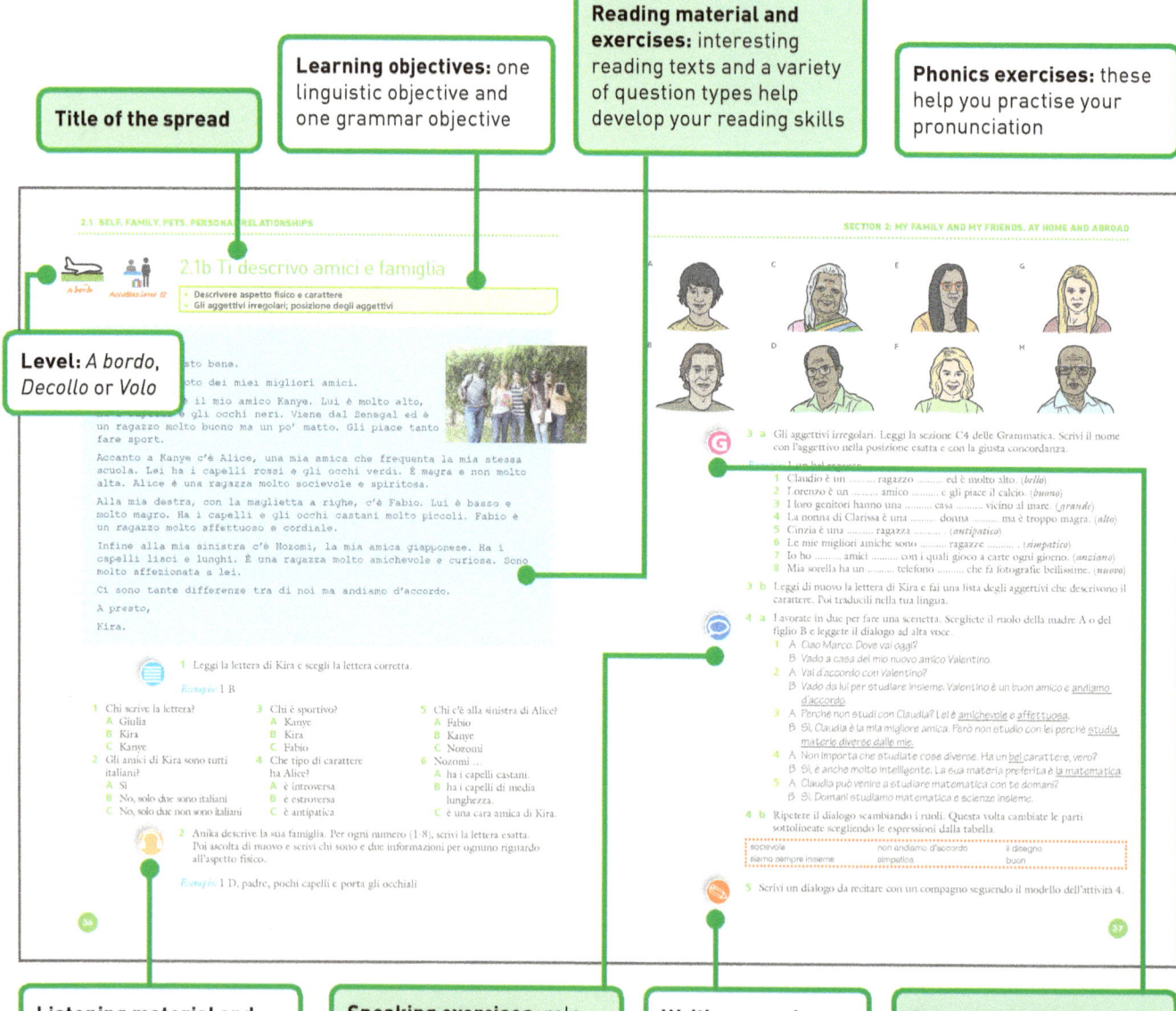

Title of the spread

Learning objectives: one linguistic objective and one grammar objective

Reading material and exercises: interesting reading texts and a variety of question types help develop your reading skills

Phonics exercises: these help you practise your pronunciation

Level: *A bordo*, *Decollo* or *Volo*

Listening material and exercises: engaging audio recordings with a variety of speakers help develop your comprehension and listening skills

Speaking exercises: role plays and group or class conversations help you to practise your speaking skills

Writing exercises: plenty of practice at writing short (80–90 words) and longer (130–140 words) pieces to strengthen your writing skills

Grammar exercises: practice of a particular grammar point. You can refer to the grammar section at the end of the book for an explanation of the grammar point before trying the exercise.

At the end of sections 1, 2, 3 and 5, you will find the following:

- **Vocabulary** — lists of key vocabulary for that topic.
- **Exam corners** — these sections focus on a particular key skill you need to develop. These include exam-style tasks and suggested answers written by the authors.

Check-in worksheets

Check-in worksheets are available to your teacher as indicated at the start of some of the spreads. The worksheets help you to revise basic vocabulary or grammar before starting work on the course.

Accettazione

Differentiation

The three levels of difficulty in the book are indicated by an aeroplane icon along with the following terms: *A bordo*, *Decollo* and *Volo*.

- *A bordo* — these spreads introduce you to the topic with reading or listening material and exercises. There are no *A bordo* spreads in sections 4 and 5, as your skills will have developed beyond this level by that point in the course.

A bordo

- *Decollo* — these spreads develop and extend your language and grammar.

Decollo

- *Volo* — these sections are for students who are aiming for the top level.

Volo

Grammar

- There are grammar exercises throughout the book, covering all the grammar you need to know.
- There is a grammar reference section at the back of the book with explanations of all the grammar points in the book.
- Grammar exercises include a reference to the grammar section so that you can use this to help you complete the exercises.
- Examples of the grammar point in the exercise can be found in the reading text or listening passage on the same spread.
- Verb tables are provided online at **www.hoddereducation.co.uk/igcse_italian**

1.1 My home

1.1a Dove abito?

★ Parlare di dove abiti
★ Preposizioni *a / di / da / in*; le preposizioni articolate *alla / della / dalla / nella* etc.

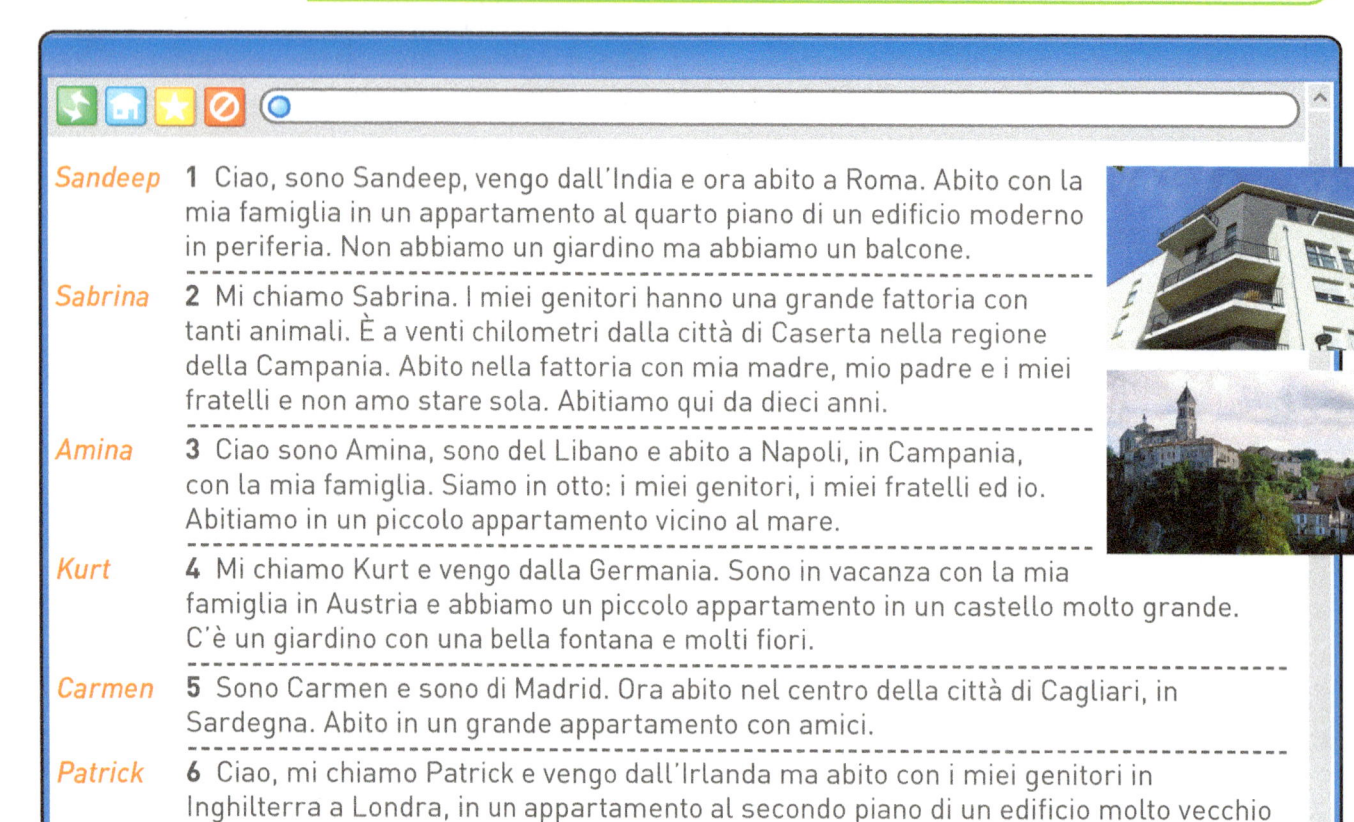

Sandeep 1 Ciao, sono Sandeep, vengo dall'India e ora abito a Roma. Abito con la mia famiglia in un appartamento al quarto piano di un edificio moderno in periferia. Non abbiamo un giardino ma abbiamo un balcone.

Sabrina 2 Mi chiamo Sabrina. I miei genitori hanno una grande fattoria con tanti animali. È a venti chilometri dalla città di Caserta nella regione della Campania. Abito nella fattoria con mia madre, mio padre e i miei fratelli e non amo stare sola. Abitiamo qui da dieci anni.

Amina 3 Ciao sono Amina, sono del Libano e abito a Napoli, in Campania, con la mia famiglia. Siamo in otto: i miei genitori, i miei fratelli ed io. Abitiamo in un piccolo appartamento vicino al mare.

Kurt 4 Mi chiamo Kurt e vengo dalla Germania. Sono in vacanza con la mia famiglia in Austria e abbiamo un piccolo appartamento in un castello molto grande. C'è un giardino con una bella fontana e molti fiori.

Carmen 5 Sono Carmen e sono di Madrid. Ora abito nel centro della città di Cagliari, in Sardegna. Abito in un grande appartamento con amici.

Patrick 6 Ciao, mi chiamo Patrick e vengo dall'Irlanda ma abito con i miei genitori in Inghilterra a Londra, in un appartamento al secondo piano di un edificio molto vecchio in un quartiere del centro.

---

1 Leggi il testo del forum e scegli la lettera corretta per ogni numero.

Esempio: 1 C

1 Sandeep abita …
  A vicino al mare.   B in campagna.
  C in una grande città.
2 Sabrina abita in una fattoria …
  A con i suoi genitori.   B con i suoi amici.
  C da sola.
3 Amina abita …
  A in Libano.
  B a Napoli, vicino al mare.
  C in Campania in un grande appartamento.
4 Kurt è in vacanza …
  A in Austria, in un appartamento in un castello.
  B in un castello in Germania.
  C in una casa con giardino.
5 Carmen abita …
  A in un appartamento nel centro di Madrid, in Spagna.
  B in una grande casa, a Cagliari, in Sardegna.
  C con amici nel centro di Cagliari.
6 Patrick abita …
  A a Londra al primo piano di un vecchio edificio.
  B in Irlanda, in un appartamento in centro.
  C al secondo piano di un appartamento di un quartiere di Londra.

SECTION 1: I INTRODUCE MYSELF

2 Ascolta Marina e Giuseppe che parlano di dove abitano. Leggi le frasi e scrivi il nome della persona che parla.

Esempio: 1 Marina

1 Abito con i miei genitori.
2 Abito in un appartamento con amici.
3 Abito nel centro della città.
4 Abito nella periferia della città.
5 La mia casa ha un grande giardino e molti fiori.
6 Ho due grandi balconi.
7 Abito al terzo piano.
8 La mia casa ha due piani.

Esempio: appartamento = flat

3 a Le preposizioni semplici. Leggi la sezione D1 della Grammatica e completa le frasi con le preposizioni *in, di, a, da*.

in (×6)
di (×2)
a (×4)
da (×2)

Esempio: 1 in

1 Dove abiti .... Germania?
2 Io abito .... Palermo, ... un appartamento grande.
3 Sono nata .... India ma abito .... Lecco.
4 Siena è una piccola città non lontana .... Pisa.
5 La mia amica Karen è .... Londra e abita .... periferia.
6 Jeremiah abita .... San Francisco, ... America.
7 Noi abitiamo .... Gran Bretagna .... molti anni.
8 Sono .... Cagliari ma abito .... Londra.

3 b Le preposizioni articolate: *di / a / da / in + il / lo / la / l'*. Leggi la sezione D2 della Grammatica. Rileggi il testo del forum e cerca le espressioni con le preposizioni articolate. Scrivile e traducile nella tua lingua.

4 L'accento sull'ultima sillaba. Ascolta questa frase e separa le parole. Poi ripetila tre volte ad alta voce e traducila nella tua lingua.

Lulùvaillunedìsuegiùincittàperchévuoleuncaffèountè

5 a Lavorate in due per fare una scenetta. Un nuovo compagno è arrivato a scuola e vuoi conoscerlo. Scegliete il ruolo A o B e leggete il dialogo ad alta voce.

1 A Dove abiti?
  B Abito a <u>Londra</u>.
2 A Da dove vieni?
  B Vengo dalla <u>Germania</u>.
3 A Da dove esattamente?
  B Vengo da <u>un paesino</u>.
4 A In che tipo di casa abiti?
  B Abito in <u>un appartamento</u>.
5 A Com'è la tua casa?
  B È <u>piccola e moderna</u>.

5 b Ripetete il dialogo scambiandovi i ruoli. Questa volta cambiate le parti sottolineate.

6 Scrivi un breve paragrafo. Parla della tua casa (80-90 parole). Puoi usare il linguaggio delle attività 1a e 5a/b per aiutarti.

La mia casa

- Da dove vieni e dove abiti ora?
- Abiti in una casa o in un appartamento?
- Dove si trova la tua casa?
- Com'è la casa dove abiti? Ti piace?

1.1 MY HOME

1.1b Ecco la mia casa

★ Descrivere la propria casa in dettaglio
★ Gli aggettivi e la concordanza (numero e genere); *c'è, ci sono*; la congiunzione *e / ed*

Zara   **1** Ciao a tutti! mi chiamo Zara, la mia camera preferita è il salotto. È grande, c'è un divano rosso comodo, ci sono due poltrone arancioni e una lampada gialla.

Rajesh   **2** Ciao! Io sono Rajesh, la mia camera preferita è lo studio dove c'è un computer. Ci sono scaffali pieni di libri e una scrivania.

Sandra   **3** Buongiorno, io mi chiamo Sandra ed abito in un appartamento piccolo ma comodo. La mia camera preferita è la mia camera da letto. Ci sono un letto e un armadio rosa. Ha una bella finestra.

Stefano   **4** Ciao! Sono Stefano, la mia camera preferita è la mia camera da letto. Ha le pareti bianche e blu. Non ci sono molti mobili.

Harsha   **5** Buonasera, mi chiamo Harsha, la mia camera preferita è la cucina: è grande ed è bella. Ha il pavimento grigio chiaro e i mobili rossi.

Anil   **6** Ciao, sono Anil, l'ingresso è la mia camera preferita. Ci sono un quadro e uno specchio.

Gabriella   **7** Ciao! Sono Gabriella, la mia camera preferita è il bagno perché c'è una bella doccia. Ci sono uno specchio grande e un mobile tutto verde!

Amyra   **8** Ciao, mi chiamo Amyra, abito in una casa piccola dove c'è un salotto con tanti quadri. Il soffitto è viola chiaro.

---

1 a Leggi il testo del forum riguardo alla camera preferita dei ragazzi e scrivi il nome del ragazzo o della ragazza per ogni descrizione.

Esempio: 1 Rajesh

1. Ci sono scaffali con molti libri e una scrivania.
2. Il soffitto è viola e ci sono tanti quadri.
3. Ha i mobili rosa.
4. Nella sua camera preferita c'è una lampada gialla.
5. La sua camera preferita è tutta verde.
6. Nella sua camera preferita c'è uno specchio.
7. I mobili sono rossi e il pavimento è grigio chiaro.
8. Ha le pareti bianche e blu e pochi mobili.

1 b Leggi il forum una seconda volta. Scrivi i nomi delle stanze accanto a ogni descrizione dell'esercizio 1a. Traducili nella tua lingua e impara il vocabolario.

Esempio: 1 studio

2 Ascolta Francesca e Sergio che parlano della loro casa. In ogni frase c'è un dettaglio che non corrisponde all'ascolto. Ascolta e scrivi la parola giusta.

SECTION 1: I INTRODUCE MYSELF

Esempio: 1 ~~tre~~ due
1 Francesca abita in una casa a tre piani.
2 La camera di Francesca ha tutti i mobili viola.
3 La camera da pranzo ha un tavolo e sei sedie.
4 Il salotto è enorme.
5 Sergio abita con amici.
6 L'appartamento di Sergio è in campagna.
7 Ha un salotto molto piccolo.
8 Ha un bagno senza doccia.

3 a Concordanza degli aggettivi. Leggi la sezione C1 della Grammatica. Completa le frasi con gli aggettivi al maschile o al femminile, al singolare o al plurale.

Esempio: 1 gialle
1 La camera di Laura ha le pareti .... (*giallo*).
2 La cucina di Mirko è molto .... (*grande*).
3 I divani del salotto di Franco sono molto .... (*lungo*) e .... (*spazioso*).
4 La camera dei miei genitori ha due balconi .... (*enorme*).
5 A casa di Laura c'è una cucina .... (*piccolo*) e .... (*buio*).
6 La camera di Maria ha una scrivania e una sedia .... (*viola*).
7 Nel mio salotto ci sono due tappeti .... (*verde*) molto .... (*grande*).
8 Nello studio ci sono due scaffali .... (*pieno*) di libri .... (*antico*).

3 b *C'è, ci sono*, la congiunzione *e / ed*. Leggi le sezioni E5 e L1 della Grammatica. Scegli quattro frasi dal forum con *c'è / ci sono* e con *e / ed* e traducile nella tua lingua.

4 Due amici parlano della loro camera. Alla frase nell'esempio aggiungi una nuova informazione. Usa la tabella sotto per aiutarti.

Esempio: La camera è grande.

La camera è grande con pareti bianche.

La camera è grande con pareti bianche. C'è un armadio verde.

A destra ci sono A sinistra ci sono	un letto e un comò / uno scaffale e una scrivania / una lampada e un divano / un tavolo e le sedie.
A destra ci sono A sinistra ci sono	scaffali pieni di libri. molti libri.
Davanti / dietro / in fondo c'è	un giardino / un garage.
La mia camera preferita è	il salotto / la mia camera da letto / lo studio / il bagno.

5 Disegna la tua camera da letto o fai una foto. Scrivi 6 frasi e descrivi cosa c'è nel disegno / nella foto. Usa le informazioni della tabella.

Esempio: Nella mia camera …
… a destra / a sinistra c'è un armadio verde.
… ci sono due scaffali e molti libri.

9

1.1 MY HOME

A bordo

Accettazione 3

1.1c Cosa fai in casa?

★ Attività nelle diverse camere
★ Il presente di *essere*, *avere*, *fare* e *andare*; i pronomi personali soggetto

Ciao!

Mi chiamo Giovanni. Abito a Palermo, in una casa grande e bella in periferia. Quando io torno a casa da scuola vado in camera mia e ascolto musica o gioco ai videogiochi. Poi vado in cucina e preparo la merenda, un panino. Di solito mangio pane e nutella e poi gioco con il mio cane o il mio gatto. Sì, ho un cane, Fido, e anche un gatto, Gigi, e sono molto simpatici. Il cane di solito dorme in cucina al piano terra, mentre Gigi dorme sul letto di mia sorella. Abbiamo due bagni: uno piccolo al piano terra e uno grande al primo piano.

Mia sorella di solito è in salotto: lei guarda la TV e fa i compiti. Mio padre quando è a casa è nello studio: lui chiude la porta e lavora al computer. La sera lui legge il giornale in salotto o guarda le notizie alla televisione. Mia madre adora cucinare e prepara il pranzo e la cena tutti i giorni. Di solito mangiamo in cucina. Quando lei non cucina mette in ordine la casa. Lei non è mai stanca.

Durante il giorno, noi siamo tutti fuori casa a parte mia mamma che lavora da casa. Lei lavora per un giornale e scrive articoli. Scrive al computer e fa molte telefonate.

La domenica io resto a casa e faccio i compiti o noi guardiamo, tutti insieme, un film in salotto.

Scrivimi presto,

Giovanni

1 a Leggi la lettera di Giovanni e poi indica se le affermazioni sono vere (V) o false (F).

Esempio: 1 F

1 Giovanni abita in centro.
2 La sua casa è piccola ma bella.
3 Sua sorella guarda la TV in salotto.
4 Suo padre lavora nello studio.
5 Suo padre aiuta in cucina.
6 Sua madre non lavora, si occupa solo della casa.
7 Il suo gatto e il suo cane dormono in giardino.
8 La domenica di solito Giovanni non esce.

1 b Correggi le frasi false.

Esempio: 1 Abita in periferia.

2 a Ascolta una conversazione tra un ragazzo e una ragazza: Luigi e Paola. Abbina le attività alle camere.

SECTION 1: I INTRODUCE MYSELF

Esempio: 1 F

1 camera da letto   **A** Faccio merenda.
2 salotto   **B** Gioco con il telefonino.
3 cucina   **C** Guardo la TV con i miei genitori.
4 bagno   **D** Metto il pigiama.
5 studio   **E** Faccio i compiti.
   F Ascolto musica quando torno da scuola.

2 b Riascolta la conversazione e rileggi le frasi A-F. Scrivi L se parla Luigi, P se parla Paola.

3 a Il presente dei verbi *essere* e *avere*, *fare* e *andare*. Leggi le sezioni G2 e G4 della Grammatica. Leggi le frasi e completale coniugando i verbi tra parentesi.

Esempio: 1 fai

1 Cosa .... (*fare*) nella tua camera da letto?
2 Di dove .... (*essere*) gli amici di Claudia?
3 Io e Fabrizio .... (*andare*) a casa di Matilde e .... (*mangiare*) da lei stasera.
4 Voi dove .... (*fare*) i compiti di solito? Io li .... (*fare*) in cucina.
5 Chiara e Luisa, ... (*avere*) il regalo per Giorgio?
6 Cosa .... (*fare*) Luigi il pomeriggio in camera sua?
7 Di solito .... (*studiare*) nella mia camera da letto.
8 Lara .... (*guardare*) sempre la TV dopo la scuola.

3 b Per ogni frase scrivi il pronome personale soggetto.

Esempio: 1 tu

4 Rispondi alle domande. Usa la tabella per aiutarti.
1 Dove fai i compiti il pomeriggio?
2 Cosa fa tua mamma in cucina?
3 Cosa fa la tua famiglia la sera, dopo cena?
4 Cosa fa tuo padre dopo il lavoro?
5 Qual è la tua camera preferita? E perché?

In cucina	faccio una torta / faccio la pizza / preparo il pranzo / preparo la cena / aiuto la mamma a preparare la cena / mangio un panino	la mattina / il pomeriggio / la sera.
In salotto	io e la mia famiglia guardiamo la TV / io ascolto musica / mio padre legge il giornale / mia madre guarda il telegiornale / mia sorella fa i compiti	tutte le sere.
In camera da letto	mia mamma legge un libro / io ascolto musica / gioco al computer / faccio i compiti / studio / noi dormiamo	il fine settimana / la sera / la notte.
In bagno	noi facciamo la doccia / io faccio il bagno / mia sorella si lava i denti / mia mamma si lava il viso	tutte le sere / tutte le mattine / tutti i giorni.
Nello studio	mio padre lavora / mia madre scrive al computer.	

5 Scrivi le attività che fai di solito a casa (80-90 parole). Usa la tabella sopra per aiutarti.
Cosa fai di solito a casa?
- Di solito dove fai i compiti e quando?
- Dove guardi la TV e con chi?
- Cosa fai a casa il fine settimana?
- Qual è la tua stanza preferita? E cosa ti piace fare lì?

1.2 My school

1.2a La mia scuola

★ Descrivere l'orario scolastico e le materie
★ *Mi piace / non mi piace, detesto, amo, preferisco*; l'orario di 24 ore

Ciao Kalil,

Ti parlo della mia scuola, si chiama Liceo Michelangelo. Andiamo a scuola tutti i giorni dal lunedì al sabato incluso. Le lezioni iniziano sempre alle 7:55 e durano 50 minuti ma finiscono ad orari diversi. Abbiamo la ricreazione di 15 minuti dalle 10:25 alle 10:40 dopo la lezione 3. La lezione dopo comincia alle 10:40 e finisce alle 11.30. Facciamo 5 ore d'italiano e il lunedì e il mercoledì abbiamo due ore all'inizio della giornata, mentre il venerdì abbiamo solo un'ora ed è la lezione 3. Abbiamo, in totale, 30 ore settimanali di lezione. Non pranziamo a scuola perché non abbiamo la mensa e torniamo a casa a pranzo.

Le materie che studio sono tante e la mia materia preferita è l'inglese. Adoro l'inglese perché mi piace l'idea di viaggiare e amo la musica inglese. Preferisco l'inglese al francese. Abbiamo lezione d'inglese tre volte alla settimana: il martedì e il venerdì dalle 10:40 alle 11:30, e il sabato lo facciamo dopo il latino. Non mi piace la matematica perché per me è difficile. Odio il latino, è noioso e la professoressa è molto severa. Amo la musica ma facciamo solo due ore di musica alla settimana, il giovedì dopo la ricreazione. Due volte alla settimana studiamo informatica, mi piace perché posso fare programmi ed è importante usare bene il computer. Quali solo le tue materie preferite?

Un saluto,

Marcello

1 a Leggi l'email e poi leggi le frasi. Scrivi se sono vere (V) o false (F).

Esempio: 1 V

1 Le lezioni ci sono tutti i giorni a parte la domenica.
2 Le lezioni iniziano ogni giorno a un orario diverso.
3 Le lezioni durano meno di un'ora.
4 La ricreazione è prima della lezione 4.
5 La materia più difficile per Marcello è la matematica.
6 L'italiano si studia tre volte alla settimana.
7 L'informatica è molto utile.
8 Non ci sono lezioni di musica.

1 b Rileggi l'email e completa la tabella dell'orario con le materie che mancano.

orario	lunedì	martedì	mercoledì	giovedì	venerdì	sabato
7:55–8:45	1.........	matematica	2.........	matematica	latino	matematica
8:45–9:35	italiano	scienze	italiano	scienze	latino	latino
9:35–10:25	storia	geografia	storia	geografia	italiano	4.........
10:25–10:40	intervallo	intervallo	intervallo	intervallo	intervallo	intervallo
10:40–11:30	geografia	inglese	francese	musica	inglese	scienze
11:30–12:20	francese	italiano	francese	3.........	scienze	religione
12:20–13:10	arte	informatica	informatica		sport	
13:10–14:00	arte				sport	

SECTION 1: I INTRODUCE MYSELF

2 Amina parla con Bruno delle materie nella sua scuola. Scegli la frase (A-F) che corrisponde ad ogni materia. Per ogni materia, scrivi la lettera corretta per ogni numero. C'è una frase in più.

Esempio: 1 C

1 Lingue straniere
2 Matematica e scienze
3 Lingua e letteratura italiana
4 Storia e geografia
5 Educazione fisica

A Le ragazze sono molto brave.
B Facciamo lezione nella palestra di un'altra scuola.
C Si può scegliere di studiare anche il tedesco.
D Sono più logiche e interessanti.
E È bello studiare paesi diversi.
F È noiosa e ci sono molti compiti a casa.

3 Il verbo *mi piace / non mi piace* ed espressioni simili. Leggi la sezione G6 della Grammatica. Leggi e completa le frasi con i verbi sotto.

Esempio: 1 odio

| amano | amo | *odio* | odiano | piacciono |
| preferisco | ci piace | preferiamo | piace | |

1 La materia che io .... è la matematica perché per me è molto difficile.
2 Mi .... molto l'italiano.
3 Molti miei compagni ed io .... l'inglese al francese perché .... la musica inglese.
4 Nella mia scuola facciamo tanti sport. Lo sport che io .... in assoluto è la pallacanestro.
5 .... gli sport di squadra, infatti gioco a pallacanestro nella mia scuola.
6 Non mi .... gli sport individuali perché li trovo troppo competitivi.
7 Le ragazze della mia scuola .... la danza, infatti c'è un corso di danza moderna tutti i venerdì pomeriggio.
8 Tutti i ragazzi .... il giovedì perché le lezioni finiscono tardi.

4 a Lavorate in due per fare una scenetta. Sei ospite di una famiglia italiana e parli con il ragazzo che ti ospita. Parli dell'orario della tua scuola e delle materie che preferisci. Scegli il ruolo A o il ruolo B.

1 A *Saluta il tuo ospite e chiedi a che ora inizia e finisce per lui la scuola.*
   B Per me la scuola inizia tutte le mattine alle 8.30 e finisce alle 14:30. A parte il mercoledì e il sabato che ho 4 lezioni e finisco alle 12:30.
2 A *Chiedi se pranza a scuola o dove pranza.*
   B Io torno a pranzo a casa perché la mia scuola non ha la mensa.
3 A *Chiedi quale materia preferisce.*
   B Io preferisco lo sport perché sono bravo a calcio, non sopporto la matematica.
4 A *Chiedi quale materia odia.*
   B Odio storia.
5 A *Chiedi che lezioni hanno domani.*
   B Abbiamo solo due ore di musica.

```
9:15–13:30
il martedì e il giovedì
mangio un panino a scuola
le lingue perché mi piace viaggiare
matematica
arte
```

4 b Ora scambiatevi i ruoli. Sostituisci le parole sottolineate con le parole qui a fianco.

5 Disegna il tuo orario scolastico. Adatta l'orario dell'esercizio 1b.

1.2 MY SCHOOL

1.2b La giornata tipica a casa e a scuola

★ Descrivere la tua giornata tipica a casa e a scuola
★ Verbi e pronomi riflessivi; ripasso del presente dei verbi in -ire.

Ciao ragazzi! Mi chiamo Raul e oggi vi parlo della mia giornata tipica. Di solito io mi sveglio alle 7:00 e mi alzo alle 7:15. Mi lavo, mi vesto, mi pettino e vado in cucina e faccio colazione. Appena finisco la colazione corro a prendere l'autobus per andare a scuola. Non abito lontano e arrivo verso le 8:15. Le lezioni iniziano alle 8:30. Alle 10:30 abbiamo la ricreazione ed esco nel cortile. Di solito le lezioni finiscono alle 13:30 e solo due giorni a settimana, il martedì e giovedì, finiscono alle 14:30. Quando torno a casa, pranzo, faccio i compiti, poi mi rilasso e gioco al computer. Il mercoledì sera vado in palestra e il venerdì ho allenamento di calcio. Mi piacciono molto i giochi di squadra. Il fine settimana esco con gli amici. La domenica preferisco stare a casa e guardo la TV con la mia famiglia.

1 a Leggi il blog e completa le frasi con la lettera corretta.

Esempio: 1 B

1 Raul si sveglia …
   A dopo le 7:00.
   B alle 7:00.
   C molto prima delle 7:00.
2 Raul arriva a scuola …
   A alle 7:30.
   B alle 8:15.
   C alle 8:30.
3 Raul fa ricreazione …
   A in classe.
   B con i compagni.
   C in cortile.
4 I giorni più lunghi sono …
   A il martedì e il giovedì.
   B il lunedì e il venerdì.
   C il mercoledì e il giovedì.
5 Dopo pranzo Raul …
   A ascolta musica e legge.
   B fa i compiti.
   C dorme e poi gioca al computer.
6 La domenica …
   A resta a casa.
   B esce con gli amici.
   C guarda la TV con i suoi amici.

SECTION 1: INTRODUCE MYSELF

1 b Leggi il blog di Raul. Impara il vocabolario e traduci nella tua lingua le parole nuove.

2 Ascolta due amici, Leonardo e Corinna, che parlano della loro giornata tipica. Leggi le frasi e scrivi L se parla Leonardo, C se parla Corinna.

Esempio: 1 C
1 Abito vicino alla scuola e non devo alzarmi presto la mattina.
2 Mi piace il lunedì perché ho poche lezioni.
3 Di solito finisco le lezioni tardi a parte il lunedì.
4 Preferisco il mercoledì perché mi piacciono le materie scientifiche.
5 Il sabato finisco presto e parlo con gli amici.
6 Preferisco fare i compiti subito dopo pranzo.
7 Gioco a calcio quasi ogni sera.
8 Guardo la TV per rilassarmi.

3 a Verbi e pronomi riflessivi. Leggi le sezioni G7 e F5 della Grammatica. Per il ripasso dei verbi in *-ire* leggi le sezioni G1 e G2 della Grammatica. Completa le frasi con la forma corretta dei verbi riflessivi tra parentesi.

Esempio: 1 mi vesto
1 Io .... sempre di corsa, perché sono sempre in ritardo. (*vestirsi*)
2 Noi .... domani sera per andare al cinema. (*incontrarsi*)
3 Voi .... di sicuro in piscina. (*divertirsi*)
4 I miei compagni .... se non li invito. (*offendersi*)
5 Luca .... sempre tutto a casa. (*dimenticarsi*)
6 Stefania e Klaus .... molto spesso tardi la mattina. (*alzarsi*)
7 Renata, perché .... sempre all'ultimo momento? (*svegliarsi*)
8 Ciao, come ....? Scusa ma non ricordo il tuo nome. (*chiamarsi*)

3 b Cerca nel testo della lettura le frasi con i verbi *vestirsi*, *uscire* e *finire*. Copiale e traducile nella tua lingua. Impara bene le forme verbali.

4 Lavorate in due per fare una conversazione. Rispondete a turno a queste domande.
1 Di solito a che ora inizi la scuola? A che ora finisci?
2 A che ora fate la ricreazione? E cosa fate durante la ricreazione?
3 Cosa fai prima di andare a scuola?
4 Cosa fai quando torni da scuola?
5 Quale giorno della settimana preferisci? E perché?

5 Rileggi il blog di Raul e adattalo alla tua giornata tipica.

15

1.2 MY SCHOOL

1.2c Benvenuti nella mia scuola!

★ Descrivere l'edificio e le strutture offerte
★ *Piacere* singolare e plurale con diversi pronomi indiretti; congiunzioni *perché, ma, o*

La mia scuola è un solo grande edificio moderno di quattro piani a forma di elle. In ogni piano c'è un dipartimento con aule e bagni divisi da un largo corridoio. Al piano terra c'è la segreteria, l'ufficio del preside, la sala professori. Alla fine del corridoio ci sono la mensa e la biblioteca, entrambe molto belle, spaziose e luminose. La biblioteca è anche il posto più tranquillo e silenzioso della scuola. Infatti ci piace molto ripassare in biblioteca ma non ci piace la mensa perché è chiassosa.

Sempre al piano terra abbiamo un teatro bellissimo dove abbiamo le lezioni di teatro e prepariamo spettacoli e concerti. Lo usano anche le scuole vicine nel fine settimana. Abbiamo anche una grande palestra molto attrezzata e nuova, con spogliatoi e docce. La affittano anche alle società sportive della città la sera tardi. Ma purtroppo non abbiamo un campo di calcio o di rugby e noi ragazzi ci alleniamo a calcio nel cortile della scuola. Non abbiamo una piscina ma ce n'è una comunale proprio vicino alla scuola.

Al primo piano abbiamo il dipartimento di lettere, storia e geografia e al secondo piano c'è il dipartimento di lingue con aule per il francese, l'inglese e il tedesco con due laboratori linguistici. Ci piacciono molto le lingue. Infatti facciamo pratica di ascolto anche fuori orario scolastico.

Al terzo piano ci sono i laboratori di chimica e di fisica dove facciamo lezioni teoriche e pratiche, cioè gli esperimenti. Mi piacciono molto questi laboratori perché sono nuovi e belli. Al quarto piano ci sono il dipartimento d'arte e le aule di musica, spaziose, piene di luce. I professori le usano per fare mostre e suonare i diversi strumenti. Mi piace moltissimo il mio istituto perché è moderno e pulito. Se decidi di iscriverti da noi sono certo che ti piacerà di sicuro!

1 Leggi la descrizione della scuola di Massimo e rispondi alle domande.

Esempio: 1 Ci sono quattro piani.
1 Quanti piani ci sono nella scuola di Massimo?
2 Come descrive la biblioteca Massimo?
3 Chi usa il teatro e quando?
4 Com'è la palestra?
5 Dove giocano a calcio i ragazzi e perché?
6 Se hanno lezione di nuoto, dove vanno e perché?
7 A che piano si trovano le aule di arte e di musica? Cosa fanno i professori?
8 A Massimo piace la sua scuola, e perché?

2 Ascolta due amici, Renzo e Lucia, che parlano della loro scuola. Leggi le frasi e scrivi se sono vere (V) o false (F) o non si sa (N).

SECTION 1: I INTRODUCE MYSELF

Esempio: 1 V
1 La scuola di Lucia si trova in centro, è bellissima ma molto vecchia.
2 L'edificio deve essere riparato.
3 Lucia fa ricreazione nei corridoi.
4 Lucia e i suoi compagni portano la merenda da casa.
5 Alla scuola di Lucia c'è una palestra ma molto buia.
6 Gli studenti fanno sport la sera tardi.
7 Nella scuola di Lucia gli studenti non usano la biblioteca.
8 Gli studenti preferiscono stare in giardino.

3 a Il verbo *piacere* e i pronomi indiretti. Leggi le sezioni G6 e F4 della Grammatica. Completa le frasi con il verbo *piacere* e i pronomi indiretti.

Esempio: 1 ci piace

| le piacciono | *ci piace* | mi piacciono | ci piacciono |
| gli piace | le piace | ti piace | vi piace |

1 Noi siamo molto pigri. Non .... studiare!
2 Io sono molto gentile. Non .... le persone scortesi.
3 Telefono a Stefano, sono sicura che .... l'idea di andare a un concerto con noi.
4 Che musica .... ascoltare, ragazzi?
5 Carla ed io non veniamo con voi. Non .... i film dell'orrore.
6 Buongiorno, Professor Munari, ... insegnare nella nostra scuola?
7 Allora è tutto vero! Non .... uscire con me!
8 Buonasera Signora Rossi, ... i libri di Elena Ferrante?

3 b Rileggi l'articolo sulla scuola e cerca le congiunzioni *ma, o, perché*. Copia le frasi e traducile nella tua lingua.

4 I suoni *chi / che*. Ascolta questa frase e separa le parole. Ripeti tre volte e traduci nella tua lingua.

Michelehabuchinelletascheevainchiesapersuonarelachitarraconl'orchestra.

5 Lavorate in due per fare una conversazione. Rispondete a turno a queste domande.
1 Com'è la tua scuola?
2 Quali strutture offre?
3 Quali attività sportive si fanno nella tua scuola?
4 Quali aule ci sono nei diversi piani della tua scuola?
5 Cosa ti piace avere nella tua scuola?

6 Scrivi un paragrafo (80-90 parole) sulla tua scuola per una rivista italiana.
La mia scuola
- Descrivi l'edificio della tua scuola.
- Quali strutture offre: laboratori, palestra, biblioteca.
- Cosa ti piace della tua scuola? Perché?
- Cosa ti piace avere nella tua scuola?

1.3 My eating habits

1.3a Cosa mangio e cosa bevo

★ Le mie abitudini alimentari
★ Negazione con *non* e doppia negazione con *non ... mai / affatto / niente / più*; superlativo assoluto in *-issimo*

1 Giuseppe: Ho voglia di mangiare una buona pizza tradizionale cotta nel forno a legna.

2 Carla: Desidero mangiare delle verdure grigliate o una ricca insalata senza spendere molto.

3 Stefano: Mi piacciono molto gli involtini primavera e l'anatra alla pechinese.

4 Enrico: Quando esco con mia moglie ci piace mangiare in un ristorante con specialità di pesce. Il nostro piatto preferito è la zuppa di pesce!

5 Stella: A volte non ho voglia di cucinare e prendo dei piatti già pronti.

A Panino Rustico
Paninoteca con una ricca varietà di ingredienti tutti freschi. Panini farciti con salumi, formaggi e salse. Si possono scegliere diversi tipi di pane: arabo, integrale, focaccia. Bibite gassate in lattina o in bottiglia.

B Trattoria Le Due Isole
Cucina a base di pesce fresco con antipasti di mare deliziosi. Primi e secondi piatti tipici delle due isole: Sardegna e Sicilia. Da non perdere gli spaghetti alla pescatora e il fritto misto.

C Il Naviglio
Ottime pizze tradizionali cotte nel forno a legna. Pizze giganti e ridotte, a seconda dell'appetito. Pizze bianche e rosse, preparate con prodotti freschi e saporiti.

D Dolce Vegan
Ristorante specializzato in cucina vegetariana e vegana. Insalate ricche ed originali. Prodotti freschissimi e piatti elaborati con cura. Succhi e centrifugati a base di frutta e verdura fresca. Abbastanza economico ed elegante.

E La Pagoda
Buonissima cucina di specialità orientali. Piatti tradizionali cinesi con porzioni generose e molta varietà di pesce, carne e verdure. I piatti sono serviti con un tè al gelsomino, come vuole la tradizione!

F Osteria da "Mario"
Autentica cucina tradizionale italiana con piatti semplici e saporiti di una volta. Piatti a base di carne e di pesce con contorni di verdure fresche.

G Antichi Sapori
Piccola bottega e gastronomia con una grandissima varietà di salumi e formaggi. Preparazione di deliziosi e freschi piatti da asporto. Servizio anche di rosticceria. Se vuoi mangiare senza cucinare, questo è il posto perfetto per te!

H Piatti veloci, bisteccheria e carne alla brace
Se ti piacciono le grigliate miste o la bistecca questo è il posto ideale. Famoso per hamburger e contorni di patatine a volontà. Bevande analcoliche.

---

1 Leggi che cosa dicono le persone (1-5) e scegli il ristorante giusto (A-H) per loro, come nell'esempio. Attenzione! Ci sono tre ristoranti in più.

Esempio: 1 C

SECTION 1: I INTRODUCE MYSELF

2 Ascolta 8 persone che parlano dei loro piatti preferiti. Ad ogni persona (1-8) fai corrispondere l'informazione corretta (A-H).

Esempio: 1 C

1 Alba – di Palermo, in Sicilia
2 Mirko – di Roma, nel Lazio
3 Ignazio – di Cagliari, in Sardegna
4 Lucia – di Napoli, in Campania
5 Alberto – di Milano, in Lombardia
6 Gerry – di Bologna, in Emilia Romagna
7 Graziella – di Genova, in Liguria
8 Katia – di Siena, in Toscana

A Mangia cozze e gamberi solo al ristorante.
B Quando fa freddo mangia una minestra di verdure.
C È diventata vegetariana.
D Adora tutti i piatti a base di riso.
E Il suo piatto preferito è la pasta con salsa di pomodoro.
F Ogni domenica, o a pranzo o a cena, mangia un primo piatto.
G Va spesso fuori a mangiare la pizza con gli amici.
H Le piace la pasta casereccia con una salsa verde.

3 a Le frasi negative. Leggi le sezioni H1 e H2 della Grammatica. Riscrivi le frasi con i verbi alla forma negativa e le parole del riquadro.

non ... niente
non ... mai (×2)
non ... più (×2)
non ... affatto (×3)

Esempio: 1 Noi non mangiamo mai molta frutta.

1 Noi <u>mangiamo sempre</u> molta frutta
2 I miei amici <u>mangiano tutto</u>.
3 Voi <u>avete sempre voglia</u> di mangiare un gelato.
4 A Erica <u>piace da morire</u> l'anguria.
5 <u>Mi piace molto</u> la pasta alla carbonara.
6 Michele <u>mette ancora</u> lo zucchero nel caffè.
7 <u>Fa molto bene</u> alla salute usare molto sale.
8 Tu <u>prepari ancora</u> quelle buone ciambelle?

3 b Il superlativo assoluto. Leggi la sezione Grammatica C8. Rileggi le descrizioni dei ristoranti e trova quattro esempi di superlativo assoluto. Poi trasforma le frasi con un superlativo assoluto.

Esempio: 1 È buonissimo!

1 Questo gelato è veramente buono!
2 Le tue amiche sono molto simpatiche!
3 Questa limonata è molto dolce.
4 I tuoi genitori sono molto gentili.
5 Questo piatto è molto piccante!

4 I suoni *ca, co, cu* in italiano. Ascolta questa frase e separa le parole. Poi ripetila tre volte ad alta voce e traducila nella tua lingua.

Carlocucinacozzecomefasuacuginacosìsimpaticaelecucinaconcura.

5 Lavorate in gruppi di tre o quattro per fare una conversazione sui piatti preferiti e sui ristoranti. Rispondete a turno a queste domande.
1 Qual è il tuo piatto preferito?
2 Cosa non ti piace mangiare?
3 Di solito vai a mangiare fuori, al ristorante? E con chi?
4 Che tipo di ristorante ti piace?
5 Quale ristorante vuoi provare e non conosci?

6 Disegna un poster di un piatto regionale italiano che conosci. Includi informazioni su ingredienti, ristorante e regione dove si mangia.

1.3 MY EATING HABITS

1.3b Vuoi mangiare sano?

★ Parlare di diete sane o poco equilibrate
★ Verbi modali o servili seguiti da verbo all'infinito senza preposizione: *io posso studiare, devo mangiare, voglio cantare*

Per vivere sani dobbiamo mangiare sano e seguire un'alimentazione 1.......... . Mangiare sano può sembrare facile ma dobbiamo fare 2.......... a cosa mangiamo. Ecco delle 3.......... utili sulla piramide alimentare mediterranea che ci possono aiutare a capire meglio cosa mangiare e come vivere una vita sana.

Alla base della piramide alimentare si trovano gli 4.......... di origine 5.......... che devono essere parte della nostra alimentazione quotidiana. In più l'acqua, che si deve bere regolarmente. Ci sono la frutta e la verdura in grandi quantità. Man mano che ci dirigiamo più in alto ci sono gli alimenti che devono essere consumati con 6.......... .

Nel mezzo della piramide ci sono: pasta, pane, riso e in genere tutti i 7.......... che possiamo consumare nella variante integrale. Se andiamo più in alto vediamo le 8.......... , di origine animale (come carne, pesce, uova), altre di origine vegetale. Ancora più in alto ci sono l'olio, il latte e i formaggi e tutti i 9.......... e poi in cima troviamo zuccheri, dolci e cibo spazzatura. Se vogliamo fare una vita sana dobbiamo mangiare pochi dolci o fritti ed evitare porcherie. Niente è 10.......... . Se si vuole stare bene si deve fare molta attenzione a quello che si mangia.

1 Leggi l'articolo sulla piramide alimentare mediterranea e metti le parole del riquadro al posto giusto. Attenzione! C'è una parola in più.

proteine	latticini	equilibrata	attenzione
carboidrati	vegetale	cereali	informazioni
impossibile	alimenti	moderazione	

2 Ascolta la conversazione tra Marco e Giulia sulle loro abitudini alimentari e la loro dieta equilibrata. Scegli l'informazione (A-F) che corrisponde ad ogni categoria. Attenzione! Una lettera è di troppo.

Esempio: 1 C

1 la frutta
2 le verdure
3 i dolci
4 lo yogurt
5 le bevande gassate

A Giulia mangia molte …
B Marco ha eliminato completamente …
C Giulia non mangia mai … durante il pranzo o la cena.
D Marco mangia … ogni mattina.
E Giulia ha quasi eliminato …
F Marco ora beve sempre e solo …

SECTION 1: I INTRODUCE MYSELF

3 I verbi modali (*dovere, potere, volere, sapere*) seguiti dall'infinito senza preposizione. Leggi la sezione G8 della Grammatica. Sostituisci le espressioni sottolineate con i verbi modali.

Esempio: 1 deve

1 Sonia <u>ha</u> urgente <u>bisogno di</u> finire questo lavoro entro oggi.
2 Io <u>ho intenzione di</u> migliorare la mia salute.
3 Tu non <u>riesci ad</u> aprire questa scatola.
4 Marco <u>ha deciso di</u> cambiare l'alimentazione.
5 Noi <u>abbiamo l'obbligo di</u> andare a scuola.
6 Rachel e Jessica <u>hanno il desiderio di</u> andare al concerto.
7 Io <u>ho il dovere di</u> fare tutto il possibile per vincere.
8 Tu e Sateesh <u>avete la possibilità di</u> cambiare dieta.

4 a Lavorate in due per fare una scenetta. Siete due amici che parlano della loro dieta. Scegliete il ruolo A o il ruolo B. Usate la tabella per aiutarvi.

1 A Qual è il tuo piatto sano preferito? B …
2 A Chi cucina a casa tua? B …
3 A Tu cosa fai per essere più sano? B …
4 A Perché è importante mangiare bene? B …
5 A Secondo te, è facile mangiare sano? B …

Di solito D'abitudine	la mattina la sera a colazione a pranzo a cena	mangio bevo	pizza / pasta / pollo / formaggio / dolci / biscotti. acqua naturale / acqua gassata / bibite gassate / aranciata / succo di frutta / limonata / coca cola / chinotto / aranciata.
Il mio piatto preferito		è sono	la minestra di verdure. gli spaghetti al sugo.
Non mi piace		mangiare	la carne / il pesce. le patatine fritte. i cibi grassi.

4 b Ripetete il dialogo scambiandovi i ruoli.

5 Scrivi un promemoria ad un amico che ha bisogno di consigli per fare una dieta sana. Scrivi 80-90 parole.
Una dieta sana
- Perché è importante mangiare bene.
- Quali cibi sani deve mangiare.
- Quali cibi deve evitare.
- Cosa deve bere per essere sano.

1.4 My body and my health

A bordo

Accettazione 9

1.4a Come ti senti?

★ **Parlare del corpo e della salute**
★ mi fa male, ho male a …, ho mal di …, non mi sento bene, mi sento male; nomi irregolari (parti del corpo)

A B C D

E F G H

1 a Ad ogni frase (1-8) fai corrispondere l'immagine giusta (A-H). Attenzione! Ci sono due frasi in più.

Esempio: 1 B

1 Tutte le mattine vado a correre. Ora mi fanno male le gambe.
2 Mamma mia, che mal di schiena! Non posso stare dritto.
3 Mi fa male la testa da stamattina.
4 Mi fanno molto male le mani. Non capisco perché!
5 Ho la tosse! Sono così da giorni!
6 Ho mal di stomaco. Forse ho fame!
7 Ho male ai piedi! Oggi non posso camminare!
8 Mi fa male il gomito e non posso muovere il braccio.
9 Ho mal di gola e non riesco a ingoiare niente!
10 Mi fa male il ginocchio: come faccio a giocare a pallone?

1 b Fai i disegni per le frasi extra.

2 a Ascolta quattro conversazioni e scrivi che problema hanno le persone.
Carmela ....
Giovanni ....
Renata ....
Marcello ....

2 b Riascolta le conversazioni. Scrivi le conseguenze per ogni persona che parla.

22

SECTION 1: I INTRODUCE MYSELF

3 Nomi irregolari per le parti del corpo. Leggi la sezione A3 della Grammatica. Trasforma le frasi mettendo la parte del corpo al plurale.

Esempio: 1 Non posso piegare le ginocchia!

1 Non posso piegare il ginocchio!
2 Abbiamo un forte dolore alla mano.
3 Loro non riescono a piegare il dito.
4 Ornella ha un fortissimo mal d'orecchio.
5 Hai un taglio al sopracciglio.
6 Claudio ha un dolore al gomito.
7 Non riesco a fare niente, mi fa male il braccio.
8 I ragazzi hanno sempre il labbro screpolato.

4 a Lavorate in due per fare una scenetta. Siete in ambulatorio: A è il medico e B è il paziente. Scegliete il ruolo del medico A o del paziente B e leggete il dialogo ad alta voce.

1 A Buongiorno, mi dica che problema ha.
   B Buongiorno, ho un forte mal di gola.
2 A Da quando tempo ha questo problema?
   B Da quasi una settimana.
3 A Di solito soffre di questi problemi?
   B Sì, di solito soffro di mal di gola.
4 A Ha particolari allergie?
   B Sì, sono allergico al polline.
5 A Ha altri sintomi o problemi?
   B Sì, mi fa male l'orecchio destro.

4 b Ripetete il dialogo scambiandovi i ruoli. Questa volta cambiate le parti sottolineate. Usate la tabella come aiuto.

Non mi sento bene.	
Sto molto male.	
Mi fa male	la gamba / il braccio / il collo / la gola / la testa / il gomito / lo stomaco / il piede / la mano / la caviglia / il dito / il ginocchio / l'occhio / l'orecchio.
Ho mal di	testa / gola / stomaco / schiena / orecchie.
Ho un dolore	alla gamba / al braccio / al piede / all'orecchio.
Mi fanno male	i denti / i piedi / le mani / le braccia / le labbra / le dita.
Io ho	la febbre / l'influenza / la nausea / un'allergia.
Sono allergico	al polline / alla polvere.

5 Devi andare dal farmacista, prendi nota di cinque sintomi che hai e chiedi una medicina.

23

1.4 MY BODY AND MY HEALTH

1.4b Cosa fai per mantenerti in forma?

★ Sport ed esercizi per stare in forma
★ Verbo *stare*: *stare bene, stare male*; forma progressiva (*stare* + gerundio)

Cosa stai facendo in questo momento? Stai facendo attenzione a quello che mangi? Se vuoi stare bene, devi mangiare in modo sano e fare regolare attività fisica, perché questa è la chiave per una vita sana, equilibrata e felice. Sono regole da seguire tutti i giorni per 365 giorni all'anno, con pazienza e con costanza. Basta fare esercizio fisico anche solo 15 minuti al giorno ma con regolarità ed entusiasmo. Fa bene alla muscolatura ed anche all'umore! Pensa a come ti senti bene dopo! Se non hai tempo di andare in palestra, puoi sempre allenarti a casa o fare jogging o lunghe camminate.

Se stai andando a piedi al lavoro o stai facendo la spesa a piedi e non in auto, stai aiutando la tua salute! Fare attività fisica non vuol dire per forza fare sport, o sudare in palestra. Sei attivo fisicamente se stai facendo meno vita sedentaria, stai camminando, salendo e scendendo le scale, invece di prendere l'ascensore, e lo stai facendo con piacere: queste sono le piccole cose che aiutano il corpo a sentirsi attivo.

E ancora: stai facendo una passeggiata all'aria aperta? Stai andando in giro in bicicletta, lasciando l'auto parcheggiata? Vuol dire che sei già a buon punto! Se poi ti piace ballare allora sei a posto! Ci sono tanti corsi di ballo: zumba, ballo latino o balli di gruppo che aiutano a muoverti in allegria. Muovere il corpo a ritmo di musica mette di buonumore ed è una vera attività sportiva! Ti mantiene giovane e in ottima forma! In conclusione, fai attenzione a cosa mangi e fai tanta attività fisica quando puoi e come vuoi e in allegria!

1 Leggi l'articolo e rispondi alle domande.

Esempio: 1 Mangiare sano e fare attività fisica.
1. Quali sono le due cose importanti per mantenersi in forma?
2. Per quanto tempo si consiglia di fare esercizio ogni giorno?
3. Perché fare esercizio fisico fa bene alla salute?
4. Quali cose si possono fare per mantenersi in forma?
5. Perché non è molto importante andare in palestra o fare uno sport?
6. Cosa si consiglia di fare nel tempo libero?
7. Perché ballare fa bene alla salute?
8. Oltre all'attività fisica a cosa devi fare attenzione?

2 Ascolta due amici che parlano di come tenersi in forma. Erica vive a Milano e Salvatore vive a Senorbì, un paese della Sardegna. Parlano di come tenersi in forma a Milano e a Senorbì. Completa le frasi scegliendo A, B, C.

Esempio: 1 C

SECTION 1: I INTRODUCE MYSELF

1 Erica per mantenersi in forma …
   A fa una dieta speciale.
   B fa molti sport.
   C va spesso in palestra.
2 Salvatore vive in campagna …
   A da pochi mesi.
   B da quando era bambino.
   C da molto tempo.
3 Erica va in palestra …
   A tutte le volte che può.
   B quando ha tempo libero.
   C tre volte alla settimana.
4 Salvatore preferisce fare attività fisica …
   A in palestra.
   B all'aperto con gli amici.
   C quando ha tempo.
5 A Erica piace andare a piedi in centro perché …
   A così fa esercizio fisico.
   B non ci sono autobus.
   C il centro è vicino.
6 A Salvatore non piace andare in palestra perché …
   A costa molto ed è sempre piena di gente.
   B non c'è una bella musica.
   C si stanca molto.
7 Erica adora ballare perché …
   A è un modo per rilassarsi!
   B si diverte a ballare con gli altri.
   C le piace muoversi con la musica.
8 Salvatore si rilassa quando …
   A fa jogging con gli amici.
   B va a fare passeggiate da solo.
   C corre nei campi per molte ore.

3 a Verbo *stare* + gerundio. Leggi la sezione G9 della Grammatica. Completa le frasi con la forma di *stare* e il gerundio dei verbi nel riquadro. Attenzione! C'è un verbo in più.

Esempio: 1 sto mangiando

leggere
mangiare
studiare
nuotare
correre
fare
giocare
scrivere
prendere

1 Questo mese ………… ………… poca pasta perché voglio dimagrire.
2 Amelié ………… ………… molto per l'esame finale.
3 Noi ………… ………… a pallacanestro. Siamo nella squadra della scuola.
4 Loro ………… ………… la loro prima maratona.
5 Michael ………… ………… un libro di fantascienza.
6 Dove ………… ………… tu e Samuele? Siete nella piscina comunale?
7 Al momento io ………… ………… un corso di fotografia. Mi piace molto!
8 Lola, che vitamine ………… ………… quest'inverno per evitare il raffreddore?

3 b Cerca nel testo di lettura esempi di *stare* + gerundio e traducili nella tua lingua.

4 I suoni *gia*, *gio*, *giu*, *gie* in italiano. Ascolta questa frase e separa le parole. Poi ripetila tre volte ad alta voce e traducila nella tua lingua.

Giorgio,GiannieGiuliasonogiovanigiocherelloniemangianogiùingiardinoconigiene.

5 Lavorate in due per fare una conversazione. Rispondete a turno a queste domande.
   1 Cosa stai facendo adesso per mantenerti in forma?
   2 Quante volte alla settimana pratichi dello sport?
   3 Stai praticando degli sport a scuola e quali?
   4 Quali sport preferisci e perché?
   5 Secondo te, perché è importante fare attività fisica?

6 Scrivi un'email (130-140 parole) descrivendo il tuo stile di vita e cosa fai per mantenerti in forma.
   Il mio stile di vita e cosa faccio per mantenermi in forma
   • Quali cose sono importanti per mantenermi in forma.
   • Quali sport pratico a scuola e dopo la scuola.
   • Cosa faccio nel mio tempo libero per mantenermi in forma.
   • Quali sport preferisco e quali sport voglio fare in futuro.
   • Perché è importante fare sport o attività fisica.

Vocabolario

1.1a Dove abito?

l'amico friend	**la famiglia** family	**il paesino** village
antico antique/ancient	**la fattoria** farm	**la periferia** suburb; outskirts
l'appartamento apartment/flat	**il giardino** garden	**piccolo** small
il balcone balcony	**grande** big	**il prato** lawn
la campagna countryside	**la madre** mother	**al primo/ultimo piano** first/top floor
la casa house	**il mare** sea	**il quartiere** area
il castello castle	**la montagna** mountain	**la recinzione** fence
il centro centre	**moderno** modern	**vecchio** old
l'edificio building	**nuovo** new	**vicino a** near to
	il padre father	

1.1b Ecco la mia casa

a destra on the right	**la doccia** shower	**il piano terra** ground floor
a sinistra on the left	**il ferro da stiro** iron	**pieno** full
accogliente cosy	**il fornello** cooker	**rosa** pink
l'altoparlante speaker	**il forno a microonde** microwave oven	**rosso** red
l'anticamera hallway	**il gabinetto** toilet	**la sala da pranzo** dining room
arancione orange	**il gel doccia** shower gel	**il salotto** sitting room
il bagno bathroom	**giallo** yellow	**il sapone** soap
bello beautiful	**grigio** grey	**il soffitto** ceiling
bianco white	**l'ingresso** entrance	**lo spazzolino** brush
la camera da letto bedroom	**la lampada** lamp	**lo studio** studio
il corridoio corridor	**nero** black	**il tappeto** rug
il dentifricio toothpaste	**la parete** dividing wall	**verde** green
il deodorante deodorant	**il pavimento** floor	**viola** violet
il divano sofa	**il pettine** comb	

1.1c Cosa fai in casa?

aiutare in cucina to help in the kitchen	**i fumetti** comics	**la sera** evening
ascoltare musica to listen to music	**il gatto** cat	**studiare** to study
il cane dog	**giocare al computer** to play on the computer	**suonare uno strumento** to play an instrument
cenare to have dinner	**guardare la TV** to watch television	**tornare a casa** to come back home
dormire to sleep	**leggere un libro** to read a book	**tutte le sere** every evening
essere stanco to be tired	**mettere in ordine** to tidy up	**tutti i giorni** every day
fare i compiti to do homework	**il pomeriggio** afternoon	
fare la merenda to have a snack	**pranzare** to have lunch	
il fine settimana weekend		

1.2a La mia scuola

l'atletica athletics	**l'italiano** Italian	**la ricreazione** break
la campanella bell	**il latino** Latin	**le scienze** science
l'educazione artistica art	**la lezione** lesson	**la scuola privata** private school
l'educazione fisica physical education	**le lingue straniere** modern languages	**il semestre** term
il francese French	**la matematica** maths	**la storia** history
la geografia geography	**la materia** subject	**il tedesco** German
l'informatica computer science	**la mensa** canteen	**il trimestre** term
l'inglese English	**noioso** boring	
innanzitutto firstly	**il quaderno** notebook	

1.2b La giornata tipica a casa e a scuola

l'allenamento training	**giocare a calcio** to play football	**pettinarsi** to comb your hair
alzarsi to get up	**giocare al computer** to play on the computer	**preferire** to prefer
il cortile playground	**il gioco di squadra** team game	**rilassarsi** to relax
la divisa uniform	**lavarsi** to wash	**sdraiarsi** to lie down
fare un pisolino to have a nap		**spazzolare i capelli** to brush one's hair

svegliarsi to wake up
l'uniforme uniform
uscire to go out
venire to come
vestirsi to get dressed

1.2c Benvenuti nella mia scuola!

allenarsi to train
l'alunno student
attrezzato well equipped
l'aula classroom
la biblioteca library
il dipartimento department
il dirigente scolastico headteacher/director
il laboratorio laboratory
la palestra gym
la piscina swimming pool
la presidenza headteacher's office
la sala professori staffroom
la segreteria reception
gli spogliatoi changing rooms
successivo following
il teatro theatre

1.3a Cosa mangio e cosa bevo

l'aranciata / la limonata fizzy orange / lemonade
arrostire to roast
la bevanda analcolica soft drink
la bibita drink
la bistecca steak
bollire to boil
la carne meat
il centrifugato vegetable juice
congelare to freeze
le cozze mussels
il formaggio cheese
la frutta fruit
i frutti di mare seafood
mai never, ever
la minestra / la zuppa soup
la pasta / la pasta casereccia pasta / homemade pasta
il pesce fish
i piatti da asporto takeaway dishes
il pollo chicken
il riso rice
il sale e il pepe salt and pepper
i salumi cured meats
scaldare to heat (something) up
il succo di frutta fruit juice
la verdura vegetables

1.3b Vuoi mangiare sano?

bere to drink
i biscotti biscuits
i cereali cereals
il cibo spazzatura junk food
i cibi fritti fried food
i dolci dessert; sweets
integrale wholemeal
il latte milk
i latticini dairy products
i legumi pulses
il miele honey
il pane bread
il panino sandwich
la pizza pizza
le porcherie junk food
i semi oleosi oily seeds
la torta cake
l'uovo egg
lo yogurt yoghurt

1.4a Come ti senti?

l'ambulatorio surgery
ammalato ill, unwell
la bocca mouth
il braccio arm
la caviglia ankle
il cerotto plaster
il corpo body
il dito finger
il dolore pain
la febbre fever
la ferita wound
la gamba leg
la gola throat
il gomito elbow
ho l'influenza I have the flu
ho mal di ... I have a/an ...ache
ho male a I have a pain in
malsano unhealthy, sick
il labbro lip
la lesione injury
la mano hand
la nausea nausea
non sto bene I am not well
l'occhio eye
l'orecchio ear
il piede foot
rompersi (una gamba) to break (a leg)
il sopracciglio eyebrow
la schiena back
lo stomaco stomach
la testa head

1.4b Cosa fai per mantenerti in forma?

l'attività sportiva sport activity
alimentarsi to feed oneself
camminare to walk
correre to run
dimagrire to lose weight
equilibrato balanced
evitare to avoid
fare la spesa to do food shopping
frenetico frantic, busy
ingrassare to put on weight
la malattia illness
mantenersi in forma to keep fit
nuotare to swim
il paese town
i pasti meals
prevenire to prevent
ridurre to reduce
salire to go up
saltare to skip
sano healthy
scendere to go down
stressato stressed

Angolo dell'esame A1

Ascolto e comprensione

Strategie generali per l'ascolto
→ Leggi attentamente le domande prima di ascoltare.
→ Ricorda che ascolterai la registrazione due volte: non perdere la calma!

Introduzione

Questa sezione ti aiuterà ad ottenere buoni risultati in due tipi diversi di esercizi d'ascolto:

- abbinare le informazioni alla categoria corretta
- scelta multipla (A, B, C)

Abbinare le informazioni alla categoria corretta

1 a Leggi le attività e le informazioni A-F con un compagno. Traduci le informazioni nella tua lingua.

Esempio: **A.** *the course is late in the evening when Alessio is tired.*

→ Una delle informazioni è di troppo e deve essere eliminata.
→ Attento ai sinonimi e ai modi diversi di dire la stessa cosa.

1 b Sentirai una conversazione tra Lisetta e Alessio sulle attività sportive. Sentirai la conversazione due volte. Scegli la frase (A-F) che corrisponde ad ogni attività. Per ogni attività, scrivi la lettera corretta (A-F) sulla linea corrispondente.

Attività sportive		Informazioni
		A quando c'è il corso, Alessio è stanco
nuoto	....	**B** fa paura ad Alessio
hockey	....	**C** non piace alla mamma di Alessio
yoga	....	**D** Alessio ha freddo quando lo fa
alpinismo	....	**E** non c'è un corso vicino alla casa di Alessio
pattinaggio	....	**F** la prima lezione è gratis

[Totale: 5]

Scelta multipla (A, B, C)

2 a Leggi le domande con un compagno e traducile nella tua lingua.

Esempio: 1. In Nerina's opinion, in Italy people generally eat... A. too much meat

→ Ricorda: le prime 5 domande si riferiscono alla prima parte della registrazione, prima della pausa. Le ultime 4 domande si riferiscono alla seconda parte, dopo la pausa.
→ Se dopo l'ascolto non sei sicuro, indovina la risposta in base a quello che hai capito.

SECTION 1: I INTRODUCE MYSELF

2 b Sentirai due interviste con Nerina e Pietro, che parlano della loro alimentazione.

Ci sarà una pausa tra le due interviste.

Prima parte: domande 1-5.

Adesso sentirai l'intervista con Nerina due volte. Per le domande da 1 a 5, metti una crocetta (X) nella casella corretta (A-C).

1. Secondo Nerina, in Italia si mangia generalmente …
   A troppa carne. ☐
   B tanta verdura. ☐
   C molto bene. ☐
2. Molti ragazzi adesso mangiano …
   A troppe patatine. ☐
   B troppi cibi zuccherati. ☐
   C troppi cibi salati. ☐
3. Nell'alimentazione di Nerina non c'è …
   A carne. ☐
   B frutta. ☐
   C formaggio. ☐
4. Secondo Nerina, per amare il pesce è sufficiente …
   A comprarlo fresco. ☐
   B mangiarlo al ristorante. ☐
   C saperlo preparare. ☐
5. Il pesce della mamma di Nerina piace a tutti …
   A gli ospiti. ☐
   B gli amici. ☐
   C i familiari. ☐

Seconda parte: domande 6-9.

Adesso sentirai l'intervista con Pietro due volte. Per le domande da 6 a 9, metti una crocetta (X) nella casella corretta (A-C).

6. L'alimentazione di Pietro non è molto buona perché …
   A fa molto sport. ☐
   B mangia troppo a pranzo. ☐
   C non pranza a casa. ☐
7. A pranzo, Pietro spesso mangia …
   A hamburger e patatine. ☐
   B hamburger senza patatine. ☐
   C solo patatine. ☐
8. Nell'alimentazione di Pietro …
   A non c'è carne. ☐
   B non c'è frutta. ☐
   C non c'è latte. ☐
9. Pietro mangia i dolci …
   A che fa sua madre. ☐
   B tutti i giorni. ☐
   C che compra sua madre. ☐

Angolo dell'esame A2, prima parte

Lettura e comprensione (1)

Strategie generali per la lettura
→ Leggi attentamente le istruzioni e il titolo del testo per farti un'idea del contenuto.
→ Leggi il testo rapidamente per capire l'essenziale: non preoccuparti se trovi parole che non conosci.

Introduzione

Questa sezione ti aiuterà in due tipi di esercizi di comprensione della lettura:

- scelta multipla (A, B, C)
- dare risposte in italiano

Scelta multipla (A, B, C)

1 a Leggi l'inizio di ogni frase e le tre conclusioni possibili (A-C) dell'esercizio 1b. Trova un sinonimo o un'espressione con lo stesso significato delle espressioni 1-10.

1 parlare di
2 dal lunedì alla domenica
3 il sabato e la domenica
4 uscire da scuola
5 odia

6 normalmente
7 senza altre persone
8 congiuntamente
9 felice
10 chiede di andare a casa sua

→ Usa i sinonimi che conosci per individuare la risposta corretta.
→ Se non sei sicuro, indovina la risposta in base alle informazioni che hai già.

Ciao!

Ti descrivo la mia giornata tipica. Vado a scuola sei giorni la settimana, ma solo la mattina. Esco sempre all'1.30, tranne il sabato (un po' prima). La scuola comincia alle 8.15, quindi devo svegliarmi presto, cosa che io detesto, perché abito lontano e devo prendere due autobus. La sveglia suona alle 6.30, ma resto a letto ancora un po'. Alle 7 faccio colazione con mia sorella e poi usciamo; lei va a scuola con le sue amiche e io con i miei amici.

Ho cinque o sei lezioni al giorno – le mie preferite sono disegno e storia. Il pomeriggio qualche volta viene da me Riccardo, il mio migliore amico. Facciamo i compiti o giochiamo al computer (dopo le sei, altrimenti mia madre si arrabbia!). Vado a letto fra le 10.30 e le 11.

Samuele

SECTION 1: I INTRODUCE MYSELF

1 b Leggi l'email di Samuele. Per ogni domanda, segna con una crocetta (X) la casella corretta (A-C).

1 Samuele ti scrive per dirti cosa fa …
   A ogni giorno. ☐
   B il fine settimana. ☐
   C a scuola. ☐

2 Samuele non va a scuola …
   A due giorni la settimana. ☐
   B il lunedì pomeriggio. ☐
   C il lunedì mattina. ☐

3 Il sabato finisce la scuola …
   A all'1.30. ☐
   B dopo l'1.30. ☐
   C prima dell'1.30. ☐

4 A Samuele non piace …
   A andare a scuola. ☐
   B prendere l'autobus. ☐
   C alzarsi presto. ☐

5 Di solito Samuele si alza …
   A alle 6.30. ☐
   B dopo le 6.30. ☐
   C dopo le 7. ☐

6 Samuele e sua sorella vanno a scuola …
   A insieme. ☐
   B da soli. ☐
   C con i loro amici. ☐

7 La mamma di Samuele non è contenta se Samuele …
   A gioca al computer alle 3. ☐
   B invita Riccardo tutti i giorni. ☐
   C non fa i compiti. ☐

Angolo dell'esame A2, seconda parte

Lettura e comprensione (2)

Rispondere alle domande in italiano

2 a Con un compagno, leggi la seguente lista di interrogativi. Copiali e traducili nella tua lingua.

Esempio: 1 Che cosa? - What?

1 Che cosa?
2 Come?
3 Quando?
4 Chi?
5 Per chi?
6 Con chi?
7 Quanto?

8 Quanti?
9 Quale?
10 Dove?
11 Da dove?
12 Perché?
13 Per quale motivo?
14 Da quanto tempo?

→ Fa' molta attenzione all'inizio della domanda: gli interrogativi *che cosa, quando, dove*, ecc. sono la chiave per rispondere correttamente alla domanda.
→ A volte la domanda richiede due informazioni diverse: non dimenticarti di includerle entrambe.
→ Nelle tue risposte non è necessario scrivere frasi complete, includi semplicemente tutte le informazioni richieste dalla domanda.
→ Non otterrai più punti aggiungendo informazioni supplementari. Rispondi alla domanda in forma chiara e precisa.

La fattoria di Fabiana

Cara Marianna,

ho proprio voglia di raccontarti come vivo qui in Puglia da un anno e mezzo. Sono davvero contenta di vivere in una fattoria così grande e con tanti animali. Il brutto è che devo alzarmi prestissimo tutti i giorni perché badare a loro è una grossa responsabilità. Ma li adoro tutti, i cani, i gatti, ma specialmente i miei cavalli! Mio padre lavora in città da lunedì a venerdì, però i fine settimana passo molto tempo all'aria aperta con lui e questo mi piace da morire.

Alla fattoria coltiviamo molte verdure, come per esempio pomodori, zucchine, melanzane, piselli e peperoni. Lo sapevi che la Puglia è la regione italiana che produce più verdura? Il clima qui è perfetto. Credo che nel futuro mi piacerebbe fare la coltivatrice e coltivare la terra, per poi vendere tutta la frutta e la verdura che produco.

Da quando abito qui ho una dieta più sana perché mangio solo i prodotti biologici che coltiviamo noi. Pensa che non devo quasi mai andare al supermercato! Ora sono anche vegetariana e credo che non mangerò mai più la carne. Mi piacciono tantissimo i piatti vegetariani come la pizza con le verdure grigliate, ma la mia preferita è l'insalata di riso. Come va la vita adesso lì da te? Mangi bene?

Scrivimi presto,

Fabiana

2 b Leggi la lettera di Fabiana e rispondi alle domande in italiano.

1 Da quanto tempo abita in Puglia Fabiana?

   .... [1]

2 Come si sente lì?

   .... [1]

3 Perché deve alzarsi presto?

   .... [1]

4 Quali animali preferisce Fabiana?

   .... [1]

5 Quanti giorni alla settimana lavora in città il padre di Fabiana?

   .... [1]

6 Che cosa le piace fare con suo padre?

   .... [1]

7 (i) Perché la Puglia è importante in agricoltura?

   .... [1]

   (ii) A che cosa è dovuto questo?

   .... [1]

8 Che cosa pensa di fare Fabiana nel futuro con i prodotti della fattoria?

   .... [1]

9 Come sappiamo che Fabiana ha una dieta più sana adesso?

   .... [1]

10 Che cosa può fare più raramente in Puglia?

   .... [1]

11 Qual è il piatto migliore, secondo Fabiana?

   .... [1]

Self, family, pets, personal relationships

2.1a Ti presento la mia famiglia

* **Parlare della tua famiglia e degli animali domestici**
* **Gli aggettivi possessivi; il pronome relativo *che***

Ciao a tutti! Il mio nome di battesimo è Ginevra e il mio cognome è Rossi e oggi vi presento la mia famiglia.

Nella mia famiglia siamo in cinque più un criceto che si chiama Leo. Abitiamo a Roma e siamo molto felici perché è una città magnifica.

Mio padre si chiama Massimo e ha 40 anni. Lui detesta fare i lavori di casa.

Mia madre si chiama Carlotta. Ha 38 anni e le piace molto passeggiare. La mia mamma ama stare in forma.

Poi ci siamo io, mia sorella e mio fratello.

Io mi chiamo Ginevra e ho 12 anni. Mi piacciono molto gli animali. Amo soprattutto i cani.

Mia sorella Giorgia ha 10 anni e i suoi animali preferiti sono i cani e i gatti.

Poi c'è nostro fratello Marco che ha 7 anni. Lui è un bambino che ama tutti gli animali ma in particolare adora i pesci rossi e i conigli.

Io, Giorgia e Marco ci divertiamo molto a giocare insieme e ci piace tanto ascoltare la musica.

Infine, c'è Leo che è il nostro migliore amico! Lui ama giocare nella sua piccola casa.

1 a Leggi il testo del forum riguardo alla famiglia Rossi e scrivi il nome esatto per ogni numero.

Esempio: 1 Mamma/Carlotta

1. A questa persona piace passeggiare.
2. Questa persona è la sorella minore.
3. Questa persona ha dodici anni.
4. È il migliore amico della famiglia.
5. Questa persona è il marito della madre di Ginevra.
6. I pesci rossi e i conigli sono i suoi animali preferiti.
7. Questa persona ha trentotto anni.
8. Questa persona è il papà di Ginevra.

1 b Copia la tabella e scrivi i nomi dei membri della famiglia nel riquadro giusto.

Maschile	Femminile
padre	madre

SECTION 2: MY FAMILY AND MY FRIENDS, AT HOME AND ABROAD

2 Ascolta l'intervista a Francesco sulla sua famiglia e fai corrispondere le informazioni (A-F) per ogni membro della famiglia (1-5). Attenzione! Una lettera è di troppo.

Esempio: 1 F

1 Francesco
2 La madre di Francesco
3 La sorella di Francesco
4 Il fratello di Francesco
5 La nonna di Francesco

A ha 20 anni.
B preferisce i cani ai gatti.
C ha 24 anni.
D vive a Roma.
E vive a Napoli.
F ha un fratello maggiore e una sorella minore.

3 Gli aggettivi possessivi. Leggi la sezione C5 della Grammatica. Poi leggi le frasi e scrivi le parole che mancano in italiano. Attenzione! Ci sono tre parole in più.

| la sua | il nostro | *sua* | mia | i vostri | suo |
| tuo | suoi | loro | il suo | tua | |

Esempio: 1 sua

1 Ti presento Greta e .... sorella che si chiama Valentina.
2 Questi sono Pietro e .... cane Danny.
3 Quelli sono Tommaso e .... fratello Antonio che ha dieci anni.
4 Ciao! Noi siamo Anna e Maria. Questo è .... gatto Argo che è bianco e nero.
5 Quelli sono Antonio e la sua fidanzata. Come si chiama .... fidanzata?
6 Ciao Sara e Francesco. Come si chiamano .... genitori?
7 Questi sono i miei cugini con i .... genitori, Paolo e Gemma, che abitano a Napoli.
8 Ciao Gabriele. Come si chiama .... nonno?

4 I suoni *chi* e *che* in italiano. Ascolta questa frase e separa le parole. Poi ripetila tre volte ad alta voce e traducila nella tua lingua.

Chiarachiamalamammachechiacchieraconleamiche.

5 In gruppi di quattro, create delle frasi per ognuna di queste parole.

- sorella
- fratello
- padre
- madre
- zio
- zia
- cugino
- cugina

Esempio: Sorella

Persona 1 Ho una sorella che si chiama Paola.
Persona 2 Non ho una sorella.
Persona 3 Mia sorella si chiama Elena.
Persona 4 Ho due sorelle che si chiamano Ludovica e Sandra.

6 Descrivi la tua famiglia, una famiglia che conosci o quella di un personaggio famoso, rispondendo alle seguenti domande. Scrivi 80-90 parole in italiano.
Descrivo la mia famiglia
- Quante persone ci sono nella tua famiglia?
- Come si chiamano?
- Quanti anni hanno?
- Come sono?

2.1 SELF, FAMILY, PETS, PERSONAL RELATIONSHIPS

2.1b Ti descrivo amici e famiglia

★ Descrivere aspetto fisico e carattere
★ Gli aggettivi irregolari; posizione degli aggettivi

Ciao Giulia,

Come stai? Io sto bene.

Ti invio una foto dei miei migliori amici.

A sinistra, c'è il mio amico Kanye. Lui è molto alto, ha i capelli e gli occhi neri. Viene dal Senegal ed è un ragazzo molto buono ma un po' matto. Gli piace tanto fare sport.

Accanto a Kanye c'è Alice, una mia amica che frequenta la mia stessa scuola. Lei ha i capelli rossi e gli occhi verdi. È magra e non molto alta. Alice è una ragazza molto socievole e spiritosa.

Alla mia destra, con la maglietta a righe, c'è Fabio. Lui è basso e molto magro. Ha i capelli e gli occhi castani molto piccoli. Fabio è un ragazzo molto affettuoso e cordiale.

Infine alla mia sinistra c'è Nozomi, la mia amica giapponese. Ha i capelli lisci e lunghi. È una ragazza molto amichevole e curiosa. Sono molto affezionata a lei.

Ci sono tante differenze tra di noi ma andiamo d'accordo.

A presto,

Kira.

1 Leggi la lettera di Kira e scegli la lettera corretta.

Esempio: 1 B

1 Chi scrive la lettera?
  A Giulia
  B Kira
  C Kanye
2 Gli amici di Kira sono tutti italiani?
  A Sì
  B No, solo due sono italiani
  C No, solo due non sono italiani
3 Chi è sportivo?
  A Kanye
  B Kira
  C Fabio
4 Che tipo di carattere ha Alice?
  A è introversa
  B è estroversa
  C è antipatica
5 Chi c'è alla sinistra di Alice?
  A Fabio
  B Kanye
  C Nozomi
6 Nozomi …
  A ha i capelli castani.
  B ha i capelli di media lunghezza.
  C è una cara amica di Kira.

2 Anika descrive la sua famiglia. Per ogni numero (1-8), scrivi la lettera esatta. Poi ascolta di nuovo e scrivi chi sono e due informazioni per ognuno riguardo all'aspetto fisico.

Esempio: 1 D, padre, pochi capelli e porta gli occhiali

SECTION 2: MY FAMILY AND MY FRIENDS, AT HOME AND ABROAD

A   C   E   G

B   D   F   H

3 a Gli aggettivi irregolari. Leggi la sezione C4 delle Grammatica. Scrivi il nome con l'aggettivo nella posizione esatta e con la giusta concordanza.

Esempio: 1 un bel ragazzo

1 Claudio è un .... ragazzo .... ed è molto alto. (*bello*)
2 Lorenzo è un .... amico .... e gli piace il calcio. (*buono*)
3 I loro genitori hanno una .... casa .... vicino al mare. (*grande*)
4 La nonna di Clarissa è una .... donna .... ma è troppo magra. (*alto*)
5 Cinzia è una .... ragazza .... (*antipatico*)
6 Le mie migliori amiche sono .... ragazze .... (*simpatico*)
7 Io ho .... amici .... con i quali gioco a carte ogni giorno. (*anziano*)
8 Mia sorella ha un .... telefono .... che fa fotografie bellissime. (*nuovo*)

3 b Leggi di nuovo la lettera di Kira e fai una lista degli aggettivi che descrivono il carattere. Poi traducili nella tua lingua.

4 a Lavorate in due per fare una scenetta. Scegliete il ruolo della madre A o del figlio B e leggete il dialogo ad alta voce.

1 A Ciao Marco. Dove vai oggi?
  B Vado a casa del mio nuovo amico Valentino.
2 A Vai d'accordo con Valentino?
  B Vado da lui per studiare insieme. Valentino è un buon amico e <u>andiamo d'accordo</u>.
3 A Perché non studi con Claudia? Lei è <u>amichevole</u> e <u>affettuosa</u>.
  B Sì, Claudia è la mia migliore amica. Però non studio con lei perché <u>studia materie diverse dalle mie</u>.
4 A Non importa che studiate cose diverse. Ha un <u>bel</u> carattere, vero?
  B Sì, è anche molto intelligente. La sua materia preferita è <u>la matematica</u>.
5 A Claudia può venire a studiare matematica con te domani?
  B Sì. Domani studiamo matematica e scienze insieme.

4 b Ripetete il dialogo scambiando i ruoli. Questa volta cambiate le parti sottolineate scegliendo le espressioni dalla tabella.

socievole	non andiamo d'accordo	il disegno
siamo sempre insieme	simpatica	buon

5 Scrivi un dialogo da recitare con un compagno seguendo il modello dell'attività 4.

2.1 SELF, FAMILY, PETS, PERSONAL RELATIONSHIPS

2.1c Ti parlo dei rapporti con gli altri

Decollo

Accettazione 13

★ Descrivere le relazioni con gli altri e gli stati d'animo
★ Aggettivi possessivi con articolo indeterminativo; pronomi possessivi

Ciao Alice,

Come stai? Io ultimamente sono un po' stressata perché ho gli esami di fine anno. Devo studiare molto per ottenere buoni risultati. Così posso andare all'università.

I miei genitori sono molto comprensivi e mi aiutano a studiare quando possono. Però purtroppo a volte lavorano fino a tardi e sono sfiniti.

Tutti i pomeriggi sono a casa con mio fratello perché i nostri genitori lavorano fino a sera. Lui ascolta sempre la musica ad alto volume e per questo non riesco a studiare bene. Inoltre, io e lui non andiamo molto d'accordo perché a volte è un po' stupido. Lui ha 13 anni e abbiamo interessi diversi. Lui non comprende i miei e io non comprendo i suoi. Spesso passa molte ore a giocare alla play station con i suoi amici. Secondo me non è affatto divertente. Io trovo i videogiochi molto noiosi.

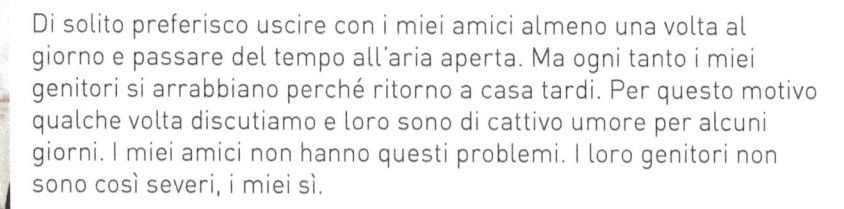

Di solito preferisco uscire con i miei amici almeno una volta al giorno e passare del tempo all'aria aperta. Ma ogni tanto i miei genitori si arrabbiano perché ritorno a casa tardi. Per questo motivo qualche volta discutiamo e loro sono di cattivo umore per alcuni giorni. I miei amici non hanno questi problemi. I loro genitori non sono così severi, i miei sì.

Quando esco con i miei amici mi sento sempre di buonumore. Andiamo quasi tutti d'accordo e abbiamo molte cose in comune, soprattutto lo stress per gli esami!

Tu ti stai preparando per gli esami? I miei iniziano tra un mese. E i tuoi?

Scrivimi presto.

Lucia.

1 a Leggi la mail di Lucia e rispondi alle seguenti domande.

Esempio: 1 A causa degli esami.
1. Perché Lucia è stressata?
2. Cosa fanno i genitori di Lucia quando possono?
3. Perché Lucia non riesce a studiare bene?
4. Perché Lucia non va d'accordo con suo fratello?
5. Cosa fa Lucia una volta al giorno?
6. Per quale motivo Lucia discute con i genitori?
7. Anche gli amici di Lucia hanno questi problemi e perché?
8. Come si sente Lucia quando esce con i suoi amici e perché?

1 b Ora cerca le espressioni che riguardano le relazioni con gli altri e gli stati d'animo. Scrivile e traducile nella tua lingua.

Esempio: Sono un po' stressata.

SECTION 2: MY FAMILY AND MY FRIENDS, AT HOME AND ABROAD

2 a Ascolta Sara e Chiara che parlano di Elena al telefono. Rispondi alle domande scegliendo la lettera esatta per ogni numero.

Esempio: 1 C

1 Chiara …
  A sta leggendo.
  B non sta facendo i compiti.
  C sta facendo i compiti.
2 Sara vuole parlare …
  A della scuola di Elena.
  B della famiglia di Elena.
  C del comportamento di Elena.
3 La matrigna di Elena è …
  A cattiva.
  B severa.
  C amichevole.
4 Secondo il preside …
  A la colpa è di Elena.
  B la colpa non è di Elena.
  C Elena è assente.
5 La sorellastra di Elena …
  A si chiama Carla.
  B non va d'accordo con Elena.
  C non va all'università.
6 Quando parla con le sue amiche, Elena …
  A si sente di buonumore.
  B si sente di cattivo umore.
  C si sente bene.

2 b Ascolta di nuovo la conversazione tra Sara e Chiara e cerca di scrivere tutte le domande che riesci a riconoscere. Poi traducile nella tua lingua. Le domande sono sei in totale.

Esempio: Che fai?

3 a Gli aggettivi possessivi con l'articolo indeterminativo. Leggi la sezione C5 della Grammatica. Leggi le frasi e scrivi l'aggettivo possessivo che corrisponde alle parole in corsivo tra parentesi.

Esempio: 1 sua

1 Questa è la ………. macchina (*di Marta*).
2 Quello è un ………. amico (*di Francesco*).
3 Ti presento una ………. zia (*di Paolo e Maria*).
4 Questo è un ………. messaggio (*di Franco e Anna*).
5 Vi presento una ………. amica (*di noi*).
6 Quello è un ………. CD (*di voi*).
7 Questa è una ………. idea (*di me*).
8 Quella è una ………. maglia (*di te*).

3 b Pronomi possessivi. Leggi la sezione F11 della Grammatica. Leggi la mail di Lucia nell'esercizio 1, scrivi e traduci le quattro frasi che contengono i pronomi possessivi.

4 In coppia, fate a turno per rispondere alle domande 1-5.
  1 Ciao ………. . Come stai?
  2 Ti senti di buono o cattivo umore oggi?
  3 Perché ti senti così?
  4 Con chi vai d'accordo e perché?
  5 Con chi non vai d'accordo e perché?

5 Scrivi una lettera ad un amico di penna descrivendo la tua famiglia. Scrivi 130-140 parole in italiano. Includi le seguenti informazioni.

I rapporti con la mia famiglia

- Che cosa ti piace fare con la tua famiglia?
- Con chi vai d'accordo e perché?
- Con chi non vai d'accordo e perché?
- Quando ti senti di buonumore e perché?
- Quando ti senti di cattivo umore e perché?

2.2 House and home

2.2a Ecco la mia casa!

★ Descrivere le stanze di una casa
★ Preposizioni di luogo semplici e articolate; la particella di luogo 'ci'

Ciao Mustafa,

ti descrivo la mia casa.

Nel nostro appartamento nella periferia di Parigi ci sono quattro stanze e un piccolo ingresso.

Nell'ingresso ci sono un ripostiglio sulla destra e uno scaffale. Sullo scaffale possiamo mettere le chiavi. C'è anche una scarpiera in metallo dove lasciare le scarpe prima di entrare in casa.

Vicino all'ingresso, a sinistra c'è il bagno con il lavandino in pietra, il water, la vasca da bagno e la doccia. In bagno ci sono anche due cassettiere ma non ci sono scaffali.

Di fronte all'entrata c'è il salotto con un divano morbido a tre posti. Al centro del salotto ci sono un tavolino e un televisore. Dietro al tavolino con il televisore, c'è un angolo studio con una scrivania e una sedia. Ci vado quando devo lavorare.

Accanto alla scrivania c'è la porta della cucina. In cucina, sul lato sinistro, ci sono un piano cottura, un lavandino e un frigorifero molto grande. Dall'altro lato ci sono un mobile ad angolo, il tavolo e le sedie.

A destra della cucina c'è una camera da letto matrimoniale. Nella camera ci sono un letto matrimoniale, due comodini, una cassettiera e due sgabelli ai lati.

Bagno, salone e camera da letto hanno una finestra per stanza. Invece in cucina ci sono due finestre.

Com'è la tua casa a Dubai?

Scrivimi presto.

Michelle

1 a Leggi la lettera di Michelle e poi indica se le affermazioni sono vere (V) o false (F).

Esempio: 1 F

1 Il ripostiglio e la scarpiera sono nel bagno.
2 Il salotto è a sinistra dell'entrata.
3 Le chiavi si possono mettere sullo scaffale nell'ingresso.
4 Il tavolo e le sedie sono vicino al mobile ad angolo.
5 Gli sgabelli sono in bagno.
6 Le finestre sono in totale sei.
7 Nel salotto c'è un divano.
8 Nel bagno non ci sono scaffali.

SECTION 2: MY FAMILY AND MY FRIENDS, AT HOME AND ABROAD

1 b Fai una lista delle stanze che ci sono nella casa di Michelle e scrivi almeno un mobile per ogni stanza.

Esempio: ingresso – scaffale

2 a Ascolta Leonardo e Marta parlare delle loro case e fai corrispondere le informazioni (A-F) alle opzioni (1-5). Attenzione! Una lettera è di troppo.

Esempio: 1 C

1 Il giardino di Marta
2 La casa di Leonardo
3 Il giardino di Leonardo
4 Il salotto di Marta
5 Il salotto di Leonardo

A Qui ci sono tre finestre.
B Qui ci sono tanti scaffali.
C Qui lo spazio è piccolo.
D Qui i bambini si divertono.
E Qui lo spazio è grande.
F Qui è molto rilassante.

2 b Ascolta di nuovo la conversazione e scrivi i nomi dei posti in casa, dei mobili e degli attrezzi da giardino. Poi traducili nella tua lingua.

3 a Preposizioni semplici e articolate. Leggi le sezioni D1 e D2 della Grammatica. Poi leggi le frasi e scrivi le preposizioni articolate corrette (preposizione + articolo).

Esempio: 1 sulla

1 Il computer è (*su*) .... scrivania.
2 Il libro è (*in*) .... mia stanza.
3 Il telefono è (*su*) .... scaffale.
4 La giacca è (*in*) .... armadio.
5 I dischi d'oro sono (*su*) .... tavolino.
6 Le videocassette sono (*su*) .... scaffali.
7 I maglioni sono (*in*) .... cassetti.
8 I piatti sono (*su*) .... lavandino.

3 b La particella di luogo 'ci'. Leggi di nuovo la lettera di Michelle e riscrivi tutte le frasi che trovi con 'c'è' e 'ci sono'. Poi traducile nella tua lingua.

4 a I suoni *ci* e *ce* in italiano. Ascolta questa frase e separa le parole. Poi ripetila tre volte ad alta voce e traducila nella tua lingua.

Icecichecucinalasignoraciociarasonoeccellenti.

4 b Detta la frase al tuo compagno e poi il tuo compagno la detta a te. Chi fa meno errori?

5 a In coppia, fate a turno per rispondere alle domande 1-5.
1 Ciao .... Dove vivi?
2 Puoi parlarmi della tua casa?
3 Che mobili ci sono nella tua camera da letto?
4 Qual è la tua stanza preferita? Perché?
5 Che cosa non ti piace della tua casa? Perché?

5 b Fate a turno per descrivere una stanza. Il tuo partner disegna o scrive la descrizione. Poi controllate se il disegno o il testo sono accurati.

6 Descrivi le stanze della tua casa che preferisci, rispondendo alle seguenti domande. Scrivi 80-90 parole in italiano.

Le mie stanze preferite
- Quante stanze ci sono nella tua casa?
- Quali sono le tue due stanze preferite e perché?
- Descrivi i mobili che ci sono nella tua stanza.
- Descrivi un'altra stanza.

2.2 HOUSE AND HOME

2.2b Ti parlo di cosa faccio a casa

★ Descrivere le attività e le faccende in casa
★ Espressioni avverbiali di tempo; alcuni avverbi irregolari comuni

Ciao a tutti! Oggi vi parlo di cosa facciamo a casa.

A me piace molto ascoltare la musica nella mia stanza. Ci vado quando sono molto stanca perché mi rilassa.

Di pomeriggio, quando noi facciamo i compiti, mia madre legge un libro oppure suona la chitarra in giardino. Però suona male!

A me e a mio fratello piace moltissimo giocare a ping pong. Abbiamo un tavolo da ping pong nel nostro garage. Giochiamo un'ora tutti i pomeriggi.

Dopo la scuola, io e mio fratello torniamo subito a casa e facciamo i compiti nella nostra stanza. Ogni pomeriggio usiamo il computer nello studio di nostro padre per fare ricerche e per stampare i compiti. Però i nostri genitori non vogliono che lo usiamo troppo per giocare.

Tutte le sere mio padre passa molto tempo in cucina per preparare la cena. Lui ama cucinare e cucina abbastanza bene. Prima di cena mio fratello apparecchia la tavola nella sala da pranzo. Dopo cena io aiuto mia madre a sparecchiare.

Di sera ci piace guardare i film seduti sul divano nel salotto. Stasera però non guardiamo un film purtroppo. Non possiamo andare a letto tardi perché domani mattina dobbiamo andare a scuola presto.

Questo è tutto per adesso!

A presto amici!

Giulia

1 a Leggi il post dal blog di Giulia e rispondi alle domande.

Esempio: 1 Nella sua stanza.

1 Dove ascolta la musica Giulia?
2 Come suona sua madre?
3 Quando giocano a ping pong Giulia e suo fratello?
4 Cosa fanno Giulia e suo fratello dopo la scuola?
5 Cosa fa il fratello prima di cena?
6 Cosa amano fare Giulia e i suoi familiari di sera?
7 Perché usano il computer?
8 Perché stasera non guardano un film?

1 b Scrivete almeno 10 attività e/o faccende menzionate nel post del blog di Giulia.

2 Ascolta tre persone parlare delle attività che fanno a casa. Copia e riempi la tabella. Dai due informazioni per ogni sezione.

Chi	Dove	Quando	Attività a casa
Michelle 1	*in cucina*	*di mattina*	*prepara la colazione*
Michelle 2			
Mohammed 1			
Mohammed 2			
Juraj 1			
Juraj 2			

SECTION 2: MY FAMILY AND MY FRIENDS, AT HOME AND ABROAD

3 a Gli avverbi irregolari comuni. Leggi la sezione E1 della Grammatica. Metti in ordine le parole e scrivi le frasi. Poi sottolinea l'avverbio in ogni frase.

Esempio: 1 Mi piace molto dormire sotto la mia coperta di lana.

1. molto | Mi | piace | dormire | la | sotto | mia | di | coperta | lana.
2. Giulia | bene | suona | la | non | chitarra.
3. poco. | Mio | guadagna | fratello
4. Mi | ad | abbastanza | scuola. | a | diverto | andare
5. Tu | troppo | per | capelli. usi | la | spazzola | i
6. mia | La | è | molto | amica | sportiva. | migliore
7. A | cucinare. | mio | marito | abbastanza | piace
8. ama | ordine. | Mia | cugina | mettere | non | troppo | in

3 b Espressioni avverbiali di tempo. Leggi la sezione E2 della Grammatica. Cerca le espressioni di tempo nel post del blog di Giulia, scrivile e traducile nella tua lingua.

Esempio: oggi

4 a Lavorate in due per fare una scenetta. Vostro cugino è appena arrivato a casa vostra e vi sta chiedendo delle informazioni. Scegliete il ruolo del cugino A o del padrone di casa B. Usate la tabella per aiutarvi.

1. A Dov'è la mia camera da letto? B …
2. A A che ora pranziamo? Dove? B …
3. A Che lavori di casa devi fare? Ogni quanto? B …
4. A Cosa fai di solito a casa di sera? B …
5. A Preferisci guardare la tv nel salotto o nella tua stanza? Perché? B …

4 b Ripetete il dialogo scambiandovi i ruoli.

La tua camera da letto è / si trova	al piano terra al primo piano nell'attico	vicino al bagno. accanto alla cucina. di fronte alla mia camera.	
Di solito pranziamo	a mezzogiorno all'una alle due	in cucina nella sala da pranzo in salotto	tutti insieme / con mia madre / con mio padre / con i miei fratelli / con i miei amici.
Gioco a ping pong Gioco a carte	al pomeriggio alla sera	in soggiorno nella mia camera	con mia madre / con mio padre / con i miei fratelli / con i miei amici.
Devo	mettere in ordine stendere il bucato lavare i piatti lavare il pavimento pulire i vetri pulire gli specchi		una volta / due / tre volte alla settimana / al giorno / al mese.
Di solito / Solitamente di sera	guardo un film leggo un libro ascolto la musica chatto con i miei amici	perché	mi rilasso. mi diverto molto. mi piace tanto. è rilassante / divertente.

5 Scrivi un post (130-140 parole) per il tuo blog riguardo alle attività e alle faccende che svolgi a casa.

Cosa faccio a casa
- Menziona quattro attività
- Scrivi quando le fai
- Scrivi dove le fai
- Dai dettagli extra su ogni attività

Leisure, entertainments, invitations

2.3

2.3a Il tempo libero fuori di casa

★ Descrivere le attività che si svolgono fuori di casa
★ Comparativi regolari e irregolari

A B C D
E F G H

1. Il sabato faccio shopping con una mia amica. Però è più stancante del cinema.
2. Il calcio è meno noioso della pallavolo ma mi piacciono entrambi.
3. Secondo me, pattinare è faticoso come ballare. Ma ballare è più divertente.
4. Pescare è più rilassante che giocare a tennis. Però può essere un po' noioso.
5. I film western sono peggiori dei film di fantascienza. Sono anche più lunghi.
6. La pallacanestro è migliore del golf. Ma anche il golf è divertente.
7. Fare una passeggiata con gli amici è salutare quanto fare jogging ed è utile per calmarsi quando si è stressati.
8. Nuotare è meglio che giocare a ping pong. Però il ping pong mi piace tantissimo!

1 a Ad ogni frase (1-8), fai corrispondere l'immagine giusta (A-H).

Esempio: 1 D

1 b Rileggi le frasi dell'esercizio 1a e per ogni frase scrivi se l'opinione è positiva P o negativa N.

Esempio: 1 N

2 a Ascolta Giovanni e Teresa parlare dei loro hobby. Rispondi alle domande scegliendo la frase (A-F) per ogni numero (1-5). Attenzione! C'è una frase in più.

SECTION 2: MY FAMILY AND MY FRIENDS, AT HOME AND ABROAD

Esempio: 1 D

1 leggere
2 sciare
3 windsurf
4 pallavolo
5 suonare la batteria

A Secondo Giovanni questa attività è più facile di un'altra.
B Questo è l'hobby preferito di Giovanni.
C Questa è l'attività che Teresa trova più appassionante.
D Teresa si rilassa molto facendo questa cosa.
E Questa attività non piace a Teresa.
F Questa è una cosa che Giovanni non fa.

2 b Ascolta di nuovo la conversazione e scrivi tutti gli sport e le attività menzionate da Teresa e Giovanni.

Esempio: fare passeggiate

3 a Comparativi degli aggettivi regolari. Leggi la sezione C7 della Grammatica. Poi copia le frasi e completale inserendo le parole del riquadro. Alcune parole possono essere usate più di una volta.

Esempio: 1 più

di
quanto
del
più (×2)
come
che
meno (×2)

1 Adoro la cucina italiana! È .... buona di quella inglese.
2 Mi piace la pallavolo perché è meno noiosa .... nuoto.
3 Carla ama la chitarra perché è tanto rilassante .... il violino.
4 Adoro camminare! È .... stancante che correre.
5 Il cibo messicano è più piccante .... quello italiano.
6 Mangiare il pesce cotto è meno pericoloso .... mangiare il pesce crudo.
7 Non mi piace giocare a tennis! È .... difficile che giocare a calcio.
8 Odio la musica pop! È .... bella della musica rock.

3 b Comparativi degli aggettivi irregolari. Leggi la sezione C7 della Grammatica. Impara a memoria gli aggettivi irregolari.

4 a Il suono *gl* in italiano. Ascolta questa frase e separa le parole. Poi ripetila tre volte ad alta voce e traducila nella tua lingua.

Alugliogliulivipugliesieigiglisonofogliosievogliotoglierglilefogliemigliori

4 b Detta la frase al tuo compagno e poi il tuo compagno la detta a te. Chi fa meno errori?

5 Lavorate in due per fare una conversazione. Rispondete a turno alle domande 1-5.
1 Ciao, ... Che sport fai nel tempo libero fuori casa?
2 Parlami delle altre attività che fai fuori casa?
3 Quali sono i tuoi hobby preferiti e perché?
4 Quali attività ti rilassano di più nel tempo libero e perché?
5 Con chi passi il tuo tempo libero e perché?

6 Scegli quattro attività che fai fuori casa e scrivi due frasi per ognuna. Poi mettile a confronto. Usa la tabella per aiutarti.

Durante il tempo libero	mi piace giocare a pallavolo con le mie amiche / i miei amici. la mia attività preferita è leggere. fare shopping è più noioso che andare al cinema.
Fuori casa	adoro fare jogging. faccio passeggiate con il mio cane. quando piove, giocare a calcio è peggio che giocare a tennis.
Mi piace tanto	andare al mare con i miei amici / suonare con il mio gruppo / guardare film.
Non mi piace affatto	correre / andare in bicicletta / nuotare.

45

2.3 LEISURE, ENTERTAINMENTS, INVITATIONS

2.3b Cosa facciamo?

Decollo

Accettazione 16

★ **Organizzarsi per il tempo libero**
★ **I verbi al futuro; le frasi interrogative**

Ciao ragazzi,

come state? Spero tutto bene.

Io sto organizzando la festa a sorpresa per il compleanno di Agata. So che lei adora la pizza e le piace tantissimo ballare. Voglio prenotare una cena nella sua pizzeria preferita a Roma. Poi possiamo anche andare a ballare dopo la cena. Posso contattare un mio amico che lavora in un popolare locale notturno di Campo dei Fiori per comprare dei biglietti di entrata a metà prezzo.

L'ora di cena sarà intorno alle 7:30 e dopo andremo a piedi fino al locale. Arriveremo lì intorno alle 11. Se arriveremo dopo la mezzanotte, non ci faranno entrare. Quindi è meglio arrivare in anticipo. Sono sicura che ci divertiremo moltissimo.

L'appuntamento sarà per sabato 26 giugno alle 7 nella piazza vicino alla pizzeria. Se arriverete in ritardo, possiamo incontrarci direttamente in pizzeria.

Preparerò gli inviti per tutti quando mi farete sapere cosa ne pensate di questa idea.

Se avete delle altre idee oppure se quel giorno sarete impegnati, scrivetemi così possiamo cambiare i programmi prima di preparare gli inviti. Inoltre, quando riceverete l'invito, dovrete inviarmi un SMS così avrò il numero esatto di invitati.

Spero che riceverò presto le vostre risposte, così riserverò il tavolo per la cena e comprerò i biglietti per la discoteca.

A presto,

Nina

1 Leggi l'email di Nina e rispondi alle domande 1-8.
  1 Che evento sta organizzando Nina?
  2 Dove vuole prenotare la cena?
  3 Cosa vuole fare dopo la cena?
  4 Quali sono gli orari che propone Nina per cena e discoteca?
  5 Cosa succederà se arriveranno in ritardo?
  6 Cosa vuole sapere Nina prima di preparare gli inviti?
  7 In quale caso gli amici dovranno scrivere a Nina?
  8 Che cosa farà Nina dopo aver ricevuto le risposte dei suoi amici?

2 a Ascolta quattro amici parlare della festa di laurea di una loro amica e decidi se le affermazioni (1-8) sono vere o false.
  1 Tonia non vede l'ora di andare alla festa di Monica.
  2 Giacomo dice che Monica ha pochissimi amici.
  3 Marco non può mancare alla gara di ciclismo.
  4 Marco dovrà alzarsi molto presto la mattina dopo la festa.

SECTION 2: MY FAMILY AND MY FRIENDS, AT HOME AND ABROAD

    5 Ci vorranno almeno 3 ore per arrivare a Formia.
    6 Monica sarà molto felice di vedere Marco alla sua festa.
    7 Giacomo dice che possono festeggiare solo la vittoria di Marco.
    8 Marco dice che andrà di sicuro alla festa.

2 b Ascolta di nuovo e correggi le affermazioni false.

3 a I verbi al futuro. Leggi la sezione Grammatica G15. Completa le frasi mettendo i verbi tra parentesi al futuro.

Esempio: 1 farete
    1 Che cosa ………. (*voi – fare*) il prossimo fine settimana?
    2 Quale posto ………. (*voi – scegliere*) per la vostra festa?
    3 Quanto ………. (*noi – restare*) a Caserta dai nonni?
    4 Quando ………. (*noi – ritornare*) a casa nostra?
    5 Come ………. (*tu – viaggiare*) per arrivare a Siracusa?
    6 Chi ………. (*venire*) a trovarci questa sera?
    7 Perché ………. (*tu – dovere*) svegliarti presto domani?
    8 Dove ………. (*voi – andare*) in vacanza quest'estate?

3 b Le frasi interrogative. Leggi le sezioni C6, E6 e F8 della Grammatica. Leggi le frasi dell'esercizio 3a e traducile nella tua lingua.

4 a Lavorate in due per fare una scenetta. Siete due amici al telefono che vogliono andare ad un evento. Scegliete uno dei ruoli. A inizia la conversazione e B risponde alle domande usando la tabella con le idee.

1 A Ciao ... Che cosa vuoi fare il prossimo fine settimana? B …
2 A Che bello! Quando sarà? B …
3 A Sai a che ora comincerà? B …
4 A Quanto durerà? B …
5 A Cosa faremo dopo il concerto? B …

Il prossimo fine settimana	voglio andare al cinema / a teatro / al concerto di … voglio andare al festival di… voglio andare a vedere…
Penso / Credo che	sarà sabato. sarà la prossima domenica. sarà il 3 luglio.
Non lo so / Non sono sicuro:	mi informerò allo sportello informazioni. leggerò sul sito ufficiale. chiederò ai miei amici sul blog.
Durerà	un'ora / due ore / un giorno intero.
Ci sono molte cose da fare, ad esempio possiamo	andare a mangiare una pizza. visitare la città di notte. andare a ballare in discoteca.

4 b Ripetete il dialogo scambiando i ruoli e scegliendo altre espressioni dalla tabella o aggiungendo nuove espressioni.

5 Scrivi un'email (80-90 parole) per invitare i tuoi amici al tuo compleanno rispondendo alle seguenti domande.
La mia festa di compleanno
- Quando ci sarà la festa per il tuo compleanno?
- Dove sarà?
- Cosa farete per festeggiare?
- Quando manderai gli inviti?

2.4 Eating out

2.4a Ordinare cibo e bevande al bar

★ Saper ordinare cibo e bevande al bar
★ avere fame, sete, fretta ecc.; preposizioni con, senza

Ciao mamma, come stai?

Io molto bene. Mi piace molto Napoli e credo che mi divertirò tanto a vivere qui quest'anno, anche se è molto rumorosa.

Oggi incontro un mio amico italiano dell'università per pranzo. Pranziamo insieme in un caffè vicino a Piazza Plebiscito, una piazza nel centro della città. Ho appena fatto uno spuntino però e sono sazio! Nei caffè italiani ci sono molte cose buone e sane da mangiare. Sicuramente ordineremo qualcosa di leggero da mangiare come un panino, un tramezzino oppure una fetta di pizza. La pizza a Napoli è davvero squisita. Da bere ordineremo delle bibite fresche, come limonata, aranciata o succo di frutta. Sto imparando come ordinare. Ad esempio, la persona dietro il bancone mi dice: "Prego, desidera?" e io rispondo: "Posso avere un panino, per favore?".

Non vedo l'ora di fare pratica con l'italiano!

A presto, Chen

1 Leggi la lettera di Chen e Per ogni numero (1-6) scegli la lettera corretta (A-C).

Esempio: 1 A

1 Chen dice che …
   A gli piace tanto Napoli.   B Napoli non gli piace.   C Napoli è brutta.
2 Cosa farà oggi Chen?
   A pranzerà a casa   B andrà in pizzeria   C pranzerà con un amico
3 Dove si trova il caffè?
   A in centro   B in una piazza   C in periferia
4 Cosa prenderanno da mangiare?
   A qualcosa di pesante   B panino, tramezzino o pizza   C una fetta di pizza
5 Cosa prenderanno da bere?
   A bibite alcoliche   B bevande calde   C qualcosa di fresco
6 Cosa sta imparando Chen?
   A a ordinare   B a fare domande   C a pranzare

2 Prova a completare la conversazione prima di ascoltare. Poi, ascolta i tre amici ordinare cibo e bevande in un caffè e riempi gli spazi scegliendo le parole corrette dal riquadro. Antonio è il cameriere.

| acqua | giusto | mi dispiace | *prendete* |
| doppio | macchiato | preferisco | spremuta |

Esempio: 1 prendete

48

SECTION 2: MY FAMILY AND MY FRIENDS, AT HOME AND ABROAD

Antonio Buongiorno ragazzi, cosa **1**..........?
Gabriele Buongiorno Antonio. Oggi io prendo un caffè **2**.......... e un cornetto senza glutine con la crema, per favore.
Antonio Certo. Per te, Claudia? Il solito?
Claudia Sì, grazie. Per me il solito.
Antonio Un cappuccino con **3**.......... espresso e una fetta di torta all'arancia, **4**..........?
Claudia Esatto! Grazie mille... Anzi, Antonio, posso avere una cioccolata calda invece del cappuccino, per favore?
Antonio Certamente. Cioccolata calda invece del cappuccino per te. Invece per lei, signorina?
Anita Io invece vorrei una **5**.......... d'arancia e un cornetto al cioccolato.
Antonio **6**.......... ma non abbiamo cornetti al cioccolato stamattina. Però ci sono cornetti alla crema, alla marmellata di albicocche e integrali con il miele.
Anita Allora **7**.......... un cornetto integrale con il miele, per favore.
Antonio Perfetto. Sarà tutto pronto tra 10 minuti. Ora vi porto dell'**8**.......... .
Anita, Gabriele e Claudia Grazie, Antonio.

3 a *Avere fame/sete, avere caldo/freddo, avere torto/ragione, avere fretta, avere sonno, avere paura.* Leggi la sezione G5 della Grammatica. Poi copia le frasi e scrivi le parole che mancano in italiano coniugando i verbi tra parentesi.

Esempio: 1 Abbiamo fame

1 .... ! È pronta la cena? (*noi / avere fame*)
2 Quando .... preferisco bere una bibita fredda. (*io – avere sete*)
3 .... molta .... Devono arrivare al lavoro per le 10. (*loro – avere fretta*)
4 Metto una giacca perché .... (*io – avere freddo*)
5 Accendi l'aria condizionata se .... caldo. (*tu – avere caldo*)
6 Discuto con voi perché .... (*voi – avere torto*)
7 Il cliente .... sempre .... (*lui – avere ragione*)
8 È molto tardi. I bambini .... (*loro – avere sonno*)
9 Quando parlo italiano .... di sbagliare. (*io – avere paura*)

3 b Preposizioni. Scrivi le preposizioni che trovi nel dialogo dell'esercizio 2 e traducile nella tua lingua.

4 Il suono *gh* in italiano. Ascolta questa frase e separa le parole. Poi ripetila tre volte ad alta voce e traducila nella tua lingua.

Sonoghiottodimargheritaedispaghetti

5 a Lavorate in due per fare una scenetta. Scegliete il ruolo del cameriere A o del cliente B e leggete il dialogo ad alta voce.

1 A Salve, cosa prende, signora?
  B Buongiorno. Prendo una bottiglia di acqua frizzante, per favore.
2 A Certamente. Desidera qualcosa da mangiare?
  B Sì, grazie. Posso avere una fetta di pizza con i peperoni, per favore?
3 A Certo. Pensa di mangiare qui oppure è da portare via?
  B Da mangiare qui, per favore.
4 A Va bene, signora. Vuole ordinare altro?
  B No, va bene così, grazie.
5 A Le porto il conto?
  B Sì, grazie mille.

5 b Ripetete il dialogo scambiandovi i ruoli. Questa volta cambiate le parti sottolineate.

6 Scrivi una scenetta nella quale ordini cibo e bevande in un caffè. Usa le scenette degli esercizi 2a e 5a/b come aiuto.

49

2.4 EATING OUT

2.4b Mangiando al ristorante

★ Descrivere un'esperienza al ristorante
★ Il passato con *avere*; *era / erano* seguiti da aggettivi di opinione

Che bellissima esperienza abbiamo fatto! Abbiamo cenato al ristorante "Da Giovanni" sabato sera e tutto era perfetto. Abbiamo letto il menù all'esterno e abbiamo deciso di entrare. Abbiamo ordinato da bere il vino della casa. Era buonissimo! Abbiamo iniziato la cena con un antipasto. C'erano il prosciutto crudo, la mozzarella e delle olive. Come primo, abbiamo ordinato il piatto del giorno. Era squisito! Linguine con pesto e gamberetti. La specialità del luogo. Dopo abbiamo fatto una pausa. Abbiamo chiacchierato e bevuto il vino. Poi abbiamo deciso di ordinare anche un secondo piatto da condividere. Abbiamo scelto una frittura di pesce con contorno di insalata. Era davvero ottima! Infine, il cameriere ci ha consigliato di assaggiare il dolce tipico del luogo. Così abbiamo condiviso anche quello. Era proprio fantastico! Quando abbiamo ricevuto il conto siamo rimasti molto sorpresi perché comprendeva il coperto e non era molto caro. Abbiamo anche lasciato una mancia al cameriere che era veramente gentile.

1 Leggi la recensione e completa le frasi.

Esempio: 1 Il nome del ristorante dove hanno cenato è "Da Giovanni"

1 Il nome del ristorante dove hanno cenato è …
2 Il giorno era …
3 Da bere …
4 Per antipasto …
5 Come primo …
6 Come secondo hanno condiviso …
7 Il cameriere ha suggerito …
8 Quando hanno ricevuto il conto …

2 a Ascolta l'intervista ad una persona che ha appena cenato in un ristorante famoso. Per ogni numero (1-6) scegli la lettera corretta (A-C).

Esempio: 1 A

1 Il ristorante "Pasta e dintorni" è …
 A molto elegante.
 B un posto brutto.
 C un ristorante antico.
2 I piatti che hanno mangiato erano …
 A buoni.
 B squisiti.
 C poco saporiti.

SECTION 2: MY FAMILY AND MY FRIENDS, AT HOME AND ABROAD

    3 Come dolce hanno mangiato ...
        A una torta.
        B un tiramisù e un gelato.
        C un pasticcino.
    4 Il problema del ristorante era ...
        A il troppo traffico.
        B il troppo rumore.
        C il servizio lento.
    5 Alla fine del pasto ...
        A hanno bevuto un caffè.
        B hanno bevuto una spremuta.
        C hanno mangiato la frutta.
    6 Il cameriere era ...
        A molto scortese.
        B molto lento.
        C molto cortese.

2 b Ascolta di nuovo e scrivi gli aggettivi utilizzati per descrivere l'esperienza.

Esempio: magnifico

3 a Il passato dei verbi con l'ausiliare *avere*. Leggi la sezione G11 della Grammatica. Metti in ordine le parole e scrivi le frasi. Poi sottolinea i verbi al passato in ogni frase e traducili nella tua lingua.

Esempio: 1 Abbiamo mangiato il piatto del giorno.
    1 Abbiamo | il | piatto | del | mangiato | giorno.
    2 un | di | antipasto | ordinato | Ho | mare.
    3 figlio | chiesto | Mio | d'acqua. | un | bicchiere | ha
    4 Il | bicchiere | un | rosso. | vino | ha | mio | bevuto | di | amico
    5 Hai | o | ordinato | il | secondo? | il | primo
    6 nostra | scelto | specialità. | Avete | la
    7 genitori | I | un | miei | dolce. | hanno | ordinato
    8 il | Avete | contorno? | assaggiato

3 b L'imperfetto. Leggi la sezione G12 della Grammatica. Nel testo della lettura ci sono alcune frasi che contengono i verbi *era / erano*. Scrivile e traducile nella tua lingua.

Esempio: Tutto era perfetto.

4 In coppia, fate a turno per rispondere alle domande 1-5.
    1 Ciao … Dove hai cenato recentemente?
    2 Che cosa hai mangiato?
    3 Che cosa hai bevuto?
    4 Com'era il cibo?
    5 Quando ritornerai in quel posto?

5 Scrivi un post (130-140 parole) per il tuo blog descrivendo una cena di lavoro.
    La nostra cena di lavoro
- Dove avete cenato?
- Che cosa avete mangiato?
- Perché hai scelto di andare in questo posto?
- Cosa berrai la prossima volta che andrai lì?
- Ti piace mangiare fuori?

2.5 Special occasions

2.5a Compleanni e altre feste

★ Descrivere una festa
★ Espressioni con "avere"; numeri ordinali

Ciao Andrea, come stai?

Il primo del mese ho festeggiato il mio diciottesimo compleanno. Ho suonato molte canzoni con la chitarra e i miei amici hanno cantato. Dopo la decima canzone, eravamo tutti stanchi di cantare. Poi abbiamo ascoltato musica e abbiamo ballato tutti insieme. Verso le 10, i miei amici hanno spento la luce, acceso le candeline sulla torta e mi hanno cantato "Tanti auguri a te". La torta al cioccolato che ha preparato la mia amica Laura era buonissima. L'abbiamo mangiata tutti e abbiamo preso anche una seconda fetta. Dopo la torta mi hanno dato i biglietti di auguri e tanti regali. Il regalo più utile che ho ricevuto è la chitarra acustica. Questa è la mia terza chitarra. Adesso ho bisogno di imparare a suonare nuove canzoni!

E tu come hai festeggiato il tuo compleanno?

Scrivimi presto.

Roberto

---

1 Leggi l'email di Roberto e scegli la lettera corretta.

Esempio: 1 A

1 Andrea ha festeggiato …
   A i suoi diciotto anni.
   B il compleanno di un suo amico.
   C il suo onomastico con gli amici.
2 Cosa ha fatto Roberto?
   A ha cantato con un amico.
   B ha suonato la batteria.
   C ha suonato la chitarra.
3 Roberto e i suoi amici …
   A hanno ascoltato musica e hanno ballato.
   B hanno cantato.
   C hanno suonato.
4 Gli amici hanno cantato …
   A "Tanti auguri a te".
   B buon compleanno.
   C "Azzurro".
5 Che tipo di torta ha preparato Laura?
   A alle fragole
   B al cioccolato
   C alla crema
6 Roberto ha ricevuto …
   A la sua chitarra preferita.
   B la sua prima chitarra.
   C la sua terza chitarra.

2 Ascolta quattro persone parlare di feste per celebrare occasioni speciali e scegli due immagini A–H per ogni persona.

Esempio: 1 F, H

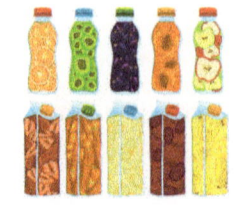

3 a Espressioni con "avere". Leggi la sezione G5 della Grammatica. Poi leggi le frasi e scrivi le parole che mancano in italiano. Attenzione! Ci sono tre parole in più.

caldo	paura	ragione	voglia	sete	*denti*
sonno	torto	bisogno	fame	freddo	

Esempio: 1 denti

1 Ha mal di .... e non dovrebbe mangiare così tanta torta.
2 Durante la festa ho avuto molto .... e ho tolto il cardigan.
3 Ho davvero tanto .... adesso. Torniamo a casa?
4 Ho avuto .... quando ho visto arrivare la polizia.
5 Secondo Laura, io ho .... perché non ho invitato sua sorella alla mia festa.
6 Lei ha .... ad essere arrabbiata perché la sua amica non l'ha chiamata.
7 Tu non hai .... di metterti a dieta perché non sei in sovrappeso. Mangia un'altra fetta di torta!
8 Non abbiamo .... di andare alla festa di compleanno di Martina perché è una ragazza superficiale.

3 b I numeri ordinali. Leggi la sezione J2 della Grammatica. Scrivi delle frasi utilizzando i numeri ordinali al maschile, femminile e plurale.

Esempio: Questa è la quarta volta che sbaglio.

4 Il suono *gn* in italiano. Ascolta questa frase e separa le parole. Poi ripetila tre volte ad alta voce e traducila nella tua lingua.

Ilsignorgnomosognatorehabisognodilasagnegnocchieunlungosognodiuncignonellostagno

5 a Lavorate in due per fare una scenetta. Scegliete il ruolo dell'organizzatore A o del cliente B e leggete il dialogo ad alta voce.

1 A Buongiorno! Che tipo di festa vuole organizzare?
  B Salve. Voglio organizzare una festa per il sedicesimo compleanno di mio figlio.
2 A Certamente. Cosa volete fare durante la festa?
  B Vogliamo mangiare una pizza, bere qualcosa e poi ballare.
3 A Va bene. Volete qualcos'altro di speciale a parte la musica?
  B Sì, vorremmo anche i fuochi d'artificio alla fine della festa.
4 A Certo, signora. Che tipo di torta vuole ordinare?
  B Ho bisogno di una torta senza glutine. A mio figlio piace molto la crostata alla frutta.
5 A Ottimo. Allora confermiamo tutto per sabato 18 giugno alle 7?
  B No, preferisco prenotare per il primo venerdì di giugno alle 8. Grazie mille.

5 b Ripetete il dialogo scambiando i ruoli. Questa volta cambiate le parti sottolineate.

6 Rileggi l'email di Roberto e descrivi una festa per un'occasione speciale alla quale hai partecipato.

2.5 SPECIAL OCCASIONS

2.5b Occasioni speciali

Decollo

Accettazione 20

★ Descrivere un'occasione speciale
★ Passato prossimo con "essere"; *per* + pronomi disgiuntivi o tonici (*me*, *te*, ecc.)

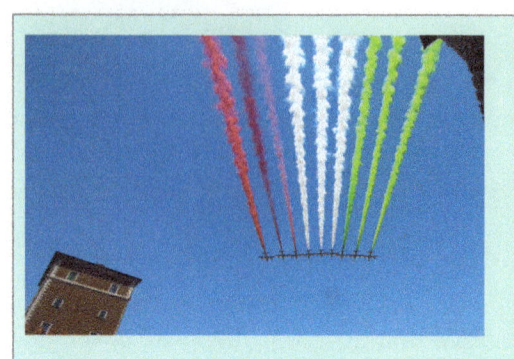

Ogni anno, il giorno 2 giugno la Repubblica Italiana festeggia il suo compleanno. Domenica scorsa ci sono state varie manifestazioni per celebrare la Festa della Repubblica. Le celebrazioni più importanti sono avvenute a Roma. In Via dei Fori Imperiali c'è stata una sfilata militare in onore della Repubblica. Poi, il Presidente della Repubblica ha deposto la corona di alloro sul monumento dedicato al Milite Ignoto presso l'Altare della Patria a Piazza Venezia. Il volo delle Frecce Tricolori è stato uno dei momenti più spettacolari della giornata. C'erano in totale 10 aerei. È stato davvero emozionante! Molte persone sono andate a visitare gratuitamente i giardini del Quirinale. Durante la giornata, varie bande musicali sono passate per le strade principali della capitale e hanno suonato brani famosi come l'inno nazionale, detto "Inno di Mameli" o anche "Fratelli d'Italia". Tanta gente è uscita di mattina presto per prendere posto in prima fila e godersi bene lo spettacolo. Molte persone sono partite il giorno prima da altre città italiane per raggiungere la capitale e partecipare alle celebrazioni. I festeggiamenti sono durati tutta la giornata e le strade della città si sono riempite di persone, unite per celebrare il compleanno del "bel paese".

1 Leggi l'articolo sulla Festa della Repubblica e usa le opzioni A-H per completare le frasi 1-8.

Esempio: 1 A

1 La Festa della Repubblica Italiana …
2 La sfilata militare …
3 Il monumento sull'Altare della Patria …
4 Uno dei momenti più spettacolari …
5 Tante persone …
6 Per le strade principali …
7 Per godersi lo spettacolo …
8 I festeggiamenti …

A si celebra il 2 giugno.
B sono andate a visitare gratuitamente i giardini del Quirinale.
C è stato il volo delle Frecce Tricolori.
D sono passate varie bande musicali.
E è dedicato al Milite Ignoto.
F è avvenuta in via dei Fori Imperiali.
G sono durati tutta la giornata.
H tanta gente è uscita di mattina presto.

2 a Ascolta l'intervista all'organizzatore del Giffoni Experience. Per ogni frase scegli la lettera corretta (A-D).

Esempio: 1 A

1 Il Giffoni Experience si svolge …
  A in provincia di Salerno.
  B a Salerno.
  C lontano da Salerno.
  D in Svizzera.

SECTION 2: MY FAMILY AND MY FRIENDS, AT HOME AND ABROAD

2 Il festival è nato …
   A nel 1982.
   B nel 1961.
   C nel 1952.
   D nel 1971.
3 Il compito dei partecipanti è …
   A creare cortometraggi.
   B creare film.
   C scegliere il vincitore.
   D scegliere le musiche.
4 Il festival …
   A riguarda solo il cinema.
   B è solo nazionale.
   C riguarda anche altre arti.
   D è svizzero.
5 In totale ci sono …
   A 5 giurie.
   B 17 giurie.
   C 7 giurie.
   D 6 giurie.
6 Che tipi di film competono al festival?
   A solo cortometraggi
   B cortometraggi e lungometraggi
   C solo lungometraggi
   D animati

2 b Ascolta di nuovo l'intervista al signor Gubitosi e rispondi alle domande.
   1 A cosa è dedicato il Giffoni Voyager?
   2 Quanto costa l'iscrizione per diventare membro della giuria?
   3 Come si distinguono le varie giurie?

3 a Il passato con "essere". Leggi la sezione G11 della Grammatica. Poi leggi le frasi e scrivi i verbi che mancano al passato prossimo.

Esempio: 1 sono andato/a
   1 Ieri sera ………. (*io, andare*) a comprare il regalo per loro.
   2 Venerdì scorso io e Francesca ………. (*noi, uscire*) insieme.
   3 Non ………. (*loro, riuscire*) a scrivere la lettera per lui.
   4 Perché sabato ………. (*tu, rimanere*) a casa?
   5 ………. (*lei, diventare*) famosa in televisione.
   6 ………. (*lui, tornare*) per te.
   7 ………. (*voi, venire*) a casa per lei ma lei non c'è.
   8 ………. (*tu, essere*) davvero un buon amico.

3 b I pronomi disgiuntivi o tonici. Leggi la sezione F10 della Grammatica. Nell'esercizio 3a, cerca le frasi con i pronomi disgiuntivi, scrivile e traducile nella tua lingua.

4 Lavorate in due per fare una conversazione. Rispondete a turno alle domande 1-5.
   1 A quale festa vai tra qualche settimana?
   2 Come ti vesti per questa occasione?
   3 Con chi sei andato l'ultima volta ad una festa?
   4 Quanto durerà la festa alla quale andrai tra qualche settimana?
   5 Secondo te, ti diverti alle feste di compleanno e perché?

5 Un'occasione davvero speciale. Scrivi un'email riguardo a un'occasione speciale alla quale sei stato. Scrivi circa 130-140 parole.
Titolo: Un'occasione speciale
   • Parlami di un'occasione speciale alla quale hai partecipato.
   • Quando ci sei andato?
   • Con chi ci sei andato?
   • Ci ritornerai in futuro e perché?
   • Secondo te, perché è un'occasione speciale?

2.6 Family and friends abroad

2.6a Vorrei partire!

★ Parlare di posti che vorresti visitare e persone che vorresti andare a trovare
★ *Vorrei, mi piacerebbe, potrebbe* + infinito; articoli determinativi + paesi

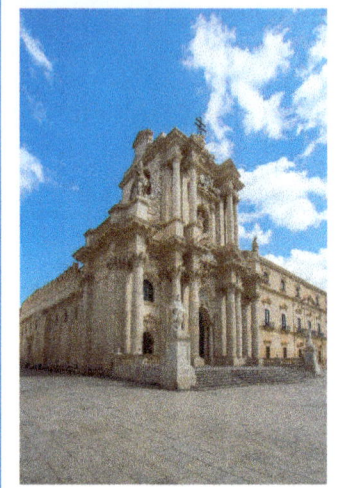

Melissa
La prossima città che mi piacerebbe visitare è Siracusa, in Sicilia. Ho visto le fotografie dei monumenti più famosi e vorrei visitarli quando verranno a trovarmi le mie sorelle gemelle dalla Romania. La Romania è la mia nazione di origine ma vivo in Italia da 3 anni. Le mie sorelle non sono ancora state qui. Per questo potrebbe essere interessante andare a Siracusa con loro. Quando sono andata a Bucarest a trovare la mia famiglia lo scorso anno, siamo andate a visitare la città tutte insieme come turiste. È stato davvero divertente!

Fausta
Ciao Melissa! Io invece sono italiana ma vivo in Francia da 2 anni. Anche a me piacerebbe visitare di più l'Italia. Forse potrei andare da qualche parte al sud durante le prossime vacanze con i miei nipoti.

1 Leggi il blog di Melissa e il commento di Fausta e scegli la lettera corretta.

Esempio: 1 A

1 Melissa vorrebbe …
   A visitare una nuova città.
   B ritornare in una città che già conosce.
   C ritornare in Romania.
2 Quando vengono le sue sorelle le piacerebbe …
   A visitare pochi monumenti.
   B visitare i monumenti più famosi.
   C non visitare i monumenti più famosi.
3 Melissa è …
   A rumena.
   B romana.
   C romanesca.
4 Le sorelle di Melissa …
   A sono ritornate in Italia.
   B sono già state in Italia.
   C non sono ancora state in Italia.
5 La nazione di origine di Fausta è …
   A la Svizzera.
   B la Francia.
   C l'Italia.
6 Fausta potrebbe …
   A visitare il sud con i suoi nipoti.
   B visitare i suoi amici al sud.
   C visitare il sud della Francia.

2 a Ascolta quattro persone che parlano di dove vogliono passare le loro vacanze. Correggi le informazioni sbagliate.
   1 Vorrei tornare in Austria per Natale.
   2 Vorrei trascorrere il Natale in Gran Bretagna.
   3 Potrei andare a Gibilterra.
   4 Mi piacerebbe passare un Natale in Antartide.

2 b Ascolta di nuovo e scrivi con chi vorrebbero passare le vacanze.

SECTION 2: MY FAMILY AND MY FRIENDS, AT HOME AND ABROAD

3 a *Vorrei, mi piacerebbe, potrebbe* + infinito. Leggi la sezione G17 della Grammatica. Riscrivi le frasi trasformando i verbi al presente in verbi al condizionale.

Esempio: 1 Vorrei andare a trovare i miei parenti in Polonia.

1 Voglio andare a trovare i miei parenti in Polonia.
2 Mi piace visitare il mio paese quando vado a trovare i miei genitori.
3 Può essere un'esperienza stupenda camminare sulle montagne irlandesi.
4 Ti piace trascorrere un po' di tempo dalla tua amica in Spagna?
5 Vuoi passare le vacanze con la tua famiglia?
6 Vi piace ritornare al vostro paese per passare del tempo con i vostri genitori?
7 Voglio visitare Malta, il paese dove si sono traferite le mie cugine.
8 Mi piace visitare tutte le capitali del mondo.

3 b L'articolo determinativo con i paesi. Leggi la sezione B3 della Grammatica. Fai una gara con i tuoi compagni a chi scrive più paesi con l'articolo determinativo esatto in 5 minuti.

4 a Il suono *sc* in italiano. Ascolta questa frase e ripetila tre volte ad alta voce. Poi traducila nella tua lingua.

Scegliereidisciareindiscesamasarebbeunasceltaincoscienteeunposcema

4 b Detta la frase al tuo compagno e poi il tuo compagno la detta a te. Chi fa meno errori?

5 Lavorate in due per fare una conversazione. Rispondete a turno alle domande 1-5.
1 Chi ti piacerebbe andare a trovare?
2 Quale posto potresti visitare?
3 Quanto tempo potresti restare?
4 Cosa vorresti comprare e perché?
5 Come ti divertiresti e perché?

6 Scrivi un'email a un parente o un amico per dire che vorresti andarli a trovare presto. Cerca di includere le espressioni del riquadro.

Vorrei	venire	a trovarti/trovarvi	il mese prossimo.
	passare	un po' di tempo con te/voi	il prossimo fine settimana.
	trascorrere	qualche giorno a casa tua/vostra	l'anno prossimo.
Potremmo	visitare	la Francia	molto presto.
	vedere	il sud della Germania	tra qualche mese.
	esplorare	la Svizzera	per qualche settimana.
Potrei	restare	un paio di giorni	insieme a te/voi.
	stare	due settimane	in albergo.
	rimanere	un mese	in un ostello.
Mi piacerebbe	assaggiare	i piatti tipici	perché sono appassionato di cucina.
	provare	le specialità della zona	perché mi piace assaggiare le cose locali.
	scoprire	le riserve naturali	perché amo la natura.
Mi divertirei	facendo	lunghe camminate	perché è rilassante.
		passeggiate al mare	perché è divertente.
		escursioni in montagna	perché è emozionante.

2.6 FAMILY AND FRIENDS ABROAD

2.6b Vado a trovare i miei amici in Italia!

★ Parlare di un viaggio all'estero: preparazione, partenza e arrivo
★ Saluti (informali), frasi colloquiali, esclamazioni, interiezioni

Caro diario,

1 Oggi 7 luglio parto per andare a trovare Claire a Caserta, in Italia. Non vedo l'ora di arrivare da lei!

2 È la prima volta che prendo l'aereo per andare all'estero e sono un po' preoccupata. Povera me! Non parlo bene l'italiano e ho paura di non riuscire a capire le persone che mi parlano.

3 Ora sto studiando un po' di frasi per comunicare con gli amici di Claire. Ad esempio, sto imparando a dire: "Ehi, come va?" e anche "Tutto a posto?". Poi sto imparando anche come rispondere, ad esempio: "Tutto bene." e anche " Tutto a posto."

4 Mi piacerebbe imparare a dire tante cose ma per me è difficile pronunciare le parole italiane. Ahimè! Claire lo parla molto bene perché vive in Italia da 3 anni.

5 Oggi 9 luglio siamo andate a visitare Caserta. È una città molto affascinante. La Reggia o Palazzo Reale del diciottesimo secolo è un capolavoro di Vanvitelli. È patrimonio dell'UNESCO ed è molto grande.

6 Ci sono volute 7 ore per visitare i giardini e le stanze. È stato davvero interessante. Però non c'era una guida in inglese. Peccato!

7 11/7 serata a Caserta Vecchia. Che stanchezza! Oggi abbiamo camminato tantissimo e siamo state in varie zone di Caserta.

8 Infine siamo arrivate nella parte alta della città, Caserta Vecchia, dove abbiamo cenato con gli amici italiani di Claire. Sono riuscita ad usare un po' di frasi che ho imparato. Meno male!

1 Leggi la pagina del diario di Veronica riguardo a una visita ad un'amica che è emigrata in Italia dall'Inghilterra e trova il sottotitolo esatto (A-H) per ogni paragrafo (1-8).

Esempio: 1 B

A Pronunciare bene
B Si parte!
C Città antica
D Visita in città

E Come comunicherò?
F Palazzo della Reggia
G Studiando la lingua
H Niente inglese!

2 Ascolta due cugini che si sono appena visti dopo tanti anni e scegli l'informazione (A-F) che corrisponde ad ogni opzione (1-5). Attenzione! Una lettera è di troppo.

Esempio: 1 F

SECTION 2: MY FAMILY AND MY FRIENDS, AT HOME AND ABROAD

1 Vede la vita in modo diverso
2 Auto comprata
3 Persone stupende
4 Senza auto
5 Ha mangiato male

A Durante il viaggio in Giappone
B Durante il viaggio in America
C Durante il viaggio in Sudamerica
D Dopo il viaggio in America
E Dopo il viaggio in Giappone
F Dopo il viaggio in Sudamerica

3 Saluti (informali), frasi colloquiali, esclamazioni, interiezioni. Completa le frasi con le espressioni giuste.

Mamma mia!	Oh!	Cavolo!	Peccato!
Povero me!	Ahi!	Eh?	Boh!

Esempio: 1 Oh!

1 .... Che magnifico panorama si vede da Caserta Vecchia!
2 .... Non ho sentito cos'hai detto. Puoi ripetere?
3 .... Che dolore!
4 .... Che confusione c'è in casa!
5 .... Non so chi ha mandato questa lettera.
6 .... Sta piovendo. Dobbiamo portare l'ombrello.
7 Non siamo riusciti a vederci prima della tua partenza. ....
8 Domani devo alzarmi presto per andare a lavoro e stanotte non dormirò molto. ....

4 a Lavorate in due per fare una scenetta. Scegliete il ruolo della figlia A (che vive all'estero e torna a trovare la sua famiglia) o della madre B (che è venuta a prenderla all'aeroporto) e leggete il dialogo ad alta voce.

1 A Ciao mamma! Che bello riabbracciarti!
  B Ciao tesoro! Com'è andato il viaggio?
2 A È andato bene ma sono molto stanca e ho fame.
  B Com'era il tempo quando sei partita da Parigi?
3 A La giornata era soleggiata ed il clima era mite. Qui invece fa proprio freddo.
  B Com'è stata la tua vacanza in Costa Azzurra?
4 A Stupenda! Mi sono divertita tantissimo. Però è durata poco. Peccato!
  B Mamma mia! Guarda che traffico c'è! Arriveremo a casa molto tardi.
5 A Povera me! Non vedo l'ora di mettermi a letto. Non c'è un'altra strada?
  B Boh! Questa è l'unica strada che conosco.

4 b Ripetete il dialogo scambiandovi i ruoli. Questa volta cambiate le parti sottolineate.

5 Scrivi la tua pagina di diario raccontando il tuo soggiorno a casa di amici o parenti in un paese all'estero e cerca di rispondere alle domande. Scrivi 130-140 parole.

Un soggiorno all'estero
- Quando sei partito?
- Chi sei andato a trovare?
- Che cosa avete fatto?
- Quanto tempo ci avete messo?
- Com'è stato il soggiorno?

2.4 EATING OUT

2.6c È stato un viaggio bellissimo!

★ **Descrivere un periodo di soggiorno passato con parenti e/o amici**
★ **L'imperfetto; ripassare ed ampliare il passato prossimo**

Ciao Giovanna,

come stai? Io ho ricominciato a lavorare e sono un po' impegnato.

Penso spesso alle vacanze che abbiamo passato da voi in Croazia. Era tutto stupendo. Ci rilassavamo visitando **1**.......... posti nuovi e facendo nuove amicizie. Tutto grazie alla vostra **2**.......... .

È stato interessante vivere una settimana a casa vostra. Mentre cucinavate i piatti tipici croati, abbiamo capito molte cose della **3**.......... croata. Ci siamo divertiti moltissimo a visitare la capitale Zagabria. Eravate delle **4**.......... perfette! La cattedrale di Zagabria è stupenda e ci sono piaciuti moltissimo anche il Museo Archeologico e il Museo d'Arte Contemporanea. Inoltre, grazie per la serata al Teatro Nazionale croato! **5**.......... era affascinante anche se non capivamo perché tutti ridevano.

Dopo **6**.......... da voi, siamo andati a trovare altri amici che vivono in Grecia da **7**.......... 4 anni. Lì abbiamo passato **8**.......... settimana magnifica. Anche la Grecia come la Croazia è una nazione con tanti luoghi storici da scoprire. Siamo giunti ad Atene e abbiamo passato due giorni lì per visitare la città. Poi abbiamo preso il treno per raggiungere i nostri amici a Corinto. Lì abbiamo passato giornate intere al mare. Come mi piaceva nuotare in quel mare cristallino! Ci tornerei domani!

Voi cosa avete fatto durante le vacanze?

Scrivimi presto.

Alessandro

---

1 Leggi la lettera di Alessandro ad un suo amico riguardo alla sua ultima vacanza. Riempi gli spazi scegliendo le parole giuste dal riquadro. Attenzione! Hai bisogno solo di otto parole.

un'altra	cultura	la pizza	ospitalità	scortesia
cameriere	guide turistiche	la tappa	pochi	signora
circa	il tappo	lo spettacolo	poco	tanti

2 a Ascolta la conversazione telefonica tra Vanessa e Alice che parlano delle loro ultime vacanze e scegli l'espressione corretta (A, B o C) per completare le frasi.
  1 Da quando .... in Cina è diventato difficile passare del tempo con loro.
   A sono andati a lavorare
   B si sono trasferiti
   C sono andati

SECTION 2: MY FAMILY AND MY FRIENDS, AT HOME AND ABROAD

    2 La parte più divertente è stata quando .... a cena al ristorante.
        A eravamo
        B siamo andate
        C siamo stati
    3 Il posto che .... ad Alice è stato il Tempio del Cielo.
        A è piaciuto di meno
        B è piaciuto molto
        C è piaciuto di più

2 b Ascolta di nuovo la conversazione tra Vanessa e Alice e cerca di scrivere tutte le domande che riesci a riconoscere. Poi traducile nella tua lingua. Le domande sono cinque in totale.

3 a L'imperfetto. Leggi la sezione G12 della Grammatica. Riscrivi le frasi trasformando i verbi all'imperfetto.

fare	aver bisogno	costruire	sedere
andare	avere	essere	parlare

    1 Mentre .... al mare mi sono abbronzata.
    2 .... una valigia ma l'ha persa quando era all'aeroporto.
    3 Marco .... di fare un'esperienza all'estero.
    4 La guida turistica .... sia l'italiano che l'inglese.
    5 Mentre .... il bagno in mare ha cominciato a piovere.
    6 .... sempre a fare la settimana bianca sulle Alpi quando ero piccolo.
    7 Quando era una bambina, mia madre .... castelli con la sabbia.
    8 Il passeggero che .... accanto a me in aereo era albanese.

3 b Il passato prossimo. Leggi la sezione G11 della Grammatica. Scrivi e traduci tutti i verbi al passato prossimo che trovi nella lettera di Alessandro nell'esercizio 1. Sono 12 in totale.

4 Lavorate in due per fare una conversazione. Immaginate di aver fatto un soggiorno da un amico/familiare che vive lontano. Rispondete a turno alle domande 1-5.
    1 Chi sei andato/a a trovare?
    2 Dove vive/vivono?
    3 Da quanto tempo non lo/la/li/le vedevi?
    4 Descrivi com'era la giornata tipica.
    4 Quando pensi che ritornerai a trovarli?

5 Una vacanza indimenticabile. Descrivi una vacanza speciale passata con amici o familiari nel tuo paese di origine. Scrivi 130-140 parole.
Una vacanza nel mio paese
- Con chi hai passato la vacanza?
- Cosa avete fatto?
- Per quanto tempo siete stati in vacanza?
- Descrivi la cosa più divertente che avete fatto.
- Quando pensi che andrai di nuovo in vacanza?

Vocabolario

2.1a Ti presento la mia famiglia

il cognome surname
il coniglio rabbit
la cugina cousin
il fratellino little brother
il fratello brother
maggiore older
la mamma mum
il marito husband
minore younger
la moglie wife
il papà dad
la sorella sister
la sorellastra stepsister
la sorellina little sister

2.1b Ti descrivo amici e famiglia

alto tall
amichevole friendly
andare d'accordo to get on well
antipatico unpleasant
il bebè baby
buono good
i capelli hair
corto short
diverso different; several
estroverso extroverted
fine fine
grosso large
infelice unhappy
incinta pregnant
introverso introverted
liscio straight
magro slim
migliore best
il/la neonato/a baby
gli occhi eyes
gli occhiali glasses
ondulato wavy
sensato sensible
simpatico pleasant, nice
spesso thick
stufo fed up
il vicino / la vicina neighbour

2.1c Ti parlo dei rapporti con gli altri

avere bisogno di to need
Che guaio! What a mess!
Che peccato! What a pity!
Che noia! What a bore!
consigliare to give advice
di solito usually
divertente amusing
discutere to argue
essere/sentirsi di buonumore to be/feel in a good mood
essere/sentirsi di cattivo umore to be/feel in a bad mood
in comune in common
(mal)educato (im)polite
scontento unhappy, dissatisfied
volere bene to care about someone

2.2a Ecco la mia casa!

accanto a next to
al centro di in the centre/middle of
il comò chest of drawers
la coperta blanket
di fronte a opposite
dietro a behind
il divano letto sofa bed
il freezer freezer
la guardaroba wardrobe
il lavandino sink
il lenzuolo sheet
il piano cottura hob
il water toilet/WC
la vasca da bagno bath tub

2.2b Ti parlo di cosa faccio a casa

apparecchiare to set the table
badare al bambino to look after the baby/child
cucinare to cook
cucire to sew
fare il bucato to do the laundry
fare il letto to make the bed
fare le faccende to do house chores
guadagnare to earn
mettere in ordine to tidy up
ogni every/each
passare l'aspirapolvere to vacuum
preparare la cena to cook dinner
presto early
prima before
pulire il bagno to clean the bathroom
sparecchiare to clear the table
stamattina this morning
stanotte tonight
stasera this evening
stirare to iron
subito soon
tagliare a pezzi to chop up/into pieces
tardi late

2.3a Il tempo libero fuori di casa

appassionante exciting, fascinating
il bastone (hockey) stick
il centro commerciale shopping centre
la chitarra guitar
il costume da bagno swimsuit/trunks
la ginnastica gymnastics
meglio better
il pallacanestro basketball
la pallavolo volleyball
pareggiare to draw (a game)
peggio worse
peggiore worse, the worst
il premio prize/award
la racchetta racket
salutare healthy
le scarpe da ginnastica trainers
sciare to ski
segnare (un gol) to score (a goal)
stancante tiring
suonare to play (an instrument)
il tifoso fan/supporter

2.3b Cosa facciamo?

il biglietto ticket
confermare to confirm
fare una grigliata to (have a) barbecue
la festa party
festeggiare to party
impegnato busy
incontrarsi to meet up
invitare to invite
invitato guest/invited

SECTION 2: MY FAMILY AND MY FRIENDS, AT HOME AND /

l'invito invitation
il locale notturno nightspot
mancare to miss
organizzare to organise

prenotare to book
ricevere to receive
riservare to reserve
la scusa excuse

scusarsi to excuse oneself/to apologise
volerci to take (time)

2.4a Ordinare cibo e bevande al bar

l'aranciata fizzy orange drink
il bancone counter
la bibita drink
il caffè café, coffee
il cameriere waiter
la cioccolata calda hot chocolate
la ciotola bowl

il cornetto croissant
la crema crème patissière, custard
la fetta slice
fresco cool, fresh
leggero light
la marmellata jam, preserve, marmalade
ordinare to order

pranzare to lunch
prendere to take
qualcosa something
la spremuta d'arancia freshly squeezed orange juice
la tazza cup
il tramezzino sandwich

2.4b Mangiando al ristorante

assaggiare to taste
cenare to dine
condividere to share
consigliare to suggest
il conto bill
il contorno side dish
il coperto service charge
cuocere al forno to bake

il dolce dessert
includere to include
infornare to bake
il luogo place
la mancia tip
il menù menu
la padella pan
la pausa break

la pentola pot
il piatto del giorno dish of the day
la portata principale main course
sentire gli odori to smell
sorpreso surprised
la specialità signature dish
il vino della casa house wine

2.5a Compleanni e altre feste

l'anno nuovo New Year
annuale yearly
gli auguri wishes
avere bisogno di to need
baciare to kiss
ballare to dance
il biglietto card

le candeline candles
cantare to sing
la canzone song
il diciottesimo compleanno 18th birthday
festeggiare to celebrate
la festa in maschera fancy-dress party
prendere to take

preparare to prepare
il regalo present/gift
ricevere to receive
gli scacchi chess
suonare to play (an instrument)
la torta cake
Tanti auguri a te Happy birthday to you

2.5b Occasioni speciali

la banda musicale marching band
la celebrazione celebration
il cortometraggio short film
il festeggiamento celebration
il giorno festivo public holiday
la giuria panel of judges

gratuitamente free of charge
in prima fila front-row
il lungometraggio full-length film
la manifestazione event
il membro member
il monumento monument

il partecipante participant
la repubblica republic
la sede principale headquarters
la sfilata militare army parade
lo spettacolo show
svolgersi to occur

2.6a Vorrei partire!

alcune some
appassionato passionate
assaggiare to taste
di origine of origin
durante during

esplorare to explore
l'esperienza experience
locale local
non...ancora not ... yet
pernottare to stay overnight

restare/rimanere to stay/remain
ritornare to return/go back
scoprire to discover
trascorrere to pass/to spend
trasferirsi to move house

2.6b Vado a trovare i miei amici in Italia!

affascinante fascinating
Ahi! Ouch!
Ahimé! Dear me!
Boh! Dunno
Cavolo! Wow!/Drat!

la criminalità criminality
Ehi Hey
la guida guide
Mamma mia! Gosh!
il patrimonio heritage

Peccato! Shame/Pity!
Povero me! Poor me!
rivedere to see (someone) again
la rivolta uprising
la stanchezza tiredness

2.6c È stato un viaggio bellissimo!

la cattedrale cathedral
la cultura culture

la destinazione destination
il museo museum

rilassarsi to relax
spiegare to explain

Angolo dell'esame B1

Strategie per preparare una breve composizione scritta

Per migliorare il tuo italiano in una breve composizione scritta ci sono diverse strategie che puoi imparare.

1 a Leggi l'esercizio e lavora con un compagno per familiarizzarti con il contenuto.

> Il mio nuovo liceo
> - Quali lezioni hai oggi?
> - Come sono i tuoi nuovi compagni di classe?
> - Che cosa pensi dei professori del tuo nuovo liceo?
> - Quali lezioni ti piacciono di più, e perché?
>
> Scrivi 80–90 parole **in italiano**.

1 b Leggi la lista di strategie e decidi a quale di queste quattro categorie appartengono:

   A Utile per la preparazione, ma non durante l'esame.

   B Utile prima di cominciare a scrivere.

   C Utile mentre scrivi.

   D Utile per la revisione del testo.

Strategie
1. Completa tutte e quattro le parti dell'esercizio.
2. Leggi attentamente le istruzioni.
3. Scrivi i paragrafi nell'ordine in cui appaiono nelle istruzioni.
4. Controlla se le istruzioni ti chiedono informazioni su più di una cosa o persona.
5. Fa' un elenco di parole utili che conosci sull'argomento.
6. Scrivi un paragrafo nuovo per ognuno dei quattro elementi del testo.
7. Cerca le parole utili nel dizionario, scrivile e imparale a memoria.
8. Scrivi 20 parole per ogni paragrafo. Restano 10 parole, che puoi usare se devi parlare di più cose o persone.
9. Controlla di non aver scritto più di 90 parole.
10. Scrivi frasi complete. Usa almeno un verbo per ogni frase e unisci le frasi brevi con le congiunzioni.
11. Decidi quali tempi verbali usare (presente, passato o futuro).
12. Controlla di aver usato ogni tempo verbale correttamente e la persona corretta per ogni verbo.
13. Controlla di aver usato una varietà di aggettivi e con l'accordo grammaticale corretto.
14. Controlla di aver usato una o due costruzioni negative.
15. Controlla di aver dato le opinioni richieste e di averle giustificate.
16. Rileggi e controlla di non aver fatto errori di grammatica o di ortografia.

PART 2: SELF, FAMILY AND FRIENDS – AT HOME AND ABROAD

Versioni possibili

2   Leggi queste due risposte all'esercizio 1a. Quale ti sembra migliore? Usa la lista di strategie 1b per aiutarti a decidere. Quali consigli non ha seguito il candidato nella prima versione?

Prima versione

> Ho cominciato il nuovo liceo due settimane fa. Torno a casa alle due. Nella mia famiglia ci sono quattro persone. Il mio passatempo preferito è il calcio. Ho un compagno di classe nuovo: si chiama Marco e oggi è il suo compleanno. È una giornata normale a scuola e non è possibile festeggiare il suo compleanno. Non mi piacciono le giornate normali, mi piacciono le domeniche, ma non c'è scuola la domenica.

Seconda versione

> Oggi cominciamo il corso di francese: mi piace moltissimo. Abbiamo uno scambio con un altro istituto.
>
> Conosco varie persone qui: sono dei ragazzi simpatici che abitano qui vicino. C'è anche una ragazza nuova: è molto intelligente.
>
> I professori sono abbastanza bravi perché sono quasi tutti giovani. La mia insegnante preferita è la professoressa d'inglese, è simpatica e non grida mai.
>
> Le lezioni di matematica sono le mie preferite perché il professore spiega bene. La storia è interessante, poi è utile e mi piacciono le ricerche che facciamo sui periodi importanti.

Ora tocca a te ...

3   a   Con un compagno, leggi il seguente esercizio e usa la lista di strategie per decidere come si potrebbe scrivere la risposta migliore.

3   b   Lavorate separatamente per scrivere ognuno il proprio testo.

3   c   Analizza il testo scritto dal tuo compagno e lavorate insieme per scrivere un testo ancora migliore.

Un fine settimana perfetto

- Che cosa fai di solito il sabato pomeriggio?
- Perché questo fine settimana è speciale?
- Con chi passi il tempo?
- Quale attività ti piacerebbe fare? Spiega perché.

Scrivi 80–90 parole **in italiano**.

Alcuni consigli sull'uso dei tempi e sulla presentazione di quello che scrivi

→ Usa qualche minuto all'inizio per pianificare quello che vuoi scrivere, assicurandoti di aver identificato correttamente i tempi verbali necessari in ogni punto. Prendi degli appunti!

→ È una buona idea scrivere un paragrafo per ogni punto. In questo modo puoi controllare più facilmente di aver incluso tutto. Un'altra buona idea è assegnare più o meno lo stesso numero di parole ad ogni punto. Per esempio, se ci sono quattro punti e devi scrivere 80-90 parole, sono 20-23 parole per ogni punto.

→ Ricordati di tenere qualche minuto, alla fine, per controllare tutte le concordanze e le forme verbali.

→ Presenta quello che scrivi in modo chiaro e leggibile.

Angolo dell'esame B2

Strategie per le scenette orali

Per ottenere buoni risultati nelle scenette orali, è importante concentrarsi su questi aspetti:

A capire bene le domande

B dare informazioni esatte e complete nelle risposte

C avere una buona pronuncia e intonazione

D rispondere con spontaneità

A Capire bene le domande

1 a Insieme ad un compagno, scegli il pronome interrogativo corretto (1-5) per ogni risposta (A-E).

1 Come?
2 Che cosa?
3 Perché?
4 Quando?
5 Con chi?

A Voglio andarci sabato pomeriggio.
B Ci andiamo in macchina.
C Mi piacerebbe andare a mangiare una pizza.
D Ci sono andato con i miei compagni di classe.
E Perché mi piace la musica classica.

1 b Insieme ad un compagno, scrivi le domande complete per ogni risposta (1–5) dell'attività 1a. Poi fate insieme la scenetta.

Contesto: Due amici (A e B) vogliono andare ad un concerto.

B Dare informazioni esatte e complete

Se nel dialogo la risposta non è del tutto corretta o è incompleta, vale 1 punto invece che 2. Questo può essere a causa di un tempo verbale sbagliato o se non ci sono tutte le informazioni richieste.

2 a Nel seguente dialogo, le risposte valgono solo 1 punto ciascuna. Insieme ad un compagno, migliora e/o completa le risposte alle domande. Poi fate insieme la scenetta.

Contesto: Due amici (A e B) sono in un negozio e vogliono comprare un regalo di compleanno.

A Che cosa vuoi comprare e per chi?
B Compro un regalo per mio fratello.
A Quanto puoi spendere?
B Spendo 20 euro.
A Che tipo di regalo vuoi comprare? Perché?
B Un libro, perché mio fratello legge.
A Che cosa hai regalato l'ultima volta che hai fatto un regalo?
B Ho regalato un cd di musica classica.
A Che cosa hai fatto all'ultima festa di compleanno?
B Ho mangiato e ho ballato.

2 b Aggiungi gli interrogativi nuovi dell'esercizio 2a alla tua lista di domande possibili e imparali a memoria.

C Avere una buona pronuncia e intonazione

3 a Ascolta le frasi e scrivile, poi decidi se sono domande o affermazioni (D o A) e se sono formali o informali (F o I).

3 b Insieme ad un compagno, prepara le risposte alle domande dell'esercizio 3a. Poi fate le domande e date le risposte, facendo attenzione all'intonazione e al registro linguistico.

D Rispondere con spontaneità

È importante saper rispondere con spontaneità alle domande, senza averle lette o sentite prima. Durante l'esame orale, gli studenti conosceranno il luogo in cui si svolge il dialogo (per esempio, alla stazione), a volte la situazione (per esempio, comprare un biglietto) e il loro ruolo (per esempio, il cliente). Dovranno decidere in base alla situazione se bisogna usare il *tu* o il *Lei*.

4 Lavorate in gruppi di tre. Ognuno sceglie un contesto diverso (1-3) e scrive le domande, senza farle vedere agli altri. Poi fate a turno le tre scenette (1-3): uno studente fa le domande che ha preparato (ruolo A), uno risponde (ruolo B) e il terzo dà il punteggio ad ogni risposta (0, 1 o 2). Scambiatevi i ruoli e fate tutte e 3 le scenette.

Contesto 1: Hai in programma di andare in piscina. B è il tuo amico italiano / la tua amica italiana e viene con te.

Contesto 2: Sei in un negozio di giochi elettronici con il tuo amico italiano / la tua amica italiana (B). Vuoi comprare qualcosa. Parli con il commesso / la commessa.

Contesto 3: Sei in Italia e vuoi andare al ristorante con il tuo corrispondente italiano / la tua corrispondente italiana (B).

Home town and geographical surroundings

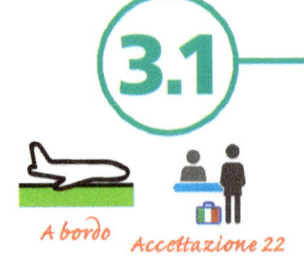

3.1

3.1a Io abito qui, a Ferrara

★ Descrivere la propria città o il proprio paese
★ La preposizione *da* con il tempo presente e in espressioni idiomatiche (per es. *da bambino, da molto tempo*; espressioni avverbiali di luogo (per es. *qui, là,* ecc.)

1 a Osserva la cartina di Ferrara. Leggi le frasi e indica il simbolo (A-H) che corrisponde ad ogni frase. Attenzione! Ci sono due frasi in più.

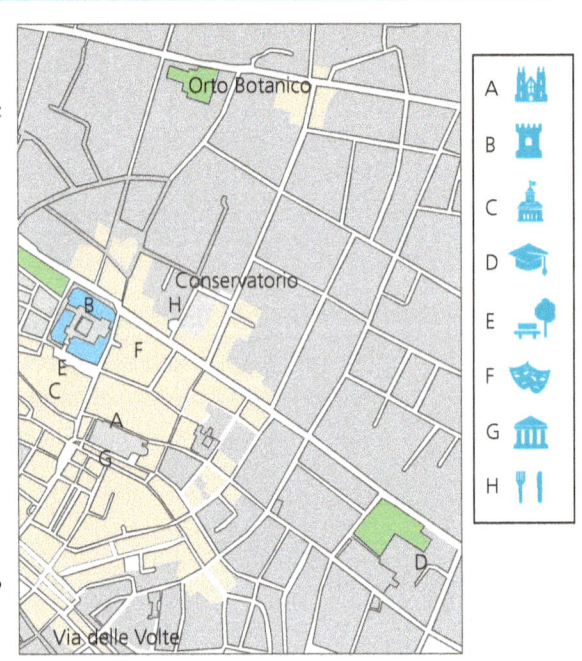

Esempio: 1 B

1. Il castello è da sempre il simbolo della città: si trova in centro, vicino alla strada principale.
2. Non lontano dal castello, c'è la cattedrale: è molto antica e piace a tutti i turisti!
3. In una strada di fronte alla cattedrale, via San Romano, si trova da molti anni il museo della Cattedrale: qui ci sono delle opere d'arte veramente bellissime.
4. Io abito dietro a Via delle Volte, una strada medievale lunga circa due chilometri dove da molto tempo i turisti che amano la storia vengono a passeggiare. Sembra di tornare indietro nel tempo!
5. In una grande piazza storica in centro, a sinistra della Cattedrale, i giovani di Ferrara si ritrovano a chiacchierare nel tempo libero. Qui c'è il Palazzo Municipale, dove mia madre lavora da 10 anni.
6. Accanto al castello, a destra, c'è il teatro comunale. Da bambino andavo agli spettacoli d'opera con i miei nonni.
7. Fra il castello e il municipio, c'è il mio parco preferito, il Giardino delle Duchesse.
8. Un po' fuori dal centro, vicino ad un grande parco, c'è l'università, dove da due anni studia mio fratello.
9. A sinistra dell'Orto Botanico, c'è Palazzo dei Diamanti, che è famoso per la sua facciata.
10. Davanti al Conservatorio, c'è il mio ristorante preferito.

1 b Quando hai finito, segna sulla cartina gli edifici delle due frasi in più.

2 Enrico ed Elena parlano della loro città. Ascolta la conversazione e scrivi il posto (1-5) che corrisponde ad ogni affermazione (A-F). Attenzione! C'è un'affermazione in più.

SECTION 3: WHERE I LIVE AND WHAT IT'S LIKE

Esempio: 1 E
1 Palazzo dei Diamanti
2 Il Quartiere Ebraico
3 Palazzo Schifanoia
4 Il Castello
5 Il Museo Archeologico

A è aperto la domenica.
B si visita molto rapidamente.
C è noioso per i giovani.
D non si può visitare tutto.
E è troppo caro.

3 a La preposizione *da*. Leggi la sezione D1 della Grammatica. Trova sei esempi di frasi con *da* nel testo dell'esercizio 1a, copiale e traducile nella tua lingua.

3 b Guarda la cartina. Trova l'errore nelle seguenti frasi e sottolinealo. Riscrivi la frase corretta.

Esempio: La piscina è di fronte al cinema.
1 La piscina è <u>accanto al</u> cinema.
2 Lo stadio è nel parco.
3 La biblioteca è tra il parco e lo stadio.
4 Il centro ricreativo è a sinistra dello stadio.
5 Il mercato è vicino alla piscina.
6 Il cinema è prima del fiume.
7 C'è una strada tra il mercato e lo stadio.
8 Il parco è dopo il fiume.

4 a Le serie di vocali in italiano. Ascolta questa frase e separa le parole. Poi ripetila tre volte ad alta voce e traducila nella tua lingua.

Guidovasenzaaiutoinautodalmuseoeuropeoalteatromedievale.

4 b Detta la frase al tuo compagno e poi il tuo compagno la detta a te. Chi fa meno errori?

5 a Lavorate in due per fare una conversazione sulla vostra città / sul vostro paese. Scegliete il ruolo A o B: A fa le domande e B risponde.
1 A Che cosa c'è di interessante da vedere nella tua città / nel tuo paese? B …
2 A Mi puoi descrivere il tuo luogo preferito? B …
3 A Parlami dell'ultima volta che hai visitato un luogo turistico. Che cosa hai visto? B …
4 A E nel futuro, quale luogo vuoi visitare? Perché? B …
5 A Secondo te, quali sono i vantaggi e gli svantaggi di vivere in una città d'arte? B …

5 b Ripetete la conversazione scambiandovi i ruoli.

6 Prepara un poster sul luogo dove abiti. Usa delle foto o delle immagini e per il testo usa il linguaggio delle attività 3b e 5.

3.1 HOME TOWN AND GEOGRAPHICAL SURROUNDINGS

3.1b Abiti in città o in campagna?

★ Descrivere località urbane o di campagna ed esprimere la propria opinione
★ Superlativi con *più* e *meno*; la forma impersonale con *si*.

Cari amici,

da quattro mesi abito in un paesino di campagna e la mia vita è cambiata totalmente. All'inizio ho pensato: questo è il posto più bello del mondo. Il paese è davvero pittoresco, anche le case più piccole hanno giardini pieni di fiori e finalmente posso avere un cane tutto mio e giocare in giardino. Non c'è inquinamento, si respira aria pura, c'è silenzio, la mattina si sentono gli uccellini che cantano, sono davvero il ragazzo più fortunato di tutti ad abitare qui.

Ma adesso mi sento solo: i miei amici sono tutti in città, qui in paese c'è poco da fare e ci si annoia. Per andare a scuola mi devo alzare prestissimo: il viaggio in autobus dura quasi due ore ed è la cosa meno divertente di tutte. Torno a casa dopo le 2, sempre con una fame da lupo, e il pomeriggio sono sempre solo. Datemi un consiglio: che cosa si può fare per divertirsi quando si vive in campagna?

Ciao,

Michele

1 Leggi il post di Michele e scegli la lettera corretta.

Esempio: 1 A

1 Michele scrive per parlare …
   A dei cambiamenti nella sua vita.
   B del suo paese.
   C della sua nuova casa.
2 Quando è arrivato, il paese …
   A non gli è piaciuto per niente.
   B gli è sembrato noioso.
   C gli è piaciuto moltissimo.
3 Per la prima volta Michele può …
   A avere tanti fiori in giardino.
   B avere un animale domestico.
   C vivere nella natura.
4 Michele sente la mancanza …
   A degli amici.
   B della vecchia casa.
   C della città.
5 Il viaggio per andare a scuola è …
   A molto lungo ma divertente.
   B non molto lungo ma noioso.
   C molto lungo e molto noioso.
6 Michele vuole un consiglio per trovare …
   A qualcosa di divertente da fare.
   B degli amici in campagna.
   C un altro animale.

2 a Tre amici, Claudia, Francesco e Ambra, parlano del luogo dove vivono. Ascolta le loro opinioni e scegli la persona giusta per ogni frase.

Esempio: 1 Claudia

1 .... abita in campagna da molto tempo.
2 .... viene in campagna solo per le vacanze.
3 Secondo .... , per vivere bene in città, bisogna esserci abituati.
4 A .... piace leggere in giardino.

SECTION 3: WHERE I LIVE AND WHAT IT'S LIKE

   5   Secondo ...., in campagna non c'è abbastanza da fare per i giovani.
   6   Secondo ...., una città piccola è perfetta.
   7   Secondo ...., in città non si dorme bene.
   8   Secondo ...., non ci sono segreti se si vive in campagna.

2 b Ascolta di nuovo e scrivi quattro cose che i giovani possono fare in una cittadina di provincia. Poi traducile nella tua lingua.

3 a La forma impersonale con *si*. Leggi la sezione G21 della Grammatica. Trasforma le frasi da personali a impersonali. Scrivi solo i verbi. Attenzione alle frasi con l'oggetto plurale e a quelle con i verbi riflessivi!

Esempio: 1 si vive
   1   In campagna viviamo una vita meno stressante. ....
   2   Respiriamo aria pura. ....
   3   Giochiamo e leggiamo in giardino. ....
   4   Possiamo tenere animali domestici. ....
   5   Non dobbiamo chiudere la porta di casa. ....
   6   Ci alziamo presto la mattina. ....
   7   Vediamo gli amici tutti i giorni. ....
   8   Dormiamo benissimo. ....

3 b Rileggi il post di Michele. Trova quattro esempi di espressioni con il superlativo relativo. Copiali e traducili nella tua lingua.

Esempio: il posto più bello del mondo = the most beautiful place in the world

4 a Lavorate in due per fare una scenetta. Un amico / Un'amica è venuto/a a trovarvi per la prima volta e inizia la conversazione.
   1   A *Che bello questo posto! Da quanto tempo abiti qui?* B …
   2   A *Che cosa c'è da fare per i giovani qui?* B …
   3   A *Perché ti piace abitare qui?* B …
   4   A *Che cosa hai fatto l'ultima volta che sei uscito/a con gli amici? Ti è piaciuto?* B …
   5   A *Che cosa vuoi fare sabato prossimo?* B …

4 b Ripetete il dialogo scambiandovi i ruoli e scegliendo delle espressioni dalla tabella.

Abito / vivo qui	da 5 / 10 anni / da sempre / da quando sono nato/a.
Si può	andare in piscina / in discoteca / ritrovarsi in piazza / andare in palestra.
Mi piacerebbe	giocare / leggere in giardino / andare a visitare i monumenti / respirare aria pura / rilassarmi.
Si	dorme / mangia bene.
C'è / Non c'è	silenzio / rumore / traffico / troppa gente.

5 Scrivi un articolo per il blog della scuola su una città italiana / un paese italiano che hai visitato o che vuoi visitare. Scrivi circa 130-140 parole. Includi le seguenti informazioni.

Una città italiana che ho visitato
- Quale città hai scelto e perché?
- Che cosa c'è da fare e da vedere?
- Che cosa hai visto o vuoi vedere e perché?
- Che cosa hai fatto o vuoi fare e perché?
- Quali altri luoghi vuoi visitare nel futuro e perché?

3.1 HOME TOWN AND GEOGRAPHICAL SURROUNDINGS

3.1c È meglio vivere al mare o in montagna?

Decollo

★ Vantaggi e svantaggi di abitare in luoghi diversi
★ Comparativi di uguaglianza (per es. *così ... come, tanto ... quanto*); superlativi irregolari (per es. *ottimo, minimo*, ecc.)

Stella — Io abito in una piccola località di mare vicino ad Amalfi. Secondo me, vivere al mare non è facile: d'inverno c'è pochissima gente e tanti posti sono chiusi, perché chi lavora tutta l'estate va in vacanza e per noi ragazzi non c'è nulla da fare. Il mio liceo è a quasi 10 chilometri da qui e per non alzarmi alle 6 vado in motorino, ma i miei genitori non sono molto contenti, secondo loro il motorino è pericoloso come la bicicletta, se non di più. Per fortuna abbiamo una bella biblioteca. Durante l'estate, la cittadina è tanto affollata quanto una grande città: turisti e visitatori vogliono riposarsi e divertirsi, ma noi dobbiamo lavorare. I miei genitori hanno un ristorante e io lavoro tutta la stagione per aiutarli. Non riesco neanche ad andare in spiaggia! A volte penso che vivere al mare non è così bello come crede la gente. Certo, il clima è ottimo, ma anche qui quando piove ci si annoia a morte!

Riccardo — Io abito vicino alle Dolomiti, i miei genitori hanno un maso, una specie di fattoria di montagna. Con il latte delle nostre mucche facciamo un ottimo formaggio e con la nostra frutta mia madre prepara delle marmellate con un contenuto di zucchero minimo. Abbiamo anche un orto dove coltiviamo la verdura. D'estate abbiamo un piccolo agriturismo, dove i turisti possono vivere a contatto con la natura. Vengono qui a fare passeggiate al fresco, quando nelle città il caldo è insopportabile. D'inverno abbiamo così tanta neve che a volte siamo isolati, ma lavoriamo tanto quanto d'estate! Mio fratello è maestro di sci ed è molto impegnato, quindi dopo la scuola tocca a me badare agli animali e aiutare mia madre. Purtroppo per i ragazzi come me non ci sono molti divertimenti, ma io amo gli animali e la natura e sono contento lo stesso.

1 Leggi i post di Stella e Riccardo e trova la conclusione corretta per ogni inizio di frase. Attenzione! Ci sono due conclusioni di troppo.

Esempio: 1 C

1 I genitori di Stella
2 Chi vive in montagna
3 Secondo i genitori di Stella,
4 Secondo Stella,
5 Secondo Riccardo,
6 Il fratello di Riccardo

SECTION 3: WHERE I LIVE AND WHAT IT'S LIKE

A andare a scuola in motorino è pericoloso.
B lavorare con gli animali è divertente.
C hanno un ristorante.
D insegna ai turisti a sciare.
E vanno in vacanza d'inverno.
F deve lavorare tanto d'inverno quanto d'estate.
G va sempre in spiaggia.
H vivere nella sua città è noioso.

2 In un'intervista alla radio, Giuliano parla delle località dove ha abitato. Ascolta l'intervista e per ogni domanda scegli le due frasi vere.

1
A Giuliano è sempre vissuto a Milano.
B Da bambino, Giuliano sognava di vivere a contatto con la natura.
C Le vacanze in Svizzera erano il suo periodo preferito.
D I problemi di salute non hanno influenzato la sua scelta.
E Anche in vacanza, Giuliano giocava sempre da solo.

2
A Quando era in vacanza Giuliano non riusciva a dormire.
B Giuliano vive in montagna da 13 anni.
C I genitori di Giuliano hanno lasciato il lavoro per seguirlo.
D Fare equitazione a Milano era più costoso.
E In Svizzera, Giuliano può andare a cavallo più spesso.

3 a I comparativi di uguaglianza. Leggi la sezione C7 della Grammatica. Riscrivi le frasi usando *così ... come* o *tanto ... quanto* e gli aggettivi fra parentesi, come nell'esempio. Attenzione alla concordanza degli aggettivi!

Esempio: Il maso di Riccardo è così / tanto isolato come / quanto la cittadina di Stella.

1 Il maso di Riccardo / la cittadina di Stella. (*isolato*)
2 Le località di mare d'estate / le grandi città. (*affollato*)
3 Vivere al mare / vivere in montagna. (*difficile*)
4 Il clima al mare / il clima in montagna (*bello*).
5 Il fratello di Riccardo durante l'inverno / durante l'estate. (*impegnato*)
6 Il liceo di Stella / la scuola di Riccardo. (*lontano*)
7 Le marmellate della madre di Riccardo / il suo formaggio. (*buono*)
8 Le località di mare d'inverno / le grandi città d'estate. (*noioso*)

3 b Rileggi i post di Stella e Riccardo. Trova tre esempi di superlativi irregolari. Copiali e traducili nella tua lingua.

4 Lavorate in gruppi di tre o quattro per fare una conversazione sui vantaggi e gli svantaggi della località dove abitate. Rispondete a turno a queste domande.

1 Com'è la località dove abiti?
2 Che cosa fanno i giovani d'estate? E d'inverno?
3 Quali sono i vantaggi o gli aspetti positivi di questa località?
4 Quali sono gli svantaggi o gli aspetti negativi di questa località?
5 Che cosa deve cambiare nel futuro per migliorare la vita dei giovani, secondo te?

5 Scrivi una lettera a un amico di penna per descrivere la tua esperienza nella città o nel paese dove vivi. Scrivi circa 130-140 parole in italiano. Includi le seguenti informazioni.

La mia esperienza nel luogo dove vivo
- Da quanto tempo abiti qui e con chi vivi
- Che cosa c'è di interessante da vedere e da fare per i giovani e perché
- Quali sono gli aspetti positivi della tua vita in questo posto e perché
- Quali sono gli aspetti negativi della tua vita in questo posto e perché
- Quali aspetti vuoi cambiare nel futuro e perché

3.2 Shopping

3.2a Facciamo la spesa

★ Comprare cibi e bevande
★ Espressioni di quantità per cibi e bevande (per es. *una fetta di, una bottiglia di*); espressioni generiche di quantità (per es. *mezzo, un quarto, abbastanza*)

Buongiorno a tutti! Sono Carlotta. Oggi ho fatto la spesa con mia madre e ho trovato che quasi tutto è carissimo.

Non abbiamo comprato molto e abbiamo speso più di 40 euro.

Al panificio: mezzo chilo di pane, una fetta di torta di mele, un pezzo di pizza e 300 grammi di pane per toast. Non abbiamo speso molto: 8,50 euro.

Al mercato abbiamo speso quasi 10 euro per poca frutta e verdura! Ciliegie e fragole sono carissime, solo patate e cipolle costano poco. Un chilo di melanzane costa 5 euro! Un quarto di anguria 3 euro! Tantissimo!

In macelleria: mezzo chilo di salsiccia e 200 grammi di prosciutto, circa 15 euro, abbastanza caro, no?

Ma anche nella vostra città la spesa è così cara?

••

Ciao, sono Marcello. Per spendere meno, mia madre fa la spesa al supermercato. Compra quasi tutto lì: dice che la carne è troppo cara in macelleria e anche verdura e frutta costano meno al supermercato. Però, secondo me, non sono fresche come al mercato. Ieri ha comprato due pacchi di pasta, un litro di latte, un pezzo di formaggio e una scatola di caramelle. E poi sei bottiglie di acqua minerale, mezzo litro d'olio e anche una lattina di coca-cola. Totale: meno di 10 euro!

---

1 a Leggi il testo del forum sulla spesa e poi indica se le affermazioni sono vere (V), false (F) o non nel testo (N).

Esempio: 1 V

1. Per fare la spesa, Carlotta e la madre sono andate in tre posti diversi.
2. Secondo Carlotta, fare la spesa costa pochissimo.
3. Secondo Carlotta, l'anguria e le melanzane sono carissime.
4. Secondo la mamma di Marcello, fare la spesa al supermercato costa di più.
5. La mamma di Marcello compra la carne al supermercato perché è più fresca.
6. Secondo la mamma di Marcello, al mercato la verdura è più cara che al supermercato.
7. Secondo Marcello, la frutta al supermercato è meno fresca che al mercato.
8. La mamma di Marcello compra anche il pane al supermercato.

1 b Rileggi il testo del forum. Trova sette espressioni di quantità per cibi e bevande, copiale e traducile nella tua lingua.

SECTION 3: WHERE I LIVE AND WHAT IT'S LIKE

2 Antonello aiuta la mamma con la lista della spesa. Ascolta la conversazione fra Antonello e la mamma e scrivi la lettera corretta per ogni numero. Poi ascolta la conversazione al mercato e scrivi la lettera corretta per la spesa totale.

Esempio: 1 B

In macelleria:
1 A tre fette di pollo   B tre fette di manzo   C tre petti di pollo
2 A un pezzo di pollo   B un chilo di manzo   C un pollo

In panetteria:
3 A un chilo di farina   B due chili di farina   C mezzo chilo di farina

Al mercato:
4 A 14 euro   B 6 euro   C 8 euro
5 A 15 euro   B 5 euro   C 9 euro
6 A 5,50 euro   B 2,50 euro   C 3,50 euro

3 Espressioni di quantità per cibi e bevande. Leggi la sezione M della Grammatica. Abbina i prodotti alle quantità o ai contenitori corretti.

| un chilo di | una bottiglia di | una scatola di | un pezzo di |
| mezzo | *una bottiglia d'* | una fetta di | una lattina di |

Esempio: 1 una bottiglia d'olio

1 l'olio   3 la coca-cola   5 le caramelle   7 il formaggio
2 la pasta   4 il prosciutto   6 l'acqua minerale   8 il melone

4 a Lavorate in due per fare una scenetta. Sei in panetteria. Vuoi comprare dei panini. Scegliete il ruolo A (il/la negoziante) o B (il/la cliente) e leggete il dialogo ad alta voce.

A Buongiorno, mi dica.
B Buongiorno, vorrei <u>quattro panini</u>, per favore.
A Ecco. Desidera altro?
B Sì, quanto <u>costa la pizza</u>?
A <u>8 euro al chilo</u>, <u>80 centesimi</u> per 100 grammi.
B Benissimo, anche <u>un pezzo di pizza</u>, per favore.
A Ecco. Altro?
B No, grazie, basta così. Quant'è in tutto?
A In tutto sono <u>2 euro e 80 centesimi</u>. Grazie, arrivederci.
B Arrivederci.

4 b Ripetete il dialogo scambiandovi i ruoli. Siete al mercato. Questa volta cambiate le parti sottolineate scegliendo le espressioni dalla lista.

| 1 kg di mele | 500 gr. di funghi | costano i funghi |
| 6,00 dollari al chilo | 7,50 dollari | 60 centesimi |

5 Prepara la lista della spesa per la festa di compleanno di un tuo amico / una tua amica. Indica le quantità e i negozi dove puoi comprare questi prodotti.

Lista per la festa di compleanno
1 Coca-cola – 80 centesimi alla lattina
2 pizza – 80 centesimi ogni 100 g
3 succo d'arancia – 1,20 euro al litro
4 formaggio – 15 euro al chilo
5 mele – 2 euro al chilo.

Esempio: al supermercato: 4 bottiglie di Coca-cola, 3,20 euro.

3.2 SHOPPING

3.2b Vorrei fare un regalo

★ Comprare un regalo
★ Avverbi e aggettivi di quantità (per es. *molto, poco, un po', tanto, troppo, quanto*); uso del pronome partitivo *ne*.

Ciao, Annalisa, come va?

Questo mese per me è tragico: molti miei amici festeggiano il compleanno e anche in famiglia ci sono un po' di feste, per cui devo comprare tanti, troppi regali! Trovare il regalo giusto è sempre molto difficile per me: se trovo il regalo perfetto, costa troppo e se trovo un oggetto poco caro, o è troppo piccolo o è inutile. Insomma, non so mai cosa comprare o quanto spendere! Soprattutto, non voglio regalare il solito libro o CD che regalano tutti, vorrei un regalo originale. Tu che ne pensi?

Ieri, per esempio, sono andata a comprare un regalo di compleanno per mia sorella Ines. Ha sedici anni e gusti molto particolari: le piacciono solo cose costosissime come i vestiti firmati o gli oggetti di marca. Volevo prendere un oggetto carino, ma senza spendere troppo. Al negozio, c'era un bellissimo braccialetto di perle di legno di colori diversi, ma non ce n'era uno della sua misura; la commessa mi ha suggerito un vaso di cristallo, ma era un po' caro per le mie tasche e poi mi sembrava un regalo più adatto ad un adulto (magari sarà una soluzione per il compleanno di mia madre!). Poi mi ha suggerito una cintura di pelle, che però era troppo larga. Alla fine, ho visto degli orecchini di madreperla, molto belli e che costavano poco. Ne ho provate due o tre paia. Mi piacevano moltissimo, infatti li volevo per me! Ne ho comprato un paio. Sono un regalo piccolo, ma spero che mia sorella sarà contenta.

Ciao,

Laura

1 a Leggi l'e-mail di Laura e poi indica se le affermazioni sono vere (V) o false (F).

Esempio: 1 V

1 Durante questo mese, Laura deve comprare molti regali.
2 Secondo Laura, scegliere un bel regalo non è facile.
3 Laura preferisce fare regali utili.
4 Secondo Laura, un libro è una buona idea per un regalo.
5 Un oggetto di marca forse non piacerà molto a Ines.
6 Il vaso di cristallo costava troppo per Laura.
7 Laura pensa di comprare il vaso per sua madre.
8 Laura vorrebbe ricevere gli orecchini in regalo.

1 b Correggi le affermazioni false con una frase vera, secondo l'e-mail. Sfida extra: spiega anche perché l'affermazione è falsa.

2 a Due amici hanno scelto un regalo. Ascolta le interviste con Matteo e Sabrina e per ogni numero (1-8) scegli la lettera corretta (A-C).

Esempio: 1 A

1 Secondo Sabrina, comprare regali non è ...
   A piacevole.   B difficile.   C noioso.
2 Il regalo doveva costare meno di ...
   A 10 euro.   B 20 euro.   C 30 euro.
3 Sabrina non voleva un regalo ...
   A fragile.   B costoso.   C piccolo.

SECTION 3: WHERE I LIVE AND WHAT IT'S LIKE

4 Il portachiavi era bello, ma era troppo ...
A caro.   B piccolo.   C fragile.

5 Le custodie per il cellulare erano ...
A nuove.   B classiche.   C moderne.

6 Secondo Matteo, l'idea più originale era ... la custodia.
A personalizzare   B scegliere   C cambiare

7 Secondo Sabrina, le custodie non erano abbastanza ...
A moderne.   B costose.   C grandi.

8 Il regalo sarà pronto ...
A subito.   B domani.   C dopo 3-4 giorni.

2 b Ascolta di nuovo le interviste e scrivi i nomi di due oggetti che si possono regalare.

3 a Avverbi e aggettivi di quantità. Leggi la sezione E4 della Grammatica. Completa le frasi con la forma corretta dell'aggettivo o dell'avverbio di quantità.

Esempio: Quanto

1 .... costa questo libro? (*quanto*)
2 .... regali devi comprare? (*quanto*)
3 Un cd non è un regalo .... originale. (*molto*)
4 Ti piace ricevere .... regali? (*molto*)
5 Mi dispiace, ma la borsa costa .... (*troppo*)
6 La collana era .... cara, ma davvero .... bella. (*molto; tanto*)
7 Non mi piacciono i regali .... costosi. (*poco*)
8 Povera me, ho speso .... soldi! (*troppo*)

3 b Rileggi l'email di Laura. Trova quattro esempi di espressioni con il pronome *ne*. Copiali e traducili nella tua lingua.

4 a Il gruppo *sch* in italiano. Ascolta questa frase e separa le parole. Poi ripetila tre volte ad alta voce e traducila nella tua lingua.

Conlamascheradascheletroglischiavischerzanoefannoschiamazzi.

4 b Detta la frase al tuo compagno e poi il tuo compagno la detta a te. Chi fa meno errori?

5 a Lavorate in due per fare una scenetta. Siete in un negozio di articoli da regalo per comprare un regalo di compleanno. Scegliete il ruolo A (il/la negoziante) o B (il/la cliente).

1 A Buongiorno, mi dica. B ...
2 A Certo. Che tipo è sua madre? Che cosa le piace? B ...
3 A Benissimo. Che ne direbbe di questo libro di ricette vegane? Piacerà a sua madre? B ...
4 A Non tanto: 13 euro. Va bene? Le serve altro? B ...
5 A Certo, lo faccio subito. Non costa nulla. Va bene un bel nastro rosso? B ...
6 A Grazie, arrivederci. B ...

5 b Ripetete il dialogo scambiandovi i ruoli.

6 Un tuo amico e tua madre compiono gli anni lo stesso giorno. Scrivi un'e-mail ad un altro amico. Scrivi circa 80-90 parole. Includi le seguenti informazioni:

Un regalo di compleanno
- Descrivi il regalo che pensi di comprare per loro.
- Come dovrà essere il regalo perfetto per loro? Perché?
- Descrivi un regalo che hai ricevuto recentemente.
- Perché ti è piaciuto particolarmente?

3.2 SHOPPING

3.2c Vestirsi alla moda

★ Comprare i vestiti
★ Indefiniti (per es. *uno, qualcuno*, ecc.); i comparativi (per es. *più/meno grande/piccolo* ecc.)

Tutto quello che non può mancare: la moda di quest'anno secondo i ragazzi

Come si vestono i ragazzi di oggi? Seguono la moda o la interpretano come vogliono loro?

Con la primavera e il caldo, arriva la voglia di comprare qualcosa di nuovo da mettersi. Ogni stagione ha le sue novità e le sue tendenze, ma quali sono quelle di quest'anno?

Colori accesi e vivaci, un tocco di romanticismo accompagnato da eleganza e dal pop. È così che gli stilisti vedono la moda di quest'anno, che ci riporterà nel passato, agli anni 50 e 80, con capi in tinta unita e ricamati. I colori di quest'anno sono più vivaci e luminosi, uno in particolare: il giallo, un esempio perfetto di vivacità e di gioia. Non meno importanti saranno l'azzurro, il rosa e l'argento, tutti colori allegri e solari assolutamente da portare quest'anno.

I pois, che da alcuni anni appaiono sulle magliette e sui vestiti dei grandi stilisti, sembrano non voler passare di moda: niente di male, quindi, ad acquistare un capo a pois, meglio ancora se coloratissimo. I vestiti di seta e cotone, magari con ricami di fiori, saranno i più usati dai grandi nomi della moda come Versace e Armani. Per gli abiti corti e le minigonne non c'è spazio: i vestiti e i pantaloni di quest'anno saranno più lunghi e più larghi, secondo lo stile casual prediletto da ognuno di noi. Quando fa caldo, nessuno vuole mettersi vestiti scomodi!

Per incontrare i gusti di chi preferisce uno stile più ricercato, c'è un ritorno agli anni 50: gonne e jeans a vita alta e vestiti lunghi.

Lo stile anni 80, invece, soddisfa i gusti dei più giovani: quindi capi indie o hippie, con frange, disegni a fiori e stampe colorate. Quelli che non vogliono farsi mancare nulla possono lanciarsi sull'abbigliamento ispirato alla moda giapponese.

Non possono mancare gli occhiali da sole, che ricorderanno ancora una volta lo stile degli anni 80.

1 Leggi l'articolo e trova la conclusione corretta per ogni inizio di frase. Attenzione! Ci sono tre conclusioni di troppo.

Esempio: 1 J

1 Con la bella stagione, tutti
2 La moda di quest'anno
3 Gli stilisti
4 I colori di quest'anno
5 I pois, la seta e il cotone
6 I pantaloni corti
7 I giovanissimi
8 Le gonne a vita alta

A erano di moda negli anni 50.
B non saranno di moda.
C non amano i ricami.
D preferiscono abiti ispirati agli anni 80.
E sarà un po' romantica.
F vogliono imitare il passato.
G riflettono l'allegria.
H piacciono molto agli stilisti.
I era ispirata al Giappone.
J desiderano abiti nuovi.
K detestano gli occhiali da sole.

SECTION 3: WHERE I LIVE AND WHAT IT'S LIKE

2   Due amiche si incontrano e parlano degli acquisti che hanno fatto. Ascolta la conversazione fra Miranda e Raffaella e rispondi alle domande in italiano.

Esempio: 1 in centro
1   Dove si incontrano Miranda e Raffaella?
2   Perché Miranda vuole dei vestiti nuovi?
3   Che cosa voleva comprare Raffaella?
4   Che cosa ha comprato Miranda?
5   Perché a Miranda non piace comprare online?
6   Che cosa spera Raffaella?

3 a I comparativi. Leggi la sezione C7 della Grammatica. Riscrivi le frasi usando i comparativi e gli aggettivi suggeriti. Attenzione alla concordanza degli aggettivi!

Esempio: La borsa è più cara della maglietta *o* La maglietta è meno cara della borsa.
1   La maglietta costa 10 euro. La borsa costa 30 euro. (*caro*)
2   Le scarpe costano 15 euro. Gli occhiali costano 25 euro. (*costoso*)
3   I pantaloni gialli arrivano alla caviglia. I pantaloni rossi arrivano al ginocchio. (*lungo*)
4   Miranda ha comprato due magliette. Raffaella ha comprato una maglietta.
5   Il vestito giallo è una taglia 40. Il vestito azzurro è una taglia 38. (*grande*)
6   Il giallo e il rosa sono colori vivaci. Il nero e il blu non lo sono. (*vivace*)
7   Queste scarpe sono un numero 36. Questi sandali sono un numero 39. (*piccolo*)
8   La borsa che ho comprato è alla moda. La mia borsa vecchia no. (*moderno*)

3 b Rileggi l'articolo. Trova 8 esempi di indefiniti. Copiali e traducili nella tua lingua.

4 a Lavorate in due per fare una conversazione sui vestiti. Scegliete il ruolo A o B: A fa le domande e B risponde.
1   A Come ti vesti di solito quando vai a scuola? B …
2   A Quali vestiti preferisci portare quando esci con gli amici? B …
3   A Quali vestiti hai comprato recentemente? Dove li hai comprati? B …
4   A Secondo te, in futuro come cambieranno gli acquisti online e nei negozi? B …
5   A Per te, quali sono i vantaggi e gli svantaggi della moda? B …

4 b Ripetete la conversazione scambiandovi i ruoli.

5   La scorsa settimana hai comprato dei vestiti nuovi e alla moda. Scrivi un messaggio di 130-140 parole per il tuo blog. Includi le seguenti informazioni.
Vestirsi alla moda
- Perché hai deciso di comprare dei vestiti nuovi.
- Che tipo di vestiti preferisci e perché.
- Quali sono i negozi migliori per comprare i vestiti, secondo te.
- Spiega perché vestirsi alla moda è o non è importante.
- Come cambierà il modo di comprare i vestiti nel futuro, secondo te.

3.3 Public services

3.3a Parliamo di soldi

★ Transazioni in banca (per es. cambiare la valuta) e all'ufficio postale
★ Aggettivi interrogativi *che, qual / quale /quali, quanto/a, quanti/e; euro* (100+)

A   B   C

D   E   F

1 a Osserva le immagini e leggi le seguenti frasi. Indica la lettera (A-F) che corrisponde ad ogni frase (1-8). Attenzione! Ci sono due frasi in più.

Esempio: 1B

1 Mi potrebbe cambiare delle banconote in moneta, per favore?
 – Sì, quanti euro?
2 Quanti soldi ha risparmiato Anna per andare in vacanza? Più di 200 euro!
3 Vorrei aprire un conto in questa banca, per favore.
4 Mi scusi, sa se c'è un bancomat qui vicino?
5 Deve firmare questo modulo, per favore.
6 Per cambiare la valuta serve un documento d'identità. Quale documento ha portato?
7 Quale servizio le serve? – Vorrei cambiare dei dollari in euro, per favore.
8 Posso pagare con la carta di credito, per favore?

1 b Quando hai finito, traduci le due frasi in più nella tua lingua.

2 a Ascolta sei conversazioni in banca o all'ufficio postale. Osserva la tabella e per ogni conversazione (1-6) indica la somma di denaro e l'oggetto di cui si parla.

Esempio: 1 700€, la carta Postepay

SECTION 3: WHERE I LIVE AND WHAT IT'S LIKE

	La somma di denaro	L'impiegato/a chiede
1	200€, 600€, 700€	un documento d'identità, la carta Postepay, la carta di credito
2	350€, 450€, 550€	un documento d'identità, la carta Postepay, la carta di credito
3	200€, 1200€, 2000€	la carta Visa, la carta Postepay, il bancomat
4	350$, 450$, 550$	la carta d'identità, la carta Postepay, il passaporto
5	2000€, 1200€, 1000€	di compilare un modulo, di firmare un modulo, di compilare e firmare un modulo
6	500€, 1500€, 5000€	un documento e una lettera, un documento e la carta di credito, la carta d'identità e una lettera

2 b Fa' una lista delle parole utili degli esercizi 1a e 2a e traducile nella tua lingua.

3 a Leggi la sezione C6 della Grammatica. Trova quattro esempi di frasi con gli aggettivi interrogativi nel testo dell'esercizio 1a, copiale e traducile nella tua lingua.

3 b Leggi la sezione grammatica J1. Nelle frasi seguenti, scrivi i numeri in lettere e traduci i verbi sottolineati nella tua lingua.

Esempio: 1 centocinquanta euro.
1 Serena ha ritirato 150€ dal bancomat.
2 Ho risparmiato 340€ da spendere in vacanza!
3 Abbiamo solo 560€ sul conto in banca.
4 Lorena ha pagato i 780€ dell'affitto con la carta di credito.
5 La nostra vacanza è costata 2500€.
6 Sono tanti 4000€ al mese? Tantissimi!
7 Ho aperto un conto in euro con 270€.
8 Vorrei prelevare 800€ dal mio conto, per favore.

4 a Lavorate in due per fare una scenetta. Siete in banca. Scegliete il ruolo A (l'impiegato/a di banca) o B (il/la cliente) e leggete il dialogo ad alta voce.

1 A Buongiorno. Quale servizio desidera?
  B Buongiorno, vorrei cambiare dei soldi, per favore.
2 A Quanti soldi desidera cambiare?
  B Vorrei cambiare 1000 dollari in euro, per favore.
3 A Ha un documento, per favore?
  B Sì, certo, ecco la mia carta d'identità.
4 A Le dispiace firmare questo modulo?
  B Certo, subito.
5 A Ecco a lei. Le serve altro?
  B No, grazie, è tutto. Arrivederci.

4 b Ripetete il dialogo scambiandovi i ruoli. Questa volta cambiate le parti sottolineate scegliendole dalla tabella.

ritirare / prelevare / versare dei soldi   il mio passaporto / il mio documento d'identità
2500/950 sterline / dollari / euro   compilare / compilare e firmare
il passaporto / la carta d'identità

5 Scrivi un dialogo da recitare con un compagno seguendo il modello dell'attività 4.

3.3 PUBLIC SERVICES

3.3b Ci sentiamo su Skype?

Decollo
- La comunicazione telefonica e via Internet
- Aggettivi e pronomi indefiniti (2): *qualche, ciascuno, ognuno, qualsiasi, parecchio*

Tecnologia e comunicazione: che ne pensate?

Sergio

Io faccio molto sport di squadra, quindi per me la comunicazione è importante, ma cerco di parlare con i miei amici di persona, quando giochiamo o usciamo insieme. Il telefonino per me è importante, uso WhatsApp per concordare dove e quando trovarmi con gli amici, ma non per conversare di qualsiasi argomento, come fa mia sorella con le sue amiche! Qualche volta ricevere tanti messaggi mi dà parecchio fastidio, mi interrompe mentre mi alleno e mi distrae quando faccio i compiti, allora spengo il telefonino.

Emanuela

Io adoro sia il mio telefonino che il tablet! Perché passare un'ora a scrivere una lettera se si può chiamare su WhatsApp o su Skype e parlare direttamente con la persona? Grazie alla tecnologia, ognuno è libero di scegliere fra tantissimi modi diversi di comunicare. Con il telefonino, io non mi sento mai sola, so che i miei amici sono sempre con me. Con il tablet, faccio ricerche in Internet, guardo filmati e gioco. Qualche sera i miei genitori mi impongono di spegnere il telefonino, hanno paura che diventi una dipendenza, ma secondo me non capiscono che noi ragazzi siamo cresciuti con la tecnologia, per noi fa parte della vita! Però con il telefonino spento dormo meglio.

Edoardo

Io passo molto tempo sui social media, per me sono un momento indispensabile della mia vita quotidiana. Ormai al computer si può fare tutto: fare acquisti, informarsi, comunicare, divertirsi. A scuola dobbiamo tenere i telefonini spenti durante le lezioni e io non vedo l'ora che arrivi l'intervallo per riaccenderlo e vedere cos'è successo. Sono sempre felice di ricevere un sms o di vedere un post su Facebook o Snapchat. Secondo me sarebbe bello poter usare il tablet a scuola. Ciascuno studente lo usa a casa per fare i compiti, ma a scuola gli insegnanti non vogliono che lo usiamo, quindi è inutile portarlo. Ma dovrebbero riconoscere che per noi la tecnologia è indispensabile e usarla di più anche loro.

1 Leggi il forum con le opinioni dei tre ragazzi. Indica se le loro opinioni sui seguenti aspetti della comunicazione sono positive (P), negative (N) o sia positive che negative (P+N).

Esempio: 1 P

1 Sergio: comunicare direttamente con le persone
2 Sergio: usare WhatsApp con gli amici
3 Sergio: ricevere sms mentre fa sport
4 Emanuela: scrivere lettere
5 Emanuela: spegnere il telefonino la sera
6 Edoardo: usare i social media
7 Edoardo: usare il telefonino a scuola
8 Edoardo: il tablet a casa e a scuola

SECTION 3: WHERE I LIVE AND WHAT IT'S LIKE

2 Ascolta due interviste con Silvia e Roberto, che parlano di come usano il telefonino. Ascolta le loro opinioni e scegli la lettera corretta (A-C) per ogni frase o domanda (1-6).

Esempio: 1 A

1 Silvia trova la prospettiva di non avere il telefonino …
   A spaventosa.   B noiosa.   C incomprensibile.
2 In Sardegna Silvia voleva …
   A telefonare alle amiche.   B inviare sms.   C ricevere foto.
3 Senza il telefonino, la vacanza di Silvia è stata …
   A un disastro.   B molto noiosa.   C positiva lo stesso.
4 Secondo Roberto, giocare al telefonino …
   A lo aiuta a concentrarsi.   B lo aiuta a distrarsi.   C lo aiuta a imparare le lingue.
5 Ogni giorno Roberto gioca per…
   A tutto il pomeriggio.   B una o due ore.   C meno di un'ora.
6 Una volta, mentre Roberto giocava in autobus, …
   A l'autista si è arrabbiato.   B si è perso.   C ha perso lo zaino.

3 Gli indefiniti. Leggi la sezione C10 della Grammatica. Completa le seguenti frasi con l'indefinito corretto.

qualche (×2)
ciascuna
qualsiasi (×2)
ognuno
parecchi (×2)

Esempio: 1 qualche

1 È importante spegnere il telefonino per almeno .... ora al giorno.
2 Con il telefonino, possiamo comunicare in .... momento.
3 La comunicazione e la tecnologia sono importanti anche per .... adulti.
4 I ragazzi sanno usare .... tipo di applicazione senza problemi.
5 .... giochi in rete sono molto violenti.
6 Secondo gli esperti, ... di noi potrebbe diventare dipendente dalla tecnologia.
7 In .... zona periferica della città, la ricezione non è buona.
8 Le mie tre sorelle hanno un telefonino ....

4 a Lavorate in due per fare una una conversazione. Rispondete a turno alle domande 1-5.

1 A Che tipo di giochi digitali o applicazioni preferisci? B …
2 A Quanto tempo passi ogni giorno a giocare in rete o ad usare le applicazioni e con chi lo fai? B …
3 A Com'è andata l'ultima volta che hai fatto un gioco / hai usato un'applicazione particolarmente entusiasmante? B …
4 A Come saranno secondo te i giochi o le applicazioni del futuro? B …
5 A Quali sono gli svantaggi dei giochi in rete, secondo te? B …

4 b Ripetete il dialogo scambiandovi i ruoli.

5 Scrivi un articolo per il tuo blog su come usi la posta elettronica e la comunicazione digitale. Scrivi circa 130-140 parole. Includi le seguenti informazioni.

Come comunico nell'era digitale
- Come usi la posta elettronica.
- A chi scrivi e perché.
- Di che cosa hai parlato l'ultima volta che hai scritto una mail.
- Come sarà, secondo te, la comunicazione digitale nel futuro e perché.
- Perché, secondo te, dobbiamo usare la comunicazione digitale.

3.3 PUBLIC SERVICES

3.3c Chi cerca, trova!

★ **Oggetti smarriti**
★ **Pronomi oggetto diretto e loro posizione; concordanza del participio passato; uso di *ecco* con i pronomi diretti (per es. *eccomi*, *eccolo*, ecc.)**

Care Lettrici, Cari Lettori,

non dimenticate il nostro concorso "Chi cerca, trova!": mandateci la vostra storia di un oggetto smarrito e ritrovato. Le cinque storie più originali vinceranno un buono-libri. Ecco intanto due storie appena arrivate:

Circa tre mesi fa ho dimenticato le mie chiavi di casa alla biglietteria della stazione. Le avevo in mano e le ho posate per prendere il portafoglio e pagare il biglietto. Poi ho visto che il treno stava arrivando, ho fatto una corsa per non perderlo e ho lasciato le chiavi allo sportello della biglietteria. Mentre ero sul treno, ho sentito un annuncio: "La ragazza bionda che ha lasciato un mazzo di chiavi alla biglietteria è pregata di rivolgersi al capotreno. Le chiavi hanno un portachiavi con un gattino rosso". Un passeggero, che mi aveva vista salire sul treno, le aveva trovate e consegnate al capotreno! Non sapevo come ringraziare il passeggero e ho chiesto di fare un altro annuncio: "La ragazza bionda ringrazia tantissimo il gentile passeggero che ha trovato le sue chiavi". Quando l'hanno sentito, tutti i passeggeri si sono messi a ridere, ma io ero felicissima di riavere le mie chiavi.
Anita

Una volta ho fatto una caccia al tesoro in casa con mio fratello: io dovevo nascondere alcuni suoi oggetti e lui doveva trovarli. Ho avuto l'idea brillante di nascondere il suo telefonino nel forno. Era quasi nuovo e lui ci teneva tantissimo. Ho pensato: "Qui non lo troverà mai." Avevo nascosto anche parecchi altri suoi oggetti. Ogni volta che trovava un oggetto, diceva: "Ah, eccolo qui!" oppure: "Eccoti qua, carissimo!" Mentre giocavamo, mia madre ha acceso il forno per fare una torta. Dopo 5 minuti, abbiamo sentito un odore fortissimo di plastica bruciata: siamo corsi al forno e l'abbiamo spento, ma era ormai troppo tardi. Che disastro! Ora sto risparmiando per contribuire a comprare di un telefonino nuovo per mio fratello.
Giovanni

1 Leggi il testo e rispondi alle seguenti domande.

Esempio: 1 un nuovo concorso
1 Che cosa vuole promuovere il giornale?
2 Che cosa devono inviare i lettori?
3 Perché i lettori dovrebbero scrivere al giornale?
4 Perché Anita ha lasciato le chiavi alla biglietteria?
5 Come hanno fatto a trovare Anita?
6 Perché Giovanni ha nascosto il telefonino nel forno?
7 Che cosa è successo al telefonino?
8 Come rimedierà alla situazione Giovanni?

2 Oggetti smarriti. Ascolta tre dialoghi con persone che hanno perso qualcosa. Completa gli spazi vuoti con le informazioni che senti.

Esempio: 1 valigia di stoffa nera

SECTION 3: WHERE I LIVE AND WHAT IT'S LIKE

- Dialogo 1
  1 Oggetto smarrito: ………. ; materiale: ………. ; colore ……….
  2 Per il riconoscimento, ci sono: ………. e un nastrino di colore ………. attaccati ……….
- Dialogo 2
  3 Oggetti smarriti: ………. d'………. e ………. d'………. ; e ………. da donna.
  4 Luogo dello smarrimento: ……….
- Dialogo 3
  5 Oggetto smarrito: ………. di colore ………. , con dentro ………. , ………. e dei documenti.
  6 I documenti sono: ……….

3 I pronomi oggetto diretto e la concordanza del participio passato. Leggi la sezione F2 della Grammatica. Completa le frasi con il pronome corretto e il verbo fra parentesi al passato. Attenzione alla concordanza del participio passato!

Esempio: le ho dimenticate.

1 Non trovo più le chiavi. Forse ………. (*io – dimenticare*) in albergo.
2 "Luca ha perso il passaporto!" "Eccolo qui, ………. (*lui – lasciare*) sul comodino".
3 "Hai visto la mia borsa rossa?" "Sì, ………. (*tu – mettere*) nell'armadio.
4 Sabrina non trova più il telefonino, forse ………. (*lei – dimenticare*) a scuola.
5 "Dove sono i miei guanti neri?" "………. (*io – vedere*) sul tavolo in salotto".
6 Abbiamo perso le chiavi della macchina. Non ci ricordiamo dove ………. (*noi – mettere*).
7 I miei genitori hanno perso il portafoglio in vacanza, ma dopo due giorni ………. (*loro – ritrovare*).
8 Non riesco a trovare i miei occhiali da sole, ma dove ………. (*voi – mettere*)?

4 Le parole sdrucciole (con l'accento sulla terzultima sillaba, come *màcchina*) in italiano. Ascolta questa frase e separa le parole. Poi ripetila tre volte ad alta voce e traducila nella tua lingua.

Sultavoloinordineeccotitantissimimoduliconlettereenumerifraparentesi

5 a Lavorate in due per fare una scenetta. Un turista denuncia un oggetto smarrito alla polizia. Scegliete il ruolo A (l'agente di polizia) o B (il/la turista).

1 A *Che cosa ha perso?* B ...
2 A *Come e quando ha perso questo oggetto?* B ...
3 A *Mi può descrivere l'oggetto che ha perso?* B ...
4 A *Che cosa ha fatto per trovarlo?* B ...
5 A *Che cosa farà se non riesce a trovarlo?* B ...

5 b Ripetete la conversazione scambiandovi i ruoli.

6 Hai dimenticato un oggetto sull'aereo. Scrivi un'e-mail all'ufficio oggetti smarriti dell'aeroporto per denunciare lo smarrimento. Scrivi circa 130-140 parole in italiano. Includi le seguenti informazioni.

Un oggetto smarrito
- Che cosa hai dimenticato e in quali circostanze.
- Il valore di questo oggetto e perché è importante per te.
- Che cosa hai fatto per trovarlo.
- Che cosa dovrai fare se non riesci a trovarlo e perché.
- Che cosa vorresti come risarcimento se non sarà possibile trovare l'oggetto.

85

3.4 Natural environment

3.4a Cosa faccio per l'ambiente?

★ Parlare di cosa fai per rispettare l'ambiente
★ Verbi seguiti da preposizione + infinito

Paolo
Abito in un paese in montagna e faccio parte di un gruppo di volontari. Cerchiamo di prevenire gli incendi dei nostri bellissimi boschi. A volte basta una sigaretta per distruggere ettari di bosco.

Katia
Nel mio paese c'è sempre tanto sole e molte case iniziano ad avere i pannelli solari sui tetti. Abbiamo sconti sull'energia elettrica e acqua calda quasi tutto l'anno.

Alessandro
Abito nell sud dell'Italia dove ci sono problemi d'acqua. Io faccio la doccia e non il bagno. Decidiamo di usare la lavatrice solo quando è piena, e quando lavo i piatti uso poca acqua.

Federica
Ogni estate partecipo ad un'iniziativa di volontariato per giovani e aiutiamo a pulire le spiagge e raccogliere i rifiuti lasciati dai turisti. Bisogna salvare il mare.

Giovanni
La mia famiglia abita in campagna e ha una fattoria biologica. Noi non usiamo pesticidi o prodotti chimici. Gli animali vivono felici, liberi e all'aperto.

Laura
Nella mia famiglia ricicliamo tutto: carta, lattine, plastica, vetro e rifiuti organici.

Sergio
Io, di solito, metto fuori i bidoni e controllo la raccolta differenziata a casa.

Simona
Nella mia città sono aumentate le zone pedonali e le piste ciclabili. Noi rinunciamo a usare l'auto e andiamo quasi tutti a scuola a piedi o in bicicletta e se è molto lontano prendiamo i mezzi pubblici.

1 Leggi le testimonianze e le frasi sotto e scegli il nome corretto per ogni frase.

Esempio: 1 Katia

1 .... abita in un paese che risparmia sull'energia elettrica.
2 .... crede nel risparmio dell'acqua.
3 .... fa volontariato per salvare i boschi dal fuoco.
4 .... va spesso a piedi e usa i mezzi pubblici.
5 .... aiuta a tenere pulita la costa del suo paese.

SECTION 3: WHERE I LIVE AND WHAT IT'S LIKE

6 .... controlla la raccolta differenziata e mette fuori i bidoni dell'immondizia.
7 .... e la sua famiglia riciclano tutto in casa.
8 .... abita in campagna ed ama tanto gli animali.

2 Ascolta due amici, Annalisa e Gianni, che parlano dei diversi modi di riciclare. Per ogni numero scegli una lettera (A-F). Attenzione! C'è una lettera di troppo.

Esempio: 1 F

1 Per ridurre l'inquinamento dell'aria e i gas di scarico in città …
2 Per non usare più le buste di plastica …
3 Per non sprecare plastica o vetro è una buona abitudine …
4 Per non sprecare l'acqua è meglio ….
5 Per risparmiare elettricità …

A spegne tutte le luci che non usa.
B usa le buste di tela per fare la spesa.
C fare la doccia al posto del bagno.
D compra vestiti di seconda mano.
E bere l'acqua del rubinetto e non comprare acqua imbottigliata.
F prende l'autobus o va a piedi.

3 I verbi seguiti da preposizione + infinito. Leggi la sezione D3 della Grammatica. Completa le frasi con i verbi sotto. Attenzione! C'è un verbo in più.

> hanno smesso
> abbiamo rinunciato
> ci insegna
> cerco
> si dimentica
> non permettono
> preghiamo
> hai dimenticato
> *ha cominciato*

Esempio: 1 ha cominciato

1 Lunedì scorso Luigi .... a lavorare in un'organizzazione di volontariato.
2 Questo video .... a rispettare l'ambiente.
3 Per evitare lo spreco dell'acqua io .... di fare una doccia al posto del bagno.
4 Qualche volta Arianna .... di portare la borsa di tela quando fa la spesa.
5 Noi .... a comprare l'acqua in bottiglia da almeno un anno.
6 Nella mia città .... di vendere piatti e bicchieri di carta nei supermercati.
7 Carlo, ... di riciclare le scatole di cartone?
8 I miei genitori .... di usare l'auto in città.

4 I suoni *cio, cia, ciu, cie* in italiano. Ascolta questa frase e separa le parole. Poi ripetila tre volte ad alta voce e traducila nella tua lingua.

Incrocieramangiofocacciaeacciugheociambellaeciocciolatopoigiocoacalciosottoilcieloblu

5 Lavorate in due per fare una conversazione. Rispondete a turno a queste domande. Usate la tabella come aiuto.

1 Tu hai l'abitudine di riciclare a casa tua?
2 Di solito cosa ricicli?
3 E tu cosa non ricicli e perché?
4 Secondo te è importante riciclare e perché?
5 Fai parte di un gruppo ecologista?

Io personalmente ricliclo	tutti i giorni / regolarmente / solo qualche volta.
Di solito riciclo	le bottiglie di vetro / di plastica / la carta / il cartone/ le lattine / le pile / i rifiuti organici.
Sono ecologista perché Sono socio di una organizzazione di volontariato perché	è importante proteggere l'ambiente / la natura. bisogna fare qualcosa per l'ambiente / la natura. rispetto gli animali / la natura.
Non sono ecologista perché Non sono interessato/a alla protezione dell'ambiente perché	mi sembra inutile / è una perdita di tempo / non si può cambiare la situazione / non credo nella protesta.
Io, di solito,	riciclo / spengo le luci / faccio la doccia e non il bagno / uso la borsa di tela per fare la spesa.
A volte	sono pigro e non riciclo.

6 Prepara un poster diviso in due colonne: 'Sì' e 'No'. Fai disegni o scrivi regole per difendere l'ambiente e mettili nella colonna giusta.

87

3.4 NATURAL ENVIRONMENT

3.4b I parchi nazionali in Italia

★ Parlare dei parchi nazionali in Italia
★ La costruzione *fare* + infinito, per es. *fa vedere*; congiunzioni coordinanti e subordinanti: *oppure, visto che, quando*, ecc.

1 Parco Nazionale del Gran Paradiso. Si trova tra il Piemonte e la Valle d'Aosta. È il primo parco nazionale nato in Italia nel 1922. È il parco ideale per chi ama la montagna e le passeggiate, in inverno con la neve e in estate con i boschi pieni di fiori. In libertà corrono stambecchi e camosci e, per chi ama la flora, c'è anche un giardino botanico: il paradiso è a portata di camminata!

2 Parco Nazionale dello Stelvio. Altro parco storico montano è quello dello Stelvio, si trova sulle Alpi della Lombardia e del Trentino-Alto Adige. Le guide vi fanno fare passeggiate molto impegnative e vi fanno raggiungere anche quote decisamente alte ma con una vista meravigliosa! Durante le gite vi faranno ammirare le stelle alpine e le genziane e se sarete fortunati vi faranno vedere i cervi. Il relax è assicurato!

3 Parco Nazionale d'Abruzzo, Lazio e Molise. Oltre a godere di una natura incontaminata, si possono visitare degli splendidi borghi. E se volete, ci sono itinerari a piedi nei sentieri, immersi nel verde, tra boschi e ruscelli. Se sarete fortunati, lungo il percorso, i lupi si faranno sentire e potrete incontrare l'orso bruno marsicano, simbolo del parco.

4 Parco Nazionale Cinque Terre. Si trova in Liguria, vicino a La Spezia, è patrimonio mondiale dell'Unesco dal 1999. Coste a strapiombo sul mare, bella vista su cale e piccole spiagge, borghi medioevali da visitare e sentieri segreti da scoprire: non vi annoierete di sicuro!

5 Parco Nazionale del Circeo. È tra i più antichi, sulla costa del Lazio. Aperto durante il ventennio fascista a seguito della bonifica del luogo, è oggi uno dei migliori esempi di biodiversità nel nostro Paese. Il parco è visitabile a piedi oppure in bicicletta, grazie ai numerosi percorsi ciclabili: potrete vedere cinghiali e respirare l'odore dell'alloro! Le guide vi faranno scoprire angoli di paradiso e se avrete caldo, potrete fare una nuotata nelle splendide acque del mare!

6 Parco Nazionale dell'Isola dell'Asinara. L'Asinara è un'isola bella, selvaggia e disabitata. Con la sua forma stretta e allungata, ha una costa alta a picco sul mare. Potete fare gite in barca, ci sono battelli che partono da diverse località. Ci sono guide che vi faranno attraversare il parco a cavallo e incontrare gli asini bianchi o fare il giro del parco in barca a vela che vi farà provare un'emozione davvero memorabile!

1 Leggi le descrizioni dei parchi (1-6) e scegli la frase corretta (A-F).

Esempio: 1 C

A Hai voglia di visitare il parco in bicicletta: ci sono molte piste ciclabili e se ne hai voglia puoi anche nuotare!
B Sai andare a cavallo? Vuoi visitare un'isola deserta?
C Perfetto se ami i fiori: c'è anche un orto botanico!
D Questo parco è per chi vuole fare camminate tra boschi e fiumi per apprezzare la natura e avere l'emozione di incontrare l'orso, simbolo del parco.
E Mentre cammini puoi vedere piccole spiagge e visitare vecchi paesi medioevali.

SECTION 3: WHERE I LIVE AND WHAT IT'S LIKE

F Se ami le passeggiate difficili in alta montagna e vuoi vedere i cervi devi visitare questo parco.

2 Ascolta Tiziana e Raffaele che parlano delle attività che si possono fare nel parco. Indica se le affermazioni (1-8) sono vere (V) e false (F) o non si sa (N).

Esempio: 1 N

Tiziana …
1 vuole fare una vacanza in un parco nazionale nel mese di luglio.
2 ama molto la natura ma vuole anche visitare paesini vicini.
3 adora il mare d'estate ma non il caldo.
4 la mattina si alza sempre molto presto.
5 preferisce girare in bicicletta.
6 ha paura degli animali liberi.
7 ama tanto vedere gli animali nel parco.
8 vuole fare visite guidate perché vuole fare nuove amicizie.

3 a La costruzione *fare* + infinito. Leggi la sezione G3 della Grammatica. Trova sei esempi di frasi con la costruzione *fare* + infinito nel testo, copiale e traducile nella tua lingua.

3 b Le congiunzioni coordinanti e subordinanti. Leggi le sezioni L1 e L2 della Grammatica. Completa le frasi con la congiunzione corretta.

| perché | anche se | visto che (×2) |
| oppure (×2) | quando (×2) | |

Esempio: 1 visto che
1 Non ti telefono più ………. non rispondi mai.
2 Vieni a casa ………. ci vediamo a scuola?
3 Mi ricordo la tua reazione ………. abbiamo incontrato il lupo!
4 Andiamo in vacanza a Pasqua? ………. forse è già tardi per prenotare.
5 Allora cosa facciamo? Andiamo a fare un giro in bicicletta ………. no?
6 Non capisco ………. non dice mai la verità.
7 Voglio fare una vacanza in un parco nazionale ………. finisco la scuola.
8 Non ti dico più niente, ………. non mi ascolti mai!

4 a Lavorate in due per fare una scenetta. Siete all'Ufficio del Turismo. Scegliete il ruolo A (impiegato) o il ruolo B (turista) e chiedete informazioni per visitare i parchi.

1 A Buongiorno, che tipo di mezzo di trasporto vuole usare per esplorare il parco? B …
2 A Quanto tempo pensa di stare nel parco? B …
3 A Perché ha scelto questo parco? B …
4 A Ha già visitato un parco nazionale? Le è piaciuto? B …
5 A Quali attività pensa di fare domani nel parco? B …

4 b Ripetete il dialogo scambiandovi i ruoli.

5 Scrivete un blog (130-140 parole) sulla vostra esperienza di guida in un parco nazionale.
I parchi nazionali
- Descrivete il parco dove lavorate.
- Perché vi piace lavorare in un parco nazionale?
- Chi sono le persone che visitano i parchi.
- Quali attività hanno fatto l'estate scorsa nel parco?
- In quali parchi vorreste lavorare in futuro e perché?

3.5 Weather

3.5a Che tempo fa?

* Il tempo; i punti cardinali (*nord, sud, est, ovest*)
* Verbi impersonali, per es. *fa caldo, piove*

A   B   C

D   E   F

1 Guarda le immagini. Per ogni frase (1-5) scegli la lettera corretta (A-F). C'è un'immagine in più.

Esempio: 1 B
1 Nel sud-ovest d'Italia il tempo è nuvoloso. Il cielo è coperto per l'intera giornata di oggi!
2 Al sud c'è un temporale in arrivo! Si consiglia di chiudere tutte le finestre!
3 Nella zona nord-est oggi tira vento! È un vento forte, non si riesce a camminare!
4 Nell'ovest dell'Umbria piove a catinelle ed è consigliabile uscire con l'ombrello.
5 Nel nord d'Italia finalmente nevica! Si prevede molta neve per il fine settimana!

2 Ascolta che cosa dicono le persone sul tempo nelle diverse città d'Italia. Leggi le frasi e scrivi il nome della città. Attenzione: c'è una città in più.

| Treviso | Torino | Genova | Mantova | Siena |
| Trieste | Napoli | *Como* | Cagliari | |

Esempio: 1 Como
1 La mattina presto non riesco a vedere niente a causa della nebbia.
2 La pioggia ha creato molti disastri.
3 Per fortuna noi abbiamo sempre il sole!
4 D'inverno nevica e fa freddo.
5 Quando inizia a soffiare il vento dura almeno una settimana.
6 D'estate c'è sempre afa.
7 La grandine ha distrutto i fiori e le piante.
8 È stata un'estate strana: tutti i giorni tuoni e lampi.

SECTION 3: WHERE I LIVE AND WHAT IT'S LIKE

3 a I verbi impersonali. Leggi la sezione G10 della Grammatica. Completa le frasi con i verbi impersonali corretti. Attenzione! C'è un verbo di troppo.

| fa caldo | piove | gela | grandina | tira |
| nevica | diluvia | tuona | fa freddo | |

Esempio: 1 diluvia

1 Mamma mia quanta pioggia! Oggi non si può uscire, ... !
2 Tutti gli anni in montagna .... dopo le vacanze di Natale. Perfetto per sciare!
3 Quando c'è il temporale e .... il mio cane ha paura del rumore e si nasconde.
4 Di solito, al nord, nel mese di febbraio .... e bisogna usare la sciarpa e i guanti.
5 Ultimamente .... così tanto che le strade si allagano regolarmente.
6 A Trieste, durante il periodo invernale, ... un vento molto forte.
7 In Calabria, nel mese di agosto .... da morire! Non si può uscire fuori durante il giorno.
8 A Torino, in inverno la temperatura va sempre sotto zero e .... l'acqua delle fontane.

3 b I punti cardinali (nord, sud, est, ovest). Scrivi i punti cardinali che trovi nell'esercizio 1 e traducili nella tua lingua.

4 Le consonanti doppie. Ascolta le frasi, separa le parole. Ripeti a voce alta tre volte e traducile nella tua lingua.

AncheinInghilterrailcappellononèuncapelloeilnonnononèilnonocomeil tonnononhatonoelarosanonèrossa.

5 Lavorare in due per fare una conversazione. Rispondete a turno a queste domande. Guardate la cartina e descrivete il tempo nelle diverse parti d'Italia. Guardate la tabella per aiutarvi.

1 Che tempo fa oggi nel nord del paese?
2 Com'è il tempo al sud?
3 Che tempo fa a nord-est?
4 Che tempo fa a nord-ovest?
5 Com'è il tempo sulle isole?

Nel nord / sud / nord-ovest / nord-est del paese Nell'est / ovest / sud-ovest / sud-est del paese	c'è il sole / fa caldo / fa freddo / c'è bel tempo / fa bel tempo / c'è brutto tempo / fa brutto tempo / c'è il vento / tira vento / soffia il vento.
In estate / inverno / autunno / primavera	c'è la nebbia / il cielo è sereno / il cielo è azzurro / c'è un temporale / la temperatura è alta / la temperatura è bassa.
In Piemonte / Liguria / Toscana / Sardegna / Sicilia	è nuvoloso / ci sono le nuvole / ci sono nuvoloni / c'è un acquazzone. grandina / piove / diluvia / nevica.

6 Scrivi un articolo per il tuo blog riguardo al tempo. Usa la tabella dell'esercizio 5 per aiutarti.

3.5 WEATHER

3.5b Le previsioni del tempo

★ Previsioni del tempo
★ Esercizi sul futuro: forme regolari e irregolari

Buongiorno! Ecco le previsioni del tempo in Italia per la giornata di oggi.

Al nord sulle Alpi occidentali ci sarà sole in mattinata ma sarà un po' coperto il pomeriggio con possibilità di pioggia in tarda serata. Sulle Alpi centrali inizierà a nevicare la mattina e nevicherà per il resto della settimana, e sulle Alpi orientali continuerà a diluviare per almeno due o tre giorni. Nel nord-est ci sarà una nebbia molto fitta e la visibilità sarà limitata soprattutto la mattina. Attenzione al traffico! La nebbia sparirà sul tardo pomeriggio e la sera farà bel tempo. Sul litorale orientale il cielo sarà poco coperto ma le nuvole aumenteranno in serata. Al centro del paese, ci sarà sole per quasi tutta la giornata ma tirerà vento dopo pranzo. Al Sud sarà molto nuvoloso con possibilità di piogge in tarda mattinata. In Sicilia ci sarà sole in tutta l'isola. In Sardegna ci sarà cielo coperto e pioggia al nord ma sole e caldo nel sud dell'Isola fino a tarda sera. Buona giornata a tutti!

1 Leggi le previsioni del tempo per oggi, lunedì, e domani, martedì. Per ogni numero (1-6) scegli la lettera corretta (A-C).

Esempio: 1 C

1 Sulle Alpi occidentali …
   A tirerà vento.
   B pioverà dalla mattina.
   C pioverà solo la sera.
2 Sulle Alpi orientali …
   A pioverà tantissimo.
   B farà molto freddo.
   C nevicherà.
3 A est …
   A farà freddo.
   B sarà molto nuvoloso di sera.
   C pioverà molto.
4 Al sud …
   A farà bel tempo dopo pranzo.
   B ci sarà nebbia tutto il giorno.
   C possibilità di pioggia a fine mattina.
5 In Sicilia …
   A farà bel tempo tutto il giorno.
   B farà brutto tempo solo la mattina.
   C il cielo sarà coperto.
6 In Sardegna ….
   A cielo coperto su tutta l'isola.
   B pioverà a nord e ci sarà sole a sud.
   C il tempo cambierà in tarda mattinata.

2 Ascolta le previsioni del tempo di lunedì e martedì. Leggi le frasi e indica se sono Vere (V) False (F) o Non si sa (N).

Esempio: 1V

1 Sulle Alpi occidentali soffiano venti forti dal nord.
2 Sulle Alpi centrali nevica solo oggi.
3 Sulle Alpi orientali ci sono raramente temporali.

SECTION 3: WHERE I LIVE AND WHAT IT'S LIKE

   4 Nella Pianura Padana c'è sempre molta nebbia.
   5 Sulla costa ligure piove da molti giorni.
   6 Al centro oggi il tempo è variabile!
   7 Al sud la temperatura scenderà nei prossimi giorni.
   8 Nelle isole ci sarà caldo.

3 Il futuro. Leggi la sezione G15 della Grammatica. Riscrivi le frasi mettendo i verbi sottolineati al futuro.

Esempio: 1 farà

   1 Domani <u>fa</u> brutto tempo.
   2 Le previsioni dicono che stasera <u>comincia</u> a piovere subito dopo cena.
   3 Quest'anno <u>nevica</u> ai primi di dicembre. Che bello!
   4 Quando <u>arriva</u> il bel tempo <u>andiamo</u> al mare.
   5 Cosa <u>dicono</u> i tuoi genitori quando ti <u>vedono</u> tutto bagnato?
   6 Si prevede che <u>grandini</u> tutto il pomeriggio di domani.
   7 Giancarlo <u>beve</u> molta acqua con tutto questo sole!
   8 Spero che non <u>piova</u> domani perché Marisa ed io <u>siamo</u> in Scozia.

4 a Lavorate in due per fare una scenetta. Tu e il tuo amico volete organizzare una gita. Scegliete il ruolo A o il ruolo B.

1 A Come sarà il tempo domani?
  B Domani sarà bel tempo soprattutto <u>il pomeriggio.</u>
2 A Se fa bel tempo potremo fare una gita? Dove?
  B Oh, sì! È una bella idea! Potremo andare <u>al parco</u>.
3 A Sì, ottima idea! Cosa mangeremo?
  B Beh, preparerò dei panini e porterò delle bibite.
4 A Quand'è l'ultima volta che hai fatto una gita?
  B L'ultima volta è stata quando sono andato a fare <u>una camminata nel bosco</u>.
5 A Se piove cosa facciamo?
  B Beh, andremo <u>a visitare il museo</u>!

4 b Ripetete il dialogo scambiandovi i ruoli. Sostituite le parole sottolineate con parole della tabella.

Quando	Dove	Che cosa
la mattina la sera	al lago a prendere un tè a vedere una mostra al cinema	una scalata un giro in montagna un'escursione

5 Scrivi ad un amico il programma per passare una giornata fuori.
Scrivi 80-90 parole.
Una gita fuori città
  • Dove andare e cosa fare.
  • Le previsioni del tempo per la giornata.
  • Quali attività fare sul posto.
  • Attività da fare in caso di brutto tempo.

3.5 WEATHER

3.5c Parliamo del tempo?

★ Il tempo e i cambiamenti climatici
★ La costruzione: *se* + presente / futuro + futuro

CAMBIAMENTI CLIMATICI

La sfida del nostro secolo

I cambiamenti climatici sono una delle più grandi 1.......... per gli habitat, le specie e le comunità del nostro pianeta e sono la diretta conseguenza del 2.......... globale della Terra. Se non si farà qualcosa in tutto il mondo, sotto gli occhi di tutti noi, ci saranno degli effetti dei cambiamenti climatici, che modificheranno profondamente il nostro pianeta.

La possibilità di cambiamento è proprio nelle mani di ognuno di noi. Le attività umane generano emissioni di gas che restano intrappolati nell'atmosfera e alla lunga creano surriscaldamento e modificano il 3.......... . Per esempio gli eventi 4.......... estremi, come uragani, 5.......... e inondazioni diventeranno più comuni se non si farà niente per prevenirli. Questi 6.......... sono la causa diretta dello 7.......... dei ghiacciai, e dell'innalzamento del livello dei mari. E ancora il riscaldamento globale causerà la mancanza di acqua e molte zone diventeranno un grande deserto, si perderà la biodiversità e ci saranno più incendi se non si troveranno soluzioni immediate. Queste sono tutte conseguenze dei cambiamenti climatici che oggi minacciano circa 360 milioni di abitanti delle grandi 8.......... costiere, a cui si aggiungono i due miliardi di persone che soffriranno per la scarsità di acqua dovuta alla perdita dei ghiacciai. Se vogliamo combattere i cambiamenti climatici dobbiamo cercare di diminuire la 9.......... globale di 2°C e dobbiamo impegnarci a diminuire il nostro impatto sul mondo. Queste saranno le vere sfide del nostro secolo. Ognuno di noi dovrà fare attenzione. Se ognuno si impegnerà, anche con semplici gesti 10.........., potrà contribuire a ridurre le emissioni senza pregiudicare la qualità della vita. Se tutti ci adatteremo a questi cambiamenti con il tempo miglioreremo la situazione del nostro pianeta. In bocca al lupo!

1 Leggi il testo e completa le frasi con le parole del riquadro. Attenzione! Ci sono tre parole in più.

Esempio: 1 minacce

alluvioni	quotidiani	meteorologici	ecologici
metropoli	riscaldamento	fenomeni	clima
disastri	naturale	scioglimento	
minacce	temperatura		

94

SECTION 3: WHERE I LIVE AND WHAT IT'S LIKE

2 Ascolta l'intervista alla radio sulle vacanze in Sardegna. Indica se le affermazioni (1-8) sono vere (V) o false (F).
   1 La Sardegna è stata colpita da pioggia e maltempo soprattutto nel mese di agosto.
   2 Le zone colpite dalla pioggia erano il nord e le coste.
   3 Ogni giorno le piogge sono durate per l'intera giornata.
   4 Molte strade sono state bloccate dalla pioggia.
   5 Le auto sono state abbandonate nel mezzo della strada.
   6 La protezione civile ha aiutato i turisti.
   7 La pioggia cesserà sicuramente nei prossimi giorni.
   8 Aerei e traghetti hanno avuto problemi.

3 La costruzione: *se* presente / futuro + futuro. Leggi la sezione G15 della Grammatica. Completa le frasi con la conclusione corretta.

Esempio: 1 F

1 Se le temperature aumenteranno, le calotte polari …
2 Se non pioverà regolarmente, ci sarà …
3 Se le estati saranno torride, gli incendi boschivi …
4 Se non ridurremo i gas serra, la Terra …
5 Se ci sarà siccità in certe zone della Terra, intere popolazioni …
6 Se il livello dei mari aumenterà, molte città costiere …
7 Se la Terra diventerà un deserto, il cibo …
8 Se si scioglieranno i ghiacciai, gli orsi polari …

A sarà devastata da inondazioni e uragani.
B migreranno.
C non sarà sufficiente per tutti.
D spariranno.
E e i pinguini saranno in pericolo.
F si scioglieranno.
G diventeranno più frequenti.
H scarsità di acqua dolce.

4 Lavorate in due per fare una conversazione. Rispondete a turno a queste domande.
   1 In che modo è cambiato il clima nel tuo paese?
   2 Secondo te, chi sono i responsabili di questa situazione e perché?
   3 Ricordi un disastro naturale capitato recentemente a causa dei cambiamenti climatici?
   4 Se non si farà qualcosa, cosa succederà in futuro?
   5 Secondo te, è un problema reale?

5 Scrivi un articolo (130-140 parole) sulle conseguenze dei cambiamenti climatici.
   Le conseguenze dei cambiamenti climatici
   • Quali sono i problemi più importanti provocati dai cambiamenti climatici.
   • Quali sono le cause e i maggiori responsabili.
   • In che modo i cambiamenti climatici influenzano la vita delle persone.
   • Esempi di fenomeni accaduti recentemente causati dai cambiamenti climatici.

3.6 Finding the way in town

3.6a In giro per la città

A bordo

- **Le indicazioni stradali**
- **Registro formale/informale:** *tu, voi, Lei*; **l'imperativo**

Mappa:
- il ristorante La Buona Forchetta
- il parcheggio
- la Questura
- l'ufficio postale
- PUNTO DI PARTENZA
- il distributore di benzina
- l'ospedale

1 Guarda la mappa della città. Abbina le indicazioni stradali (1-6) alle domande (A-F).

Esempio: 1 F

A Scusi, per andare alla Questura?
B Scusi, per andare al ristorante "La Buona Forchetta"?
C Scusa, mi sai dire dov'è l'ufficio postale?
D Mi scusi, per andare all'ospedale che strada devo prendere?
E Il porto è vicino? Come ci arrivo?
F Scusi, dov'è il distributore di benzina?

1 Vada sempre diritto e giri a destra all'incrocio. Vada in fondo.
2 Vada alla prima rotonda, giri a destra e vada diritto, giri a destra ancora una volta.
3 Va' all'incrocio, non girare a destra, ma gira a sinistra e alla terza a sinistra gira ancora a sinistra.
4 Continui su questa strada e vada sempre diritto fino alla seconda rotonda, non prenda la prima e neanche la seconda, ma prenda la terza a sinistra e poi giri subito a sinistra.
5 Va' dritto per questa strada e alla rotonda non continuare diritto, ma prendi la prima a destra e poi prendi la seconda sempre a destra.
6 Continua diritto fino alla prima rotonda e gira a destra, poi va' fino in fondo.

SECTION 3: WHERE I LIVE AND WHAT IT'S LIKE

2 Ascolta i dialoghi di quattro persone che chiedono indicazioni. Indica se le affermazioni (1-6) sono vere (V) e false (F) o non nella conversazione (N).

Esempio: 1 V
1 La stazione ferroviaria non è lontana.
2 Per arrivare al centro Commerciale "Le Vele" devi passare tre semafori.
3 Nel centro commerciale c'è anche un supermercato.
4 La spiaggia alla fine della strada principale è molto bella.
5 Per arrivare alla piscina deve prendere una strada lunga e molto stretta.
6 Deve incrociare solo due traverse prima di arrivare alla piscina.

3 a Registro formale e informale *Lei/tu*. Leggi la sezione G18 della Grammatica. Trasforma le frasi dall'informale (*tu*) al formale (*Lei*).

Esempio: 1 Buongiorno, Come sta? Cosa fa questo fine settimana?
1 Ciao, come stai? Cosa fai questo fine settimana?
2 Ciao, io sono tedesca e tu di dove sei? E cosa fai qui?
3 Scusa, mi sai dire dov'è la fermata della metropolitana più vicina?
4 Ciao Carlotta, riesci ad essere in orario per la lezione di domani?
5 Giorgio, prendi sempre la metropolitana quando vieni a scuola?
6 Tu sei ancora un socio della biblioteca comunale?
7 Cosa vuoi visitare quando sei a Firenze?
8 Giacomo, ma tu hai mai fatto parte di questo gruppo di studio? Cosa ne pensi?

3 b L'imperativo. Sottolinea tutti i verbi all'imperativo nell'esercizio 1, separando il formale dall'informale, e traducili nella tua lingua.

4 a Lavorate in due per fare una scenetta. Siete all'ufficio del turismo. Scegliete il ruolo dell'impiegato A o del turista B.

1 A Buongiorno, mi dica.
  B Sì, vorrei visitare il Duomo.
2 A Quando pensa di andarci?
  B Vorrei andarci mercoledì pomeriggio.
3 A E ha già visitato questa città?
  B Sì, per me è la seconda volta.
4 A Cosa le è piaciuto visitare?
  B Mi è piaciuto molto il museo archeologico.
5 A Cosa vuole vedere nei prossimi giorni?
  B Domani vorrei visitare i Giardini di Boboli.

4 b Ripetete il dialogo sostituendo le parole sottolineate. Usate la tabella per aiutarvi.

Vorrei visitare / Vorrei vedere	la cattedrale / la chiesa / il museo.
Mi è piaciuto/a / Mi sono piaciuti/e	la galleria d'arte / il parco. le fontane / i giardini.

5 Pensa alla tua città o al quartiere dove abiti. Scrivi indicazioni semplici per raggiungere tre posti interessanti. Usa l'esercizio 1 per aiutarti.

3.6 FINDING THE WAY IN TOWN

3.6b Viaggiare sui mezzi pubblici

★ Mezzi di trasporto pubblico
★ Avverbi di frequenza, per es. *sempre, spesso*; espressioni avverbiali, per es. *di solito, ogni tanto, qualche volta*

Ciao Anil,

Come va? Cosa fai di bello? Come sta la tua famiglia? Noi stiamo tutti bene. Hai già cominciato la scuola? Mi chiedi come vado a scuola. Bene, per fortuna abito vicino alla scuola e vado sempre a piedi ma ogni tanto, se sono in ritardo, prendo la bicicletta così faccio prima. Se invece piove, mia madre mi accompagna in macchina. In inverno torno a casa in autobus solo se piove, altrimenti preferisco camminare e tornare a piedi con i miei amici. Mia sorella invece è sempre in ritardo e prende sempre la metropolitana per andare scuola anche per solo due fermate. Mia madre usa raramente la macchina per andare a lavorare. Preferisce prendere l'autobus, così non deve preoccuparsi del parcheggio. A volte prende l'auto per andare a fare la spesa, così non deve portare pesi. Mio padre viaggia molto e almeno una volta al mese prende l'aereo e spesso prende anche il treno quando deve incontrare dei clienti. Ma quando va al suo ufficio prende la Vespa, così evita il traffico e arriva in fretta in ufficio. Usiamo spesso la macchina nel fine settimana, qualche volta per fare una gita ma quasi sempre per andare a trovare i nonni che abitano in campagna.

E tu come vai a scuola? Abiti vicino alla tua scuola?

Scrivimi presto,

Carlo

1 Leggi l'email e completa le frasi (1-6) con la conclusione corretta.

Esempio: 1 B

1 Carlo di solito va a scuola …
  A in bicicletta.
  B a piedi.
  C in macchina con sua madre.
2 Sua sorella va sempre …
  A in bicicletta.
  B a piedi.
  C in metropolitana.
3 Sua madre usa la macchina …
  A tutte le mattine.
  B raramente.
  C solo la sera.
4 Suo padre viaggia molto …
  A in aereo.
  B in bicicletta.
  C in treno.
5 Suo padre va in ufficio …
  A in Vespa.
  B in macchina.
  C a piedi.

SECTION 3: WHERE I LIVE AND WHAT IT'S LIKE

    6 La famiglia di Carlo usa la macchina per …
       A fare delle gite.
       B fare la spesa.
       C andare dai nonni.

2 Ascolta il sondaggio sui mezzi di trasporto. Quattro persone parlano dei mezzi di trasporto che usano. Completa la griglia sotto.

Nome	Per andare a scuola	Per andare al lavoro	Per andare in vacanza

3 Gli avverbi di frequenza. Leggi la sezione E2 della Grammatica. Rispondi alle domande con gli avverbi o espressioni di frequenza nel riquadro.

spesso	ogni tanto	quasi mai	a volte
sempre	raramente	*mai*	qualche volta

Esempio: 1 La domenica non esco mai con gli amici.
    1 Cosa fai la domenica?
    2 Come vai a scuola?
    3 Vai al cinema?
    4 Esci con gli amici durante la settimana?
    5 Pratichi uno sport?
    6 Di solito prendi i mezzi pubblici?
    7 Viaggi in aereo?
    8 Ascolti musica a volume alto?

4 a Il suono *tr* in italiano. Ascolta queste frasi e separa le parole. Poi ripetile tre volte ad alta voce e traducile nella tua lingua. Sono due famosi scioglilingua italiani.

TrentatrétrentinientraronoaTrentotuttietrentatrétrotterellandointreno.

Tretigricontrotretigri.

4 b Detta le frasi al tuo compagno e poi il tuo compagno le detta a te. Chi fa meno errori?

5 Lavorate in due per fare una conversazione sui mezzi di trasporto che usate. Rispondete a turno a queste domande.
    1 Come vai a scuola?
    2 Quanto tempo ci metti per arrivare?
    3 Ti piace andare in giro a piedi o preferisci la bici?
    4 Dove sei andato in vacanza l'estate scorsa e come?
    5 Dove pensi di andare la prossima estate?

6 Scrivi quattro frasi e spiega come fai il tragitto in ognuna di queste situazioni. Scrivi 80-90 parole in tutto.
- Per tornare a casa la sera.
- Per andare in città.
- Per andare a trovare gli amici.
- Per andare in vacanza.

3.6 FINDING THE WAY IN TOWN

3.6c Programmare un itinerario

Decollo

★ Programmare un itinerario
★ *stare per* + infinito; contrasto con il futuro

Ecco alcuni consigli su come programmare un viaggio!

Stai per fare un viaggio importante? Vuoi scegliere il mezzo migliore? Leggi questo articolo e ti sarà di grande aiuto!

È bello viaggiare in aereo perché arriverai a destinazione in breve tempo, vedrai il mondo dall'alto e viaggerai tra le nuvole. Ma arrivare in aeroporto non è sempre facile. A volte c'è molto traffico e rischierai di arrivare in ritardo per il tuo volo. Per non parlare dei controlli dei documenti: ci saranno lunghe file e dovrai avere molta pazienza. In treno forse sarà più rilassante. Se viaggerai in treno, potrai ammirare il paesaggio dai finestrini e starai seduto comodo. Potrai leggere un libro, ascoltare musica e goderti il viaggio. A volte però ci sono ritardi, treni cancellati. Il treno non è mai puntuale. Spesso le stazioni sono lontane dal centro e devi camminare per raggiungerlo. Insomma è bello viaggiare in treno se hai molto tempo libero. Io ti consiglio l'automobile se vuoi essere indipendente e stai per fare un viaggio lungo. È molto più comodo viaggiare in macchina. Porterai quello che ti serve, ti fermerai dove vorrai e comprerai tutto quello che vorrai. Ma il traffico a volte potrà esasperarti. Per non parlare del parcheggio. È difficile parcheggiare se visiti una città. Io ti consiglio, se hai tempo e pazienza, di viaggiare in pullman. Costerà poco e guarderai il mondo mentre ti passerà davanti, viaggerai con calma e potrai veramente apprezzare i posti che visiterai. Ma potrai stare scomodo e starai troppe ore seduto. Però non ti dovrai preoccupare del parcheggio o degli orari. Se invece dovrai attraversare il mare, il traghetto sarà una buona e piacevole soluzione. Se viaggerai di notte ci sono cabine comode e belle. Ma se il mare sarà mosso o ci sarà brutto tempo, il viaggio potrà trasformarsi in un incubo. Quindi, se stai per programmare un viaggio, prima di prenotare controlla il tempo!

1 Leggi l'articolo e completa la griglia con gli aspetti positivi e gli aspetti negativi per ogni tipo di trasporto.

Mezzo di trasporto	Positivo	Negativo

SECTION 3: WHERE I LIVE AND WHAT IT'S LIKE

2 Ascolta due conversazioni, la prima al telefono e la seconda alla stazione dei pullman. Rispondi alle domande.

A Al telefono
1. Perché vuole prenotare un taxi?
2. A che ora arriva il taxi?
3. Come fa a riconoscerlo?
4. Perché ha bisogno di un taxi grande?
5. Come è meglio pagare?

B Alla stazione dei pullman
1. Dove vuole andare? E quando deve essere lì?
2. Che tipo di biglietto vuole fare?
3. Perché non vuole prendere il pullman che sta per partire?
4. Quale comodità ha il pullman dopo?
5. Cosa consiglia l'impiegato? E perché?

3 *Stare per* + infinito, contrasto con il futuro. Leggi la sezione G16 della Grammatica. Trasforma le frasi al futuro in frasi con *stare per* + infinito.

Esempio: 1 Sta per scoppiare un temporale.
1. Tra poco <u>scoppia</u> un temporale.
2. Il film <u>finirà</u> tra poco.
3. Tra poco tutti <u>torneremo</u> a casa.
4. Luisa tra poco <u>scoppierà</u> a piangere.
5. Tra poco <u>arriverà</u> il treno.
6. La cerimonia <u>comincerà</u> tra poco.
7. Tra poco <u>porteranno</u> gli antipasti.
8. Tra poco <u>riceverai</u> una bella notizia.

4 a Lavorate in due per fare una scenetta. Parlate con un amico che sta organizzando di andare in vacanza in giro per l'Europa. Scegliete il ruolo A o B, e usate le espressioni nella tabella.

1. A Quale paese visiterai prima? B …
2. A Con che mezzo di trasporto ci andrai? B …
3. A Perché hai scelto di andarci così? B …
4. A Come hai viaggiato l'ultima volta che sei andato in vacanza? B …
5. A Come viaggerai nel paese che visiterai? E Perché? B …

Vorrei visitare Sto pensando di visitare	l'Europa / la Francia l'Italia / la Spagna il Portogallo la Germania la Cina / l'India	in aereo / in aeroplano in treno / in pullman in bicicletta / in moto in auto / in macchina	perché è più veloce / bello / interessante / divertente / piacevole / comodo / rilassante.
Vorrei fare un viaggio	in Europa in Olanda in Belgio nei paesi scandinavi	in aereo / in aeroplano in treno / in pullman in bicicletta / in moto in auto / in macchina	perché è meno lento / lungo / costoso / caro / stressante / difficile / noioso.

4 b Ripetete il dialogo scambiandovi i ruoli.

5 Scrivi una serie di frasi su come programmare un itinerario.

Vocabolario

3.1a Io abito qui a Ferrara

il chiosco kiosk	**davanti a** before (in space)	**lo spettacolo** show, performance
la clinica clinic	**è da sempre** has always been	**il teatro** theatre
da bambino as a child	**il molo** pier, dock	**il zoo** zoo
da molto tempo for a long time	**il municipio / il comune** town hall	

3.1b Abiti in città o in campagna?

la cascata waterfall	**la foresta** forest	**respirare** to breathe
in città in the city	**l'inquinamento** pollution	**sentirsi isolati** to feel isolated
l'erba grass	**il traffico** traffic	**l'uccello** bird

3.1c È meglio vivere al mare o in montagna?

l'agriturismo farm holiday	**la località di mare** seaside resort	**la stagione** season
a contatto con close to	**il maestro di sci** ski instructor	**toccare a** to be one's turn/responsibility
il clima climate	**la mosca** fly	**la vetta** summit
la collina hill	**l'onda** wave	**la zanzara** mosquito
insopportabile unbearable	**riuscire a** to manage to	

3.2a Facciamo la spesa

fare la spesa to do one's (food) shopping	**mezzo chilo / litro di** half a kilo / litre of	**un quarto di** a quarter of
una fetta di a slice of	**un pacco di** a packet of	**quasi** almost
una lattina di a can / tin of	**il pane (per toast)** (sliced) bread	**la salsiccia** sausage
la melanzana aubergine	**un pezzo di** a piece of	**una scatola di** a box of

3.2b Vorrei fare un regalo

il braccialetto bracelet	**molti/tanti** many	**regalare** to give something as a present
la collana necklace	**molto/tanto** very/much	**troppi** too many
il compleanno birthday	**l'orecchino** earring	**il regalo** present
di valore valuable	**il portachiavi** keyring	**il vaso** vase
la gioielleria jewellery	**prezioso** precious	

3.2c Vestirsi alla moda

l'abito dress	**la cravatta** tie	**nessuno** nobody, no one
l'anello ring	**essere/vestire alla moda** to be fashionable / dress fashionably	**nulla/niente** nothing
il berretto cap	**la felpa** pullover	**qualcosa di nuovo** something new
i calzini socks	**il golf** sweater	**sportivo** casual
la camicetta blouse	**l'impermeabile** raincoat	**lo stilista** fashion designer
la camicia shirt	**il maglione** jumper	**gli stivali** boots
la cappotto coat	**la minigonna** miniskirt	**la tendenza** trend
il completo suit		**toccare** to touch

3.3a Parliamo di soldi

il bancomat ATM, debit card	**compilare** to fill in (e.g. a form)	**il permesso di residenza** residence permit
la banconota banknote	**il conto** account (e.g. bank)	**prelevare** to withdraw (e.g. money)
la bolletta bill/invoice	**il documento (d'identità)** ID	**risparmiare** to save
cambiare to exchange	**il modulo** form	**ritirare** to collect
la carta di credito credit card	**la moneta** change (i.e. coins)	**i soldi** money

3.3b Ci sentiamo su Skype?

l'applicazione app	**la fattura** invoice	**spegnere** to turn off
conversare to have a conversation	**mandare, inviare** to send	**su Internet** online
di persona in person	**il messaggio/messaggino** (text) message	**il tablet** tablet
dipendente da addicted to	**ricevere** to receive	**il telefonino** mobile phone
la dipendenza addiction	**la ricezione** reception	**la tecnologia** technology
fare ricerche to do research	**l'sms** text (e.g. phone)	**il touch-screen** touch-screen

3.3c Chi cerca, trova!

la biglietteria ticket office	**il binocolo** binoculars	**il borsellino** purse

SECTION 3: WHERE I LIVE AND WHAT IT'

la borsetta purse	**nascondere** to hide	**rivolgersi** to turn to
la caccia al tesoro treasure hunt	**l'oggetto** object, property	**smarrito** lost, mislaid
il capotreno train manager	**il portafoglio** wallet	**lo sportello** counter
il concorso competition	**riconoscere** to recognise	**la tasca** pocket
consegnare to hand in	**il riconoscimento** identification	**la valigia** suitcase

3.4a Cosa faccio per l'ambiente?

in abbondanza plenty	**i pannelli solari** solar panels	**i rifiuti organici** organic waste
l'acqua imbottigliata bottled water	**piantare** to grow (plants)	**risparmiare** to save
la borsa di tela canvas bag	**la pista ciclabile** cycle lane	**il rubinetto** tap
la busta di plastica plastic bag	**proteggere** to protect	**salvaguardare** to safeguard
l'energia elettrica electric power	**la raccolta differenziata** recycling with separate containers	**sprecare** to waste
l'immondizia rubbish	**riciclare** to recycle	
mentire to tell lies		

3.4b I parchi nazionali in Italia

la barca vela sail boat	**incontaminato** uncontaminated	**il ruscello** stream
la biodiversità biodiversity	**il lupo** wolf	**selvaggio** wild
il cervo deer	**l'orso** bear	**il sentiero** path
il cinghiale wild boar	**il ragno** spider	**il topo** mouse
l'escursione excursion	**il ramoscello** stick	**la visita guidata** guided tour
fare escursionismo to go hiking	**il ratto** rat	

3.5a Che tempo fa?

fa caldo it's hot	**il lampo / il fulmine** lightening	**il sole** sun
il calore heat	**la nebbia** fog	**il temporale** storm
la foschia mist	**nuvoloso** cloudy	**il tuono** thunder
fa freddissimo it's very cold	**nevicare** to snow	**tuttora** still
fa freddo it's cold	**la nuvola** cloud	**umido** damp, humid
il gelo frost	**l'ombra** shadow	**il vento** wind
i gradi degrees	**piovere** to rain	
grandinare to hail	**piovere a catinelle** to rain cats and dogs	

3.5b Le previsioni del tempo

aumentare to increase	**diminuire** to decrease	**orientale** eastern
il cielo sky	**impedire** to stop	**le previsioni del tempo** weather forecast
le condizioni atmosferiche (weather) conditions	**il litorale** coast	**il tempo variabile** variable weather
	occidentale western	

3.5c Parliamo del tempo?

l'alluvione / l'inondazione flood	**l'incendio** fire	**la sfida** challenge
il cambiamento climatico climate change	**la migrazione** migration	**la siccità** drought
l'emissione di gas serra greenhouse gas emission	**il riscaldamento globale** global warming	**l'uragano** hurricane
il ghiacciaio glacier	**la scarsità** shortage	
	lo scioglimento melting	

3.6a In giro per la città

l'autostrada motorway	**le direzioni** directions	**la stazione de servizio** service station
la banchina quay	**la rotatoria / rotonda** roundabout	**la stazione ferroviaria / dei treni** railway station
il benzinaio petrol station attendant	**il semaforo** traffic lights	**le strisce pedonali** pedestrian crossing
il binario (del treno) platform	**sempre diritto** straight on	

3.6b Viaggiare sui mezzi pubblici

andare a piedi to walk	**la moto / la motocicletta** motorbike	
il mezzo di trasporto pubblico public transport	**la stazione degli autobus** bus station	
	il traghetto ferry	

3.6c Programmare un itinerario

il biglietto di andata e ritorno return ticket	**essere puntuale** to be on time	**parcheggiare** to park
il biglietto di sola andata single ticket	**la fermata** stop	**pianificare, programmare** to plan

103

Angolo dell'esame C1

Ascolto e comprensione (esercizi complessi)

> **Strategie generali per gli esercizi d'ascolto più complessi**
> → Leggi attentamente le istruzioni e le domande prima dell'ascolto, per farti un'idea dell'argomento o argomenti dell'attività.
> → Mentre ascolti, prendi degli appunti, ma ricordati di cancellarli alla fine.

Introduzione

Questa sezione ti aiuterà a migliorare in due tipi diversi di esercizi d'ascolto:

- scelta multipla (A, B, C, D)
- individuare le affermazioni vere

Scelta multipla A, B, C, D

1 a Prima di ascoltare, discuti le domande con un compagno di classe: quale risposta vi sembra la meno probabile e perché? Potete rispondere in italiano o nella vostra lingua.

Esempio: 1A sembra meno probabile perché quarant'anni sono tanti nella posizione di capo.

1A seems less probable because forty years is a long time to be a boss.

> → Leggi il titolo e le quattro risposte possibili per ogni frase (A, B, C, D). Così avrai un'idea più chiara dell'argomento dell'attività di ascolto.
> → Il testo della registrazione potrebbe non contenere le parole ed espressioni esatte delle domande – fa' attenzione ai sinonimi e alle espressioni con lo stesso significato. Non farti confondere dalle frasi negative.
> → Fa' molta attenzione se senti le stesse parole delle domande, potrebbero portarti ad una risposta sbagliata!

1 b Sentirai un'intervista alla radio con Paolo Golzio, il nuovo presidente del servizio trasporti della città di Torino. Sentirai l'intervista due volte. Ci sarà una pausa durante l'intervista. Per ogni domanda, segna con una crocetta (X) la casella corretta (A–D).

1 Paolo è a capo dei trasporti torinesi da…
   - **A** quarant'anni. ☐
   - **B** quattordici anni. ☐
   - **C** quattro mesi. ☐
   - **D** quattro anni. ☐
2 Secondo Paolo, il trasporto pubblico non può essere caro perché…
   - **A** i torinesi sono poveri. ☐
   - **B** non è possibile abbassare i prezzi. ☐
   - **C** non è di buona qualità. ☐
   - **D** serve a tutti. ☐
3 Soltanto l'otto per cento dei viaggiatori in metropolitana…
   - **A** compra biglietti singoli. ☐
   - **B** paga meno che la maggioranza delle città europee. ☐
   - **C** non usa altri mezzi di trasporto. ☐
   - **D** viaggia in autobus. ☐

SECTION 3: WHERE I LIVE AND WHAT IT'S LIKE

4 Il servizio tranviario è…
   A utile solo agli anziani.
   B rapido ma poco frequente.
   C rapido ed ecologico.
   D inquinante ma rapido.

5 Il servizio di biciclette pubbliche…
   A migliorerà in inverno.
   B avrà restrizioni.
   C funzionerà dalle 5 alle 7 di sera.
   D causa più incidenti.

6 Il sistema di biciclette di Torino…
   A esiste anche in altre città.
   B ha un buon rapporto qualità-prezzo.
   C non esiste fuori Torino.
   D è il più avanzato d'Europa.

Individuare le affermazioni vere

> → Ricordati l'ordine: nell'intervista, c'è la prima parte – una pausa – la seconda parte – una pausa – la terza parte. Ogni gruppo di cinque frasi si riferisce ad una parte dell'intervista.
> → Se dopo l'ascolto non sei sicuro, scegli la risposta più logica e probabile in base a quello che hai capito.

2 a Prima di ascoltare l'intervista, leggi e traduci le frasi nella tua lingua insieme ad un compagno.

2 b Sentirai un'intervista sui saldi di fine stagione con Silvia Bartolini, presidente dell'Associazione dei Consumatori di Firenze. Sentirai l'intervista due volte. Ci saranno due pause durante l'intervista. Per ogni domanda, segna con una crocetta (X) le due caselle corrette (A-E).

1 A Silvia Bartolini dichiara che i saldi in Italia sono ancora molto popolari.
   B Secondo i dati ufficiali, ogni italiano spende più di 150 euro a gennaio.
   C A Firenze, la maggior parte dei negozi è di abbigliamento e accessori.
   D I supermercati vendono più prodotti durante i periodi dei saldi.
   E Il 40% delle persone preferisce andare a fare spese a gennaio e luglio.

[Pausa]

2 A È obbligatorio che i negozi riducano i prezzi di tutti i loro articoli.
   B Il cliente ha il diritto di conoscere lo sconto totale.
   C Gli indumenti più scontati sono giacche, pantaloni e camicie.
   D Non si può vendere un capo difettoso in saldo.
   E Per ottenere un rimborso, non è necessario avere la ricevuta.

[Pausa]

3 A Non è permesso mettere in saldo i prodotti degli anni precedenti.
   B Molti negozi non vendevano magliette a righe nel 2018.
   C È vietato mettere in vendita cose nuove durante i periodi dei saldi.
   D Non c'è tempo per vendere tutti i prodotti scontati.
   E Non si possono mai mettere in vendita prodotti speciali solo per saldi.

Angolo dell'esame C2

Lettura e comprensione (esercizi complessi)

volo

> **Strategie generali per le letture più complesse**
> → Leggi attentamente il titolo e le istruzioni prima di leggere il testo.
> → Leggi il testo rapidamente per farti un'idea dell'argomento che tratta.
> → Leggi tutte le domande prima di leggere attentamente il testo.

Introduzione

Questa sezione ti aiuterà a migliorare in due tipi diversi di esercizi di comprensione della lettura:

- Associare le persone alle opzioni corrette
- Rispondere a domande in italiano

Associare le persone alle opzioni corrette

1 a Con un compagno, prendi dei brevi appunti su quelli che secondo voi sono i tre punti-chiave per ciascuna delle cinque persone.

> → Trova un'opzione che contenga tutti i punti-chiave di ogni persona.
> → Ricordati che non tutte le opzioni saranno utilizzate.

1 b Queste persone vogliono abitare in un posto particolare. Leggi le frasi (a-e) e le descrizioni (1-8).

Qual è il posto migliore per ogni persona?

Per ogni domanda, scrivi il numero corretto (1-8) sulla linea.

a		Leopoldo: Il mio posto ideale dove vivere dovrebbe essere animato. Non mi dà fastidio il rumore, perché preferisco un'atmosfera molto vivace. Quindi, è essenziale che il luogo abbia molta vita notturna, anche se non mi piacciono molto le grandi città.	....
b		Gloria: La gente per strada e la folla mi danno fastidio. Per spostarmi, preferisco usare i trasporti che non inquinano e nei fine settimana adoro fare alpinismo.	....
c		Michele: Ho visitato Roma per saperne di più sulla storia classica. Questa città è così affascinante, soprattutto per quanto riguarda la sua architettura. Non c'è dubbio che mi piacerebbe trasferirmi lì.	....

SECTION 3: WHERE I LIVE AND WHAT IT'S LIKE

d		Norma: Sono ossessionata dall'idea di vivere in un paesino bello e isolato per godermi la natura e stare all'aria aperta. Inoltre, non voglio comprare tutto il cibo al supermercato, preferirei vivere dei prodotti del mio orto.	....
e		Ginevra: Vivere vicino al mare mi sembra ideale. Mi piace camminare sulla sabbia e ammirare i panorami meravigliosi. Tuttavia, odio vivere in una zona con troppi turisti.	....

1	**San Quirico d'Orcia:** La Val d'Orcia è in una delle zone più care della Toscana e dell'Italia. San Quirico ha solo 2.500 abitanti, anche se il numero totale di residenti raggiunge i 12.000 in estate.
2	**Soncino:** Una delle cittadine più belle d'Italia. Soncino ha edifici tradizionali e un ambiente tranquillo, distante dalla vita moderna. Con un clima eccezionale durante tutto l'anno, è facile coltivare frutta e verdura.
3	**Torino:** La prima capitale d'Italia, questa città aristocratica e moderna ha tutto: architettura barocca, arte, gastronomia e una vita notturna straordinaria. È una delle principali destinazioni del turismo culturale europeo.
4	**Silvi Marina:** Questa località costiera è un segreto ben custodito. La spiaggia di Silvi è immensa e perfetta ed è una buona idea trascorrere il pomeriggio qui per godersi il pittoresco paesaggio.
5	**Jesolo:** Questa cittadina si trova sulla costa adriatica. Ha una grande infrastruttura turistica e ci sono diverse discoteche famose. È estremamente affollata in estate.
6	**Brescia:** Questa città è in Lombardia, nell'Italia settentrionale. È una città Patrimonio dell'Umanità e il suo centro storico è una meraviglia. Il foro, il teatro e gli altri monumenti di epoca romana meritano una visita.
7	**Lucca:** Questa città animata e turistica è un vero tesoro. Inoltre, a soli 50 chilometri dagli Appennini e a 20 chilometri dalla spiaggia, Lucca offre molta varietà sia per i suoi residenti che per i turisti.
8	**Valpelline:** Questo comune ha solo 600 abitanti ed è l'ideale per allontanarsi dallo stress della vita moderna. Ci sono poche macchine e autobus ed è un posto famoso tra gli scalatori che vogliono arrampicarsi per godersi panorami eccezionali.

Rispondere a domande in italiano

2 a Leggi il testo con un compagno e annota brevemente le informazioni più utili che trovi, per esempio in che tempo verbale sono le domande oppure che tipo di informazione chiedono.

> → Non sempre la risposta sarà direttamente nel testo, a volte appare in modo più sottile.
> → Assicurati di aver capito in che tempo verbale è la domanda e rispondi usando il tempo corretto.
> → Fa' molta attenzione alle informazioni che potrebbero portarti ad una risposta sbagliata!

L'ambiente preoccupa i giovani

Al giorno d'oggi, i giovani dai 16 ai 25 anni in Italia non hanno dubbi: secondo un recente studio dell'Università di Roma, la loro più grande preoccupazione ora è l'ambiente e la sua protezione. La maggior parte di loro sostiene che dovremmo usare tipi diversi di energia rinnovabile per proteggere l'ambiente. Altri, invece, dicono semplicemente che dovremmo riciclare di più, oppure curare meglio i parchi e i giardini delle nostre città.

Nel Sud d'Italia, la mancanza di pioggia è un problema sempre più serio. Molti giovani in questa parte dell'Italia sono consapevoli di dover fare la doccia al posto del bagno e anche di non poter usare la lavastoviglie tutti i giorni. Inoltre, sempre più adolescenti e giovani convincono i loro genitori a non innaffiare il giardino o a lavare la macchina in un garage professionale, dove si usa molta meno acqua che lavandola a casa.

Nel Nord d'Italia, specialmente a Milano, il traffico in città causa alti livelli d'inquinamento dell'aria e sempre più persone soffrono di asma e problemi respiratori. I giovani in città usano sempre di più i trasporti pubblici e, negli ultimi due anni, il 47 per cento di loro ha usato la metropolitana fino a cinque volte alla settimana in più rispetto al passato. Un'altra soluzione per i giovani in città è quella di usare la bicicletta, o semplicemente andare a piedi quando devono coprire brevi distanze.

Infine, nell'Italia centrale, l'orso bruno, un animale simbolo di questi luoghi che vive in montagna, potrebbe scomparire nei prossimi cinquant'anni. In tutto, si stima che ne siamo rimasti soltanto 50 esemplari. Inoltre, l'orso non va più in letargo normalmente a causa dell'inquinamento dei fiumi e del cambiamento climatico. Molti giovani della zona stanno facendo una campagna sui mezzi di comunicazione e sui social media rivolta alle scuole elementari, per dare informazioni sulle condizioni attuali di questo animale, e sembra che i bambini stiano rispondendo molto bene.

2 b Leggi il testo sui giovani e l'ambiente. Rispondi alle domande in italiano.

a Qual è la priorità dei giovani italiani oggi?

.... [1]

b Che cosa si può fare in cucina per risparmiare acqua?

.... [1]

c Perché è importante convincere i genitori a non lavare la macchina?

.... [1]

d Quali effetti negativi hanno gli ingorghi sulla salute?

.... [1]

e Come sappiamo che la popolarità della metropolitana è in aumento fra i giovani?

i

.... [1]

ii

.... [1]

f Che cosa raccomandano i giovani, se devi andare in un posto poco lontano?

.... [1]

g Perché il numero degli orsi bruni è così basso?

i

.... [1]

ii

.... [1]

h Come assicurano i giovani della zona che i bambini ricevano le informazioni sull'orso bruno?

.... [1]

i Come sappiamo che questa campagna sta avendo successo?

.... [1]

4.1 Italian schools

4.1a La vita al liceo

Decollo

* La vita in una scuola secondaria italiana
* Aggettivi e pronomi dimostrativi

Cara Luisa,

ho da poco cominciato il liceo scientifico, ora faccio la prima superiore! Come alle medie, sono in una classe mista, che è però abbastanza piccola: siamo solo in 24, 10 ragazze e 14 ragazzi, mentre in quella delle medie eravamo più di 30.

Ho parecchie materie nuove, e tutte obbligatorie: devo studiare anche latino e storia dell'arte e quando sarò in terza avrò anche filosofia! Ho un po' paura di queste materie nuove, ho l'impressione che saranno molto difficili e non mi serviranno molto nel futuro. Per fortuna studio anche matematica e inglese, che io adoro, ma ci sono anche fisica e storia, che detesto! I professori sono tanti, e mi sembrano severi, non danno molta confidenza a noi studenti. Pensa che alcuni danno del Lei agli studenti di quinta, quelli che hanno già 18 anni!

Le lezioni cominciano alle 8.15 e ho 5 o 6 lezioni al giorno, compreso il sabato. Esco all'1.30 e il giovedì persino alle 2. Abbiamo solo un intervallo di 20 minuti alle 10.15. Al liceo c'è un bar, ma quasi tutti gli studenti si portano un panino o una merendina da casa, in 20 minuti è impossibile riuscire a farsi servire in questo bar.

Abbiamo un bel laboratorio di scienze e uno per le lingue straniere, ma le aule sono vecchie, ancora con le lavagne e il gesso.

Ciao,

Ilaria

---

1 Leggi l'email di Ilaria e rispondi alle seguenti domande.

Esempio: 1 la prima superiore
1 Che classe fa adesso Ilaria?
2 Com'è cambiata la sua classe, rispetto a quella delle medie?
3 Che cosa non è cambiato, rispetto alla classe delle medie?
4 Come si sente Ilaria all'idea di dover studiare latino?
5 Perché?
6 Come si comportano gli insegnanti con gli studenti più grandi?
7 Che cosa c'è di innovativo nel liceo di Ilaria?
8 Che cosa dovrebbe essere rinnovato?

2 a Quattro amici (Martino, Davide, Graziella e Miranda) parlano della loro vita a scuola. Ascolta quello che dicono e scegli la persona giusta per ogni frase.

Esempio: 1 Davide
1 .... è contento della scuola che ha scelto.
2 .... deve studiare tantissimo dopo la scuola.
3 Secondo .... , è strano che non si faccia sport a scuola.
4 A .... piace molto il professore di matematica.
5 Secondo .... , l'insegnante di matematica usa metodi antiquati.

SECTION 4: STUDYING AND WORKING

      6 .... non riesce a concentrarsi perché fa freddo.
      7 Secondo .... , gli studenti dovrebbero protestare.
      8 Nella scuola di .... non si può usare il telefonino.

2 b Ascolta di nuovo e scrivi cinque cose che i ragazzi vorrebbero cambiare nella loro scuola. Poi traducile nella tua lingua.

3 a Gli aggettivi dimostrativi. Leggi la sezione C9 della Grammatica. Completa le frasi seguenti con la forma corretta degli aggettivi dimostrativi *questo* e *quello*. Usa *questo* nel primo spazio e *quello* nel secondo.

Esempio: 1 questo, quella
    1 .... liceo è piuttosto vecchio, invece .... scuola è modernissima.
    2 .... studenti sono molto maturi, invece .... studenti sono poco responsabili.
    3 .... insegnante è noioso, invece .... insegnante ci fa sempre ridere.
    4 .... regole sono giuste, invece .... regole non lo sono.
    5 In .... lezione non capisco niente, invece in .... lezione non ho problemi.
    6 La scuola per .... studente è facile, invece per .... studente non lo è.
    7 Prendiamo .... autobus per andare a scuola e .... tram per ritornare.
    8 Con .... compagni di classe vado d'accordo, invece con .... compagni non riesco a legare.

3 b Rileggi l'email di Ilaria. Trova tre esempi di espressioni con i pronomi dimostrativi. Copiale e traducile nella tua lingua.

4 a Le parole che finiscono in *-ìa*. Ascolta questa frase e separa le parole. Poi ripetila tre volte ad alta voce e traducila nella tua lingua.

Mariastudiabiologiafilosofiaepsicologiaallascrivaniae Mattialavorainfarmacia

4 b Detta la frase al tuo compagno e poi il tuo compagno la detta a te. Chi fa meno errori?

5 a Lavorate in due per fare una conversazione sugli aspetti positivi e negativi della vita scolastica. Scegliete il ruolo A o B: A fa le domande e B risponde.

1 A Com'è una giornata tipica nella tua scuola? B …
2 A Mi puoi descrivere il tuo corso preferito? B …
3 A Parlami dell'ultima volta che avete fatto qualcosa di extra-scolastico. Che cosa avete fatto? B …
4 A Nel futuro, che tipo di studi ti piacerebbe fare? Perché? B …
5 A Secondo te, quali sono i vantaggi e gli svantaggi del sistema scolastico del tuo Paese? B …

5 b Ripetete la conversazione scambiandovi i ruoli.

6 In gruppi di tre o quattro, scrivete un testo per la versione italiana della pagina web della vostra scuola. Scrivete circa 130-140 parole. Includete le seguenti informazioni.

La nostra scuola
- Com'è la vostra scuola: aspetti positivi e negativi.
- Le materie che studiate: perché le avete scelte e quali preferite.
- Come sono gli insegnanti e quali regole dovete rispettare.
- Quello che vi piace e che non vi piace della vostra vita scolastica e perché.
- Che cosa vi piacerebbe cambiare della vostra scuola e perché.

4.1 ITALIAN SCHOOLS

4.1b Quanti ricordi!

Volo

★ Ricordi della scuola elementare
★ Il passato dei verbi riflessivi; l'imperfetto

Caro Diario,

quest'anno faccio il primo anno delle superiori: è stato un bel cambiamento, rispetto alle medie, anche se all'inizio mi sono sentita un po' spaesata. Mi sono ritornati in mente i primi giorni della scuola elementare: ero molto timida e non conoscevo nessuno e all'inizio proprio non volevo stare a scuola. Eravamo una classe numerosa, quasi 30 bambine: alcune si conoscevano già dall'asilo e stavano insieme in un gruppo. Mi ricordo che la maestra si è seduta e ha fatto l'appello, chiamandoci a turno: quando ha chiamato il mio nome, mi sono alzata e ho detto: "Presente!", come avevano detto le altre bambine prima di me, ma non sapevo cosa volesse dire, e mi sono messa a piangere. La bambina seduta accanto a me mi ha presa per mano, dandomi anche una caramella. Si chiamava Carolina e da quel giorno siamo diventate amiche; lo siamo ancora adesso, anche se lei ora va ad una scuola diversa dalla mia.

Mi ricordo che le lezioni mi piacevano, il tempo passava velocemente: ho imparato a leggere, a scrivere ma non a disegnare. Alla fine di ogni esercizio dovevamo decorare la pagina con un bordo disegnato con le matite colorate che chiamavamo "cornicetta". Io ero una frana e molto spesso Carolina mi aiutava. Avevamo un astuccio con dentro le matite e le penne, la gomma, il righello, la carta assorbente e i pennarelli.

Per tutti i cinque anni di scuola, durante l'intervallo, Carolina ed io siamo andate insieme nel cortile della scuola e ci siamo scambiate la merendina, così ogni giorno mangiavo metà della mia e metà della sua. Ci siamo aiutate e ci siamo consolate a vicenda quando eravamo tristi: la scuola elementare è stata un bel periodo soprattutto per merito suo.

Chiara

1 Leggi il diario di Chiara e le seguenti frasi. In ogni frase c'è un errore di informazione. Sottolinea l'errore e riscrivi la frase corretta.

Esempio: 1 Il passaggio alla scuola superiore all'inizio non è stato facile.
1 Il passaggio alla scuola superiore <u>è stato facile fin dall'inizio</u>.
2 La classe elementare di Chiara era mista.
3 Anche le bambine che si conoscevano già stavano da sole.
4 Dopo l'appello, Chiara si è seduta.
5 Chiara e Carolina sono diventate amiche dopo qualche tempo.
6 Chiara andava bene in tutte le materie.
7 Chiara e Carolina non mangiavano nulla durante l'intervallo.
8 Nei momenti di tristezza, Carolina ha aiutato Chiara.

SECTION 4: STUDYING AND WORKING

2 a Ascolta l'intervista alla radio con Tommaso, uno studente della scuola superiore. Per ogni domanda, scegli le due frasi vere (A-E).
  1 A Tommaso ha più di 16 anni.
     B Tommaso è contento di aver scelto il liceo linguistico.
     C Nella sua classe ci sono più ragazzi che ragazze.
     D Il periodo della scuola elementare sembra ancora vicino.
     E Tommaso è molto diverso rispetto a come era prima.
  2 A Secondo Tommaso, la scuola elementare è molto simile alla famiglia.
     B Prima di cominciare la scuola, Tommaso stava con i nonni.
     C Tommaso non vedeva l'ora di andare a scuola.
     D Secondo Tommaso, l'impatto con la scuola è stato difficile.
     E Tommaso ha fatto amicizia subito con gli altri bambini.

2 b Nella terza parte dell'intervista, Tommaso parla di una persona e di un episodio in particolare. Come hanno contribuito al futuro di Tommaso questa persona e questo episodio?

3 a Il passato dei verbi riflessivi. Leggi la sezione G11 della Grammatica. Metti i verbi al passato. Attenzione alla concordanza del participio passato!

Esempio: mi sono alzato/a.
  1 Per andare a scuola mi alzo alle 7.
  2 Alla scuola elementare ci divertiamo molto.
  3 Ogni giorno ti siedi nello stesso banco.
  4 Vi scambiate qualche volta la merenda?
  5 Gli studenti si alzano in piedi quando entra l'insegnante.
  6 Andrea si iscrive al liceo scientifico.
  7 Le nostre amiche si preoccupano molto per la scuola.
  8 La lezione è noiosa e Susanna si addormenta sul banco.

3 b Rileggi il diario di Chiara. Trova 16 esempi di verbi all'imperfetto. Copia le frasi e traducile nella tua lingua.

4 a Lavorate in due per fare una scenetta. Immaginate di fare un'intervista alla radio sui ricordi della scuola elementare. Scegliete il ruolo A o B: A fa le domande e B risponde.
  1 A Ti piaceva la tua scuola elementare? B ...
  2 A Che cosa facevate di solito durante l'intervallo? B ...
  3 A Com'era il maestro / la maestra? B ...
  4 A Quali lezioni ti piacevano particolarmente? Perché? B ...
  5 A Quali compagni ricordi in modo particolare? Perché? B ...

4 b Ripetete il dialogo scambiandovi i ruoli.

5 Scrivi una pagina del tuo blog sui tuoi ricordi di scuola. Scrivi circa 130-140 parole in italiano. Includi le seguenti informazioni.

I miei ricordi di scuola
- Se i ricordi della scuola sono positivi o negativi.
- Che cosa ti ricordi in modo particolare e perché.
- Un episodio che è successo.
- Una persona che hai conosciuto.
- Quali esperienze sono state importanti per te e perché.

4.2 Further education and training

4.2a Cosa ti piacerebbe diventare?

Decollo

★ **Parlare di studi e formazione**
★ **Condizionale presente**

1 Ad ogni frase (1-8), fai corrispondere la giusta descrizione (A-H).

Esempio: 1 F

1 Pietro, se fai il tirocinio, potresti diventare un banchiere. Bisogna saper fare bene i conti, usare il computer e gestire bene lo stress.
2 Teresa, potresti lavorare come segretaria quest'estate. Impareresti ad avere a che fare con i clienti e anche a scrivere lettere, inviare email e parlare al telefono. Ti piace l'idea?
3 Adriano potrebbe essere uno stilista. Ha molta immaginazione ed ha sempre idee originali. Oggigiorno il mondo della moda è molto esigente.
4 A Beatrice piacerebbe molto diventare infermiera. Sarebbe una professione perfetta per la sua personalità. Lei è molto dolce e simpatica.
5 Gianni e Carlo vorrebbero diventare professori universitari. Però dovrebbero cercare di essere più pazienti, seri e diligenti.
6 Per trovare lavoro più facilmente, tutti dovrebbero parlare più di una lingua. L'inglese è molto importante e anche lo spagnolo perché si parla in molti paesi.
7 A Luca piacerebbe diventare tassista ma dovrebbe prima imparare a guidare. Così potrebbe anche lavorare come conducente di autobus e camion o diventare un autista privato.
8 A me piacerebbe tanto lavorare come commessa in un negozio di vestiti. Non mi dispiacerebbe lavorare il fine settimana.

A Si dovrebbe avere almeno la patente per cominciare a lavorare in questo campo.
B Per fare questo tipo di lavoro si dovrebbe essere dei gran lavoratori e avere molta pazienza, soprattutto con i giovani.
C Servirebbe avere tanta creatività per lavorare in quest'ambito.
D Essere paziente e docile con le altre persone potrebbe aiutare a fare questo tipo di lavoro.
E Questo lavoro potrebbe andare bene ai giovani perché sono più flessibili.
F Essere bravi in matematica sarebbe ideale per questo lavoro.
G La comunicazione è importante in ogni lavoro, soprattutto se ci sono turisti.
H Bisognerebbe essere molto organizzati per lavorare in questa posizione.

2 a Ascolta l'intervista a Lavinia riguardo ai suoi progetti dopo la scuola. Scegli A, B, C o D per ogni domanda.

Esempio: 1 A

1 Lavinia non ha …
   A ancora preso una decisione.
   B molti soldi.
   C voglia di studiare.
   D tempo.
2 Le materie che Lavinia preferisce sono …
   A artistiche.
   B classiche.
   C linguistiche.
   D scientifiche.

SECTION 4: STUDYING AND WORKING

3 Lavinia vorrebbe diventare …
  A dottore, infermiera o insegnante.
  B dottore.
  C pilota.
  D traduttrice.
4 All'università, Lavinia potrebbe …
  A preparare le lezioni.
  B aiutare con le fotocopie.
  C pulire le aule.
  D buttare le fotocopie.
5 La priorità di Lavinia è …
  A viaggiare.
  B studiare.
  C lavorare molto.
  D iscriversi alla facoltà giusta.
6 Lavinia vorrebbe frequentare una …
  A facoltà scientifica o classica.
  B facoltà artistica.
  C facoltà linguistica.
  D facoltà giuridica.

2 b Ascolta di nuovo l'intervista a Lavinia e rispondi alla domanda. Perché a Lavinia piacerebbe lavorare in ospedale?

3 a Il condizionale presente. Leggi la sezione G17 della Grammatica. Poi leggi le frasi, scegli i verbi esatti e coniugali al condizionale presente.

| andare | dovere | fare | studiare |
| dire | essere | piacere | volere |

Esempio: 1 Sarebbe

1 .... bello fare un'esperienza all'estero per imparare le lingue.
2 Non .... iscriverti al liceo artistico con me?
3 A mio fratello .... diventare un calciatore professionista.
4 I miei amici .... un corso di inglese prima di andare all'università.
5 Secondo il suo professore, Viola .... migliorare in matematica.
6 Clara, ... che è meglio fare la segretaria oppure la cameriera?
7 Vi .... di fare un'esperienza lavorativa in un hotel?
8 .... le lingue classiche perché mi piacciono molto.

3 b Leggi di nuovo le frasi dell'esercizio 3a, scrivile e traducile nella tua lingua.

4 a Il suono *qu* in italiano. Ascolta questa frase e ripetila tre volte ad alta voce. Poi traducila nella tua lingua.

Cinquecentocinquantacinquepaginediquadriquadratiequanteequazioniequilibrate.

4 b Detta la frase al tuo compagno e poi il tuo compagno la detta a te. Chi fa meno errori?

5 a Lavorate in due per fare una scenetta. Scegliete il ruolo dell'insegnante A o della studentessa B e leggete il dialogo ad alta voce.
1 A Quali sono le materie che vorresti studiare? B …
2 A Quindi, che tipo di scuola superiore sceglieresti? B …
3 A Vorresti fare l'università dopo il diploma? B …
4 A Che facoltà ti piacerebbe frequentare? B …
5 A Cosa pensi di un'esperienza di studio o lavorativa all'estero? B …

5 b Ripetete il dialogo scambiandovi i ruoli.

6 Scrivi un articolo per una pagina web riguardo ai tuoi progetti dopo il diploma rispondendo alle domande dell'esercizio 5a. Scrivi 130-140 parole.

4.2 FURTHER EDUCATION AND TRAINING

4.2b È possibile che diventi un biologo marino!

* Parlare dell'università e della carriera
* Congiuntivo presente; espressioni avverbiali di correlazione (*da una parte… dall'altra, da un lato… dall'altro*)

1 Amo molto viaggiare e mi piace passare tanto tempo al mare. Faccio spesso immersioni e adoro osservare il fondale marino.

2 Il disegno è la mia passione e passo molte ore al giorno per strada ad osservare e disegnare monumenti.

3 Per avere successo nella vita bisogna essere persone volenterose e pronte a fare qualche sacrificio per portare a termine gli studi.

4 Bisogna che i giovani prendano delle decisioni importanti quando sono abbastanza grandi per capire cosa vogliono fare nella vita.

A Mi piace così tanto disegnare che vorrei iscrivermi alla facoltà di Architettura. Da una parte credo che sia pesante studiare per diventare architetto perché ci vogliono molti anni. Dall'altra mi piacerebbe almeno provarci.

B Spero che mia sorella cambi idea riguardo alla facoltà che ha scelto perché penso che Lingue non sia la facoltà giusta per le sue capacità. Le piace molto il mare e se frequenta Biologia è possibile che diventi un biologo marino.

C Il mio figlioccio sta studiando tantissimo ultimamente. Però ho paura che non riesca a superare l'esame di ammissione alla facoltà di Medicina. Lui è molto bravo ma l'esame è davvero difficile.

D Quei due studenti non frequentano le lezioni e non hanno fatto abbastanza esami. Non sono affatto diligenti. Temo che non siano in grado di terminare gli studi universitari.

E Io non ho molti soldi per mantenermi agli studi e la mia famiglia non può aiutarmi. Da un lato penso che sia importante scegliere bene il proprio lavoro. Dall'altro però credo che diventi difficile se non si hanno abbastanza soldi per poter aspettare di trovare il lavoro dei propri sogni.

F Non hanno voglia di studiare e non sanno ancora cosa vogliono fare in futuro. Penso che abbiano molta scelta nella città dove vivono ma credo che non siano abbastanza maturi per prendere delle decisioni.

1 Quattro giovani parlano delle opzioni di carriera dopo la scuola. Per ogni numero (1-4) scegli la lettera corretta (A-F). Attenzione! Ci sono due lettere in più.

Esempio: 1 B

2 Ascolta quattro amici che esprimono la loro opinione su studio e lavoro. Rispondi ad ogni domanda e dai almeno due dettagli.

SECTION 4: STUDYING AND WORKING

Esempio: Lucia pensa che sia sbagliato pagare tanti soldi per laurearsi.
1. Che cosa pensa che sia sbagliato Lucia e perché?
2. Secondo Lucia, è possibile che un giorno l'università sia gratis e perché?
3. Quale mestiere pensa che sia il migliore Franco e perché?
4. Quante ore pensa che sia giusto riposare Franco e perché?
5. Quando crede che sia giusto scegliere la facoltà da frequentare Marco e perché?
6. Secondo Marco, come funziona l'università e perché?
7. Secondo Giuliana, perché non vale la pena andare all'università?
8. Secondo Giuliana, si può lavorare anche senza prendere la laurea?

3 a Il congiuntivo presente. Leggi la sezione G19 della Grammatica. Poi leggi le frasi e coniuga i verbi al congiuntivo presente.

Esempio: 1 faccia
1. Nonostante tu .... (*fare*) molti sacrifici, non sei soddisfatto dei tuoi voti.
2. Malgrado .... (*esserci*) molto da studiare, non mi arrendo.
3. Mi sembra che i giovani .... (*scegliere*) spesso di andare all'università piuttosto che lavorare.
4. Il professore gli ha dato un consiglio affinché lui .... (*prendere*) la giusta decisione.
5. Il governo presta i soldi agli studenti purché li .... (*restituire*) quando iniziano a lavorare.
6. Per quanto lui .... (*dire*) che vuole lavorare, non sta cercando lavoro assiduamente.
7. A meno che .... (*arrivare*) il professore, non voglio restare seduto in aula.
8. Bisogna andare a prenotare l'esame prima che il professore .... (*chiudere*) l'appello.

3 b Leggi la sezione E9 della Grammatica. Poi trova, scrivi e traduci le frasi dell'esercizio 1a che contengono le espressioni avverbiali di correlazione.

Esempio: Da una parte credo che sia pesante studiare per diventare architetto perché ci vogliono molti anni. Dall'altra mi piacerebbe almeno provarci.

4 Lavorate in due per fare una conversazione. Rispondete a turno alle domande 1-5.
1. Credi che sia meglio studiare o lavorare dopo aver finito la scuola?
2. Perché pensi che sia più importante lavorare / studiare nella vita?
3. Cosa credi che sia meglio fare / studiare per il tuo futuro?
4. Cosa credi che sia meglio evitare per il tuo futuro?
5. Cosa ti piacerebbe diventare in futuro e perché?

5 Tante possibilità di carriera. Scrivi 130-140 parole riguardo a varie opzioni di carriera che stai considerando.
Possibilità di carriera
- Che carriera vorresti intraprendere dopo la scuola e perché?
- Perché pensi di scegliere questo percorso?
- Come credi che riuscirai a raggiungere il tuo obiettivo?
- Chi potrebbe aiutarti a raggiungerlo e perché?
- Dove ti piacerebbe fare il percorso che hai scelto?

117

4.3 Future career plans

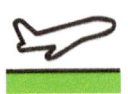

4.3a Che lavoro posso fare?

★ Parlare di vari tipi di lavoro e di carriera
★ Modi diversi di formulare domande; aggettivi e pronomi interrogativi

Ciao Maurizio.
Mi chiamo Luca e sono nato e cresciuto in questa zona. Mi sono diplomato all'istituto agrario lo scorso anno e ho deciso di non iscrivermi all'università perché preferisco più lavorare che studiare. Grazie al mio diploma, potrei lavorare nel settore agricolo. Ho la possibilità di diventare imprenditore agricolo e creare la mia fattoria didattica dove poter allevare animali e coltivare verdure. Le scuole potrebbero organizzare delle giornate per far visitare la fattoria ai bambini e io potrei offrire loro diverse esperienze, come raccogliere le verdure e poi portarle agli animali per farli mangiare. Potrei anche diventare un coltivatore diretto come mio padre e lavorare i nostri campi con lui. Durante l'estate ho lavorato per 4 mesi con lui e con mio zio per aiutarli. A me piacerebbe tanto lavorare per due o tre imprese della mia zona che si occupano di produzione per l'estero. Poi sarebbe anche bello diventare un insegnante di economia agraria. Forse in futuro!

Ciao Maurizio!
Io sono Giovanna. Ho quasi terminato la mia laurea in Medicina. Devo solo fare il tirocinio. Ho sempre amato studiare il corpo umano fin da quando ero piccola. Per questo motivo i miei insegnanti mi hanno suggerito di iscrivermi alla facoltà di Medicina. Inizialmente pensavo di diventare infermiera. Ho seguito i loro consigli e ho deciso di diventare un dottore perché è un lavoro che mi permette di aiutare le persone e imparare sempre di più grazie alla ricerca. Volevo fare il tirocinio nell'ospedale locale ma non è stato possibile. Quindi lo farò in un'altra città che si trova ad un'ora di distanza da qui. Ho avuto anche l'opportunità di fare un periodo di osservazione in Francia. Lì ho avuto l'ispirazione di diventare pediatra. Inizialmente non volevo partecipare ma un mio collega mi ha convinto a fare domanda. Lo ringrazierò per tutta la vita! Grazie Alberto!

1 a Leggi il testo dal blog di Maurizio e rispondi alle seguenti domande in italiano.

Esempio: 1 Luca potrebbe lavorare come imprenditore agricolo, coltivatore diretto o come insegnante di economia agraria.

1 Quali lavori potrebbe fare Luca?
2 Con chi ha lavorato Luca durante l'estate?
3 Che cosa potrebbe fare Luca per i bambini?
4 Per quale tipo di azienda vorrebbe lavorare Luca?
5 Chi ha consigliato a Giovanna di iscriversi a Medicina?
6 Per quale motivo Giovanna ha deciso di diventare un dottore?
7 In quale posto farà il tirocinio Giovanna?
8 Di chi è stata l'idea di partire per la Francia?

1 b Copia e traduci nella tua lingua tutti i mestieri menzionati nell'esercizio 1a.

SECTION 4: STUDYING AND WORKING

2 a Ascolta Ilenia e Angela parlare di vari tipi di lavoro. Per ogni frase scrivi I (Ilenia) o A (Angela).

Esempio: 1 I
1 Non vuole diventare un'insegnante.
2 È interessata ad una carriera nel campo dell'informatica.
3 Non vuole lavorare per altre persone.
4 Preferirebbe non andare all'università.
5 Le piace molto visitare le grandi città.
6 Preferisce lavorare con altre persone su grandi progetti.
7 Non vorrebbe lavorare di sera.
8 Ha lavorato come volontaria l'estate scorsa.

2 b Ascolta di nuovo, scrivi e traduci le domande.

Esempio: Tu hai deciso che carriera intraprendere?

3 a Formulare domande. Leggi le sezioni I, C6 e F8 della Grammatica. Inserisci le parole corrette negli spazi.

che	chi	con chi	di chi
qual	*che cosa*	a chi	per chi

Esempio: 1 Che cosa le piace fare nel suo tempo libero?
1 .... le piace fare nel suo tempo libero?
2 .... ha lavorato l'anno scorso?
3 .... era il lavoro dei suoi sogni da bambino?
4 .... ora è?
5 .... sono le referenze sulla scrivania?
6 .... piacerebbe questo lavoro?
7 .... ha fatto il tirocinio?
8 .... ha contattato prima di inviare la sua candidatura?

3 b Aggettivi e pronomi interrogativi. Leggi le sezioni C6 e F8 della Grammatica. Leggi di nuovo le frasi dell'esercizio 3a e crea delle frasi con gli aggettivi e pronomi interrogativi che trovi nel testo.

4 Lavorate in due per fare una conversazione. Rispondete a turno alle domande 1-5.
1 Parlami del lavoro che ti piacerebbe fare.
2 Cosa ti servirebbe per poter fare questo lavoro?
3 Hai mai pensato di specializzarti in materie diverse?
4 Quale carriera intraprenderai dopo l'esame di italiano?
5 Secondo te, qual è la carriera migliore per te e perché?

5 Scrivi una risposta ad un annuncio di lavoro. Immagina che sia il lavoro dei tuoi sogni. Scrivi 130-140 parole.

4.3 FUTURE CAREER PLANS

4.3b La mia carriera

Volo

★ Parlare dei progetti per la carriera
★ Infinito passato; espressioni impersonali

A   B   C

Federica, 40 anni

Dopo aver lavorato per più di dieci anni nello stesso settore, posso dire di aver scelto il mestiere giusto per la mia personalità. Sono molto soddisfatta di quello che faccio e penso di aver raggiunto un livello abbastanza alto nel mio campo. Io lavoro come analista programmatore in un'azienda che ha sedi in tutto il mondo. Mi capita spesso di viaggiare per lavoro. Dopo essere stata in trasferta per qualche mese in Germania, devo dire che lì si lavora davvero molto. Ma è meglio lavorare molto, che non lavorare affatto!

Giuseppe, 25 anni

Dopo essermi diplomato al conservatorio due anni fa, ho iniziato a lavorare regolarmente come sassofonista in un gruppo jazz che è abbastanza famoso nella mia zona. Con loro suoniamo in molti luoghi in giro per il paese. Sono felice di aver contattato alcuni musicisti con i quali ho lavorato in passato perché mi hanno proposto dei progetti musicali davvero interessanti.
All'inizio, ho messo a rischio la mia situazione economica per aver deciso di intraprendere la carriera da musicista. Bisogna fare molti sacrifici per raggiungere i propri obiettivi!

Cristian, 30 anni

Mi piacerebbe dire che sono felice del mio lavoro, ma non è così. Lavoro con altre persone a vari progetti nella zona dove vivo. Credo di aver scelto gli studi sbagliati all'università e adesso sono insoddisfatto della mia situazione lavorativa. Penso di essere andato all'università per seguire i miei amici e non per passione. Quindi ora vorrei cambiare professione e provare a diventare un disegnatore d'interni. Sono appassionato di design e di arredamento e per questo motivo credo di aver preso la decisione giusta questa volta.

1 Leggi i messaggi di tre giovani su un forum dedicato alla carriera. Per ogni immagine, scegli la persona giusta.

2 Ascolta l'intervista ad uno studente universitario che si è appena laureato. Poi seleziona le due frasi corrette per ogni numero.
   1 A Ha scelto il campo dell'educazione perché vuole diventare insegnante.
      B Ha scelto questo campo per diventare un assistente sociale.

SECTION 4: STUDYING AND WORKING

    C Ha una laurea.
    D Ha una laurea in materie scientifiche.
    E Non ha una professione alternativa che vorrebbe fare.
2 A Sono richiesti spirito di sacrificio e molta forza fisica.
    B Non succede mai di lavorare con persone che hanno problemi mentali.
    C La resilienza è una delle qualità richieste per essere un educatore sociale.
    D Genitori e amici pensano che abbia le qualità adatte per aiutare le persone bisognose.
    E Non ama lavorare con persone negative.

3 a Infinito passato. Leggi la sezione G22 della Grammatica. Poi trasforma i verbi tra parentesi all'infinito passato.

Esempio: 1 aver visto
1 Si dice che Alba sia proprio contenta di ……… (*vedere*) sua nonna.
2 Bisogna prendersi le proprie responsabilità dopo ……… (*accettare*) un incarico.
3 È meglio non correre dopo ……… (*mangiare*).
4 Lucia pensa di ……… (*fare*) la cosa giusta.
5 I tuoi amici credono di ……… (*prendere*) il treno sbagliato.
6 Credi di ……… (*vestirsi*) in modo appropriato per un colloquio?
7 Sara non pensa di ……… (*comportarsi*) male con noi?
8 Suppongo di ……… (*io, giungere*) nel posto giusto.

3 b Espressioni impersonali: *bisogna, si dice, è meglio*. Leggi la sezione G10 della Grammatica. Scrivi e traduci nella tua lingua le frasi dell'esercizio 3a che contengono le espressioni impersonali.

4 Le parole che hanno l'accento sulla penultima sillaba in italiano sono dette "piane". Ascolta questa frase e ripetila tre volte ad alta voce. Poi traducila nella tua lingua.

Carmela,dammiun'ideadiqualelavoropossocercarepercamparevicinoalmare.

5 a Lavorate in due per fare una scenetta. Scegliete il ruolo dell'intervistatore A o dell'intervistato B e leggete il dialogo ad alta voce.
1 A In che cosa sei specializzato? B …
2 A Quale professione pensi che ti piacerebbe fare? B …
3 A Quali sono le tue qualità più adatte a questa professione? B …
4 A Chi ti ha consigliato di intraprendere questo percorso? B …
5 A Quale altro lavoro potresti fare grazie alle tue qualifiche? B …

5 b Ripetete il dialogo scambiandovi i ruoli.

6 La mia carriera. Scrivi un articolo dando suggerimenti riguardo alla pianificazione della propria carriera. Includi i seguenti cinque punti.
Scrivi 130-140 parole in italiano.
La mia scelta di carriera
- Come scegliere la carriera che più si adatta alla propria personalità.
- Che studi fare per poter intraprendere quella carriera.
- Valutare se si hanno le qualità richieste per questa professione.
- Pensare ad altre professioni che si potrebbero fare grazie agli studi scelti.
- Valutare se considerare o meno i consigli dati da altre persone.

4.4 Employment

4.4a Prendo un anno sabbatico

Decollo

★ **Parlare di lavoro a tempo parziale e anno sabbatico**
★ **Uso di *fra* / *tra* con presente o futuro; uso di *da* con presente, passato prossimo e imperfetto; ripasso congiunzioni e pronomi relativi**

1 a Quattro giovani parlano di lavoro a tempo parziale e anno sabbatico. Poi dicono le ragioni per cui l'hanno scelto. Per ogni numero (1-4) scegli la lettera corretta (A-F). Attenzione! Ci sono due lettere in più.

Esempio: 1 C

1 Studio francese e tedesco da due anni e vado matta per le lingue straniere. Voglio andare in Svizzera per fare un'esperienza da *au pair*. La Svizzera è un paese in cui si parlano molte lingue.

2 Fra tre settimane parto per il mio anno sabbatico in Sardegna. Lavorerò con mio zio il quale ha una fattoria che è molto grande e ha bisogno di un aiutante.

3 Da bambino pensavo di voler diventare un astronauta. Quindi ho deciso di prendere una pausa dal mio lavoro e fare un'esperienza lavorativa all'Agenzia Spaziale Europea che si trova a Parigi.

4 Quattro giorni fa sono partito per la Repubblica di San Marino. Mi prendo una pausa di un anno dal mio lavoro a Napoli e vado lì a lavorare come chef in un famoso ristorante italiano.

A Sono un fan dei lavori all'aria aperta. Non amo stare in ufficio e mi annoio a stare seduto. Infatti ho deciso di passare un anno sabbatico a lavorare su un'isola a contatto con la natura.

B Il mio anno sabbatico lo passerò in questo luogo perché ci sono molti turisti e avrò la possibilità di usare le mie capacità di organizzatore di eventi.

C Mi piace molto l'idea di vivere in un paese straniero e di imparare il loro modo di comunicare. Credo che sia il modo migliore per integrarsi.

D Quando sono partito ho pensato di andare in un posto molto turistico. Invece qui è tutto tranquillo e posso dedicarmi a fare il pittore.

E Il lavoro per il quale sono partito è davvero speciale. Mi permetterà di acquisire nuove esperienze lavorando con un cuoco famoso a livello internazionale.

F Spero di riuscire a diventare più esperto nell'ambito della fisica perché in futuro voglio specializzarmi e lavorare per la ricerca nel campo dello spazio.

1 b Copia e traduci nella tua lingua il testo delle due lettere in più dell'esercizio 1a.

SECTION 4: STUDYING AND WORKING

2 a Ascolta quattro amici parlare delle loro esperienze durante l'anno sabbatico e decidi se le esperienze sono state positive (P) o negative (N).

Esempio: Caterina 1 N, 2 P
- Caterina
  1 Andare al mare dalla Svizzera.
  2 Ha lavorato come *au pair*.
- Pietro
  3 In Sicilia ci sono posti di interesse artistico
  4 La Svizzera
- Giancarlo
  5 La zona centrale di Palermo
  6 La zona in cui abitava
- Isabella
  7 Negozio di frutta e verdura
  8 Mdina

2 b Ascolta di nuovo e fai una lista delle esperienze lavorative menzionate.

3 a Espressioni di tempo. Leggi la sezione K3 della Grammatica. Riscrivi le frasi inserendo le preposizioni al posto giusto.

da	fra	per	fa

Esempio: 1 Tanto tempo fa
1 Tanto tempo quando ero bambino, si giocava molto nei cortili.
2 Piccolo volevo diventare un muratore.
3 Gli articoli che ho ordinato arriveranno qualche settimana.
4 Quanto tempo hai vissuto in Puglia?
5 Aspettava il treno mezz'ora quando all'improvviso iniziò a piovere.
6 Abitiamo in Inghilterra dieci anni.
7 Quanto tempo si dedicava a quel progetto?
8 Anni si facevano meno viaggi con l'aereo rispetto a oggi.

3 b Congiunzioni e pronomi relativi. Leggi le sezioni L1, L2 e F9 della Grammatica. Scrivi le congiunzioni e pronomi relativi che trovi nell'esercizio 1 e traducili nella tua lingua.

4 Lavorate in due per fare una conversazione. Rispondete a turno alle domande 1-5.
1 Da quanto tempo studi l'italiano e perché?
2 In che modo le lingue straniere potrebbero aiutarti in futuro?
3 Per quanto tempo hai lavorato in passato e dove?
4 Che cosa farai tra un anno e perché?
5 Cosa pensi dell'idea di prendere un anno sabbatico e perché?

5 Scrivi quattro paragrafi di 30-40 parole ciascuno esprimendo la tua opinione su vari lavori a tempo parziale e durante l'anno sabbatico. Potresti includere lavori come *au pair*, insegnante della tua lingua madre, lavoro nei campi, lavoro in una fabbrica.

4.4 EMPLOYMENT

4.4b Faccio domanda per questo lavoro

★ Imparare a fare domanda di lavoro
★ Congiuntivo imperfetto e condizionale in frasi ipotetiche; altri usi del congiuntivo imperfetto

Ines Amato,
Via Rossi n.1
81290, Roma

Spett.le Signor Fon
Via Bianchi n.2
09218, Roma

Spett.le Signor Fon,

Le scrivo per 1.......... la posizione di segretaria legale.

Le mie 2.......... organizzative mi rendono una candidata ideale.

Riesco a lavorare in 3.......... indipendente e ho una grande capacità di risolvere problemi. Inoltre, ho un grande spirito di 4.......... e apprendo cose nuove in poco tempo.

Se 5.......... descrivermi in due parole, direi che sono una persona proattiva e propositiva. Se ci 6.......... una situazione difficile sul lavoro, sarei in grado di gestirla bene. Sono infatti molto brava a percepire i problemi anticipatamente e a prepararmi per ogni evenienza.

I miei studi all'estero mi hanno permesso di ampliare le mie conoscenze linguistiche che potrebbero essere utili nel caso in cui si 7.......... l'occasione di lavorare con clienti all'estero.

Allego il mio curriculum e le mie referenze e resto in attesa di un'opportunità di colloquio.

Se 8.......... bisogno di ulteriori informazioni, mi contatti pure.

Distinti saluti,

Ines Amato

1 Leggi la domanda di lavoro per un posto di segretaria in uno studio legale. Scegli le parole esatte dal riquadro per riempire gli spazi. Attenzione! Non hai bisogno di tutte le parole nel riquadro.

avesse	esperienze	iniziativa	presentasse
avessi	fare domanda per	modo	presenterebbe
capacità	fosse	dovessi	

Esempio: 1 fare domanda per

2 Ascolta l'intervista di lavoro. Poi seleziona le due frasi corrette per ogni numero.

1 A Possiede una laurea.
B Possiede una laurea specialistica e un master.
C Ha molta esperienza nell'ambito.

SECTION 4: STUDYING AND WORKING

      D Non ha affatto esperienza perché si è appena laureato.
      E Non ha un profilo ideale per il ruolo.
  2 A È interessato a ricoprire un ruolo più elevato.
      B Pensano che sia poco preparato per la posizione.
      C Non è la persona adatta ad un ruolo più elevato.
      D Guadagnerebbe 15.000 euro l'anno.
      E Si è candidato per il ruolo di analista finanziario.

3 a Congiuntivo imperfetto e condizionale. Leggi le sezioni G17 e G20 della Grammatica. Poi completa le frasi con la forma corretta del verbo.

Esempio: 1 fossi

1 Se .... (*essere*) in te, risparmierei i soldi per fare una vacanza.
2 Mi .... (*piacere*) molto lavorare per una multinazionale, ma solo se potessi lavorare da casa.
3 Se i miei figli piangessero sempre, mi .... (*rendere*) impossibile lavorare da casa.
4 Se si ampliasse la conoscenza delle lingue, ... (*essere*) più facile comunicare con persone di altre nazionalità.
5 Andrei a quel colloquio di lavoro solo se .... (*sapere*) con certezza di essere preso.
6 Se quell'azienda gestisse meglio i costi, ... (*avere*) un'entrata più proficua.
7 Se lei .... (*candidarsi*) per quella posizione, sono sicura che la prenderebbero senza pensarci su due volte.
8 Se dovessi inviare una lettera di presentazione, non .... (*scrivere*) mai che sono proattivo.

3 b Congiuntivo imperfetto. Leggi la sezione G20 della Grammatica. Leggi di nuovo la domanda di lavoro nell'esercizio 1, scrivi e traduci le frasi che contengono il congiuntivo imperfetto.

4 La lettera *h* nelle parole italiane e straniere. Ascolta questa frase e ripetila tre volte ad alta voce. Poi traducila nella tua lingua.

Homangiatohummusinunhotelhawaianopienodistellehollywoodiane

5 a Lavorate in due per fare una scenetta. Scegliete il ruolo dell'intervistatore A o dell'intervistato B e leggete il dialogo ad alta voce.

1 A Perché ha deciso di candidarsi per questa posizione? B ...
2 A Quali titoli di studio possiede? B ...
3 A Quali sono le qualità che la rendono adatto/a a questo ruolo e perché? B ...
4 A Mi parli delle esperienze lavorative che ha avuto finora. B ...
5 A In futuro, potrà lavorare a tempo pieno per la nostra compagnia e perché (no)? B ...

5 b Ripetete il dialogo scambiando i ruoli.

6 Lettera di presentazione. Scrivi una lettera di presentazione per candidarti per un lavoro. Includi i seguenti cinque punti. Scrivi 130-140 parole in italiano.
- Per quale posizione ti candidi.
- Quali sono le qualità che ti rendono adatto/a a questo ruolo.
- Quali sono i tuoi titoli di studio che hai conseguito.
- Quali sono le esperienze che hai avuto finora che possono aiutarti in questa posizione.
- Quando potresti iniziare a lavorare.

Communication and technology at work

4.5

4.5a Comunicare al telefono

Decollo

★ **Imparare a comunicare al telefono sul lavoro**
★ **Imperativi e registro; articoli determinativi con titoli**

1 Leggi che cosa dicono le persone (1-8) e scegli i servizi (A-H) che corrispondono ad ogni frase.

Esempio: 1 H

1 Salve. Abbiamo un problema con uno dei nostri veicoli. Può venire a sistemarlo?
2 Buonasera. Mi dice quanto costa inviare un pacco di 20 kg in Inghilterra?
3 Buongiorno. Mi dà un modulo per aprire un conto aziendale?
4 Non si iscriva lì per imparare il tedesco. Non lo insegnano bene.
5 Un nostro collega non si sente bene. Mandi un'ambulanza al più presto!
6 Non utilizzate ancora quel bagno. Verrà qualcuno a ripararlo presto.
7 Ci mandi 10 risme di carta e 5 confezioni di biro nere, per favore.
8 Pulisca tutti i vetri del primo piano, per cortesia.

A Scuola di lingue
B Banca
C Posta
D Emergenze mediche
E Idraulico
F Cartoleria
G Servizi di pulizia
H Officina meccanica

2 a Ascolta una telefonata tra un manager e un impiegato al lavoro. Scegli A, B, C o D per ogni domanda.

Esempio: 1 A

1 La persona che telefona è …
  A il signor Colombo.   **B** il signor Verdi.   **C** il signor Nerdi.   **D** il signor Rossi.
2 Qual è il problema?
  A computer   **B** connessione   **C** budget esaurito   **D** budget non esaurito
3 Il capo progetto è …
  A il signor Colombo.   **B** il signor Verdi.   **C** il direttore generale.   **D** il direttore della contabilità.
4 Il reparto contabilità …
  A contatterà il signor Verdi.   **B** contatterà il signor Rossi.
  C contatterà il signor Bianchi.   **D** contatterà il signor Colombo.
5 È stato scoperto che …
  A c'è un virus.   **B** c'è un ladro.   **C** c'è un mancato rimborso.   **D** c'è un hacker.
6 Il direttore generale …
  A vorrà chiedere consiglio.   **B** vorrà parlare con il ladro.
  C vorrà vedere il signor Verdi.   **D** vorrà controllare i conti.

SECTION 4: STUDYING AND WORKING

2 b Ascolta di nuovo, scrivi tre frasi formali che riesci a riconoscere e traducile nella tua lingua.

3 a Imperativo e registro. Leggi la sezione G18 della Grammatica. Sottolinea gli imperativi in queste frasi. Riscrivi le frasi usando l'imperativo formale e cambiando altre parole dove necessario.

Esempio: Non mi chiami domani perché sono impegnato.
1 <u>Non mi chiamare</u> domani perché sono impegnato.
2 Parla in inglese quando sei in Australia.
3 Apri il libro e fai l'esercizio.
4 Chiama quella ditta per il tuo colloquio.
5 Scrivimi presto.
6 Dimmi pure. Hai bisogno di qualcosa?
7 Dammi la tua valigia.
8 Vieni pure a trovarmi quando vuoi.

3 b Articoli definiti con titoli. Leggi la sezione B3 della Grammatica. Scrivi delle frasi usando il linguaggio formale e gli articoli determinativi con i titoli.

Esempio: Il Signor Arno vuole vederla nel suo ufficio.

4 a Lavorate in due per fare una scenetta. Scegliete il ruolo della segretaria A o del paziente B e leggete la conversazione telefonica ad alta voce.
1 A Studio dentistico del Signor Farina. Come posso aiutarla? B …
2 A Mi dispiace ma il dottore non può riceverla al momento. Desidera lasciare un messaggio? B …
3 A Certamente. Sarà fatto. Le dispiacerebbe darmi il suo nome? B …
4 A La ringrazio. Come preferirebbe essere contattato dal dottore? B …
5 A Riferirò al dottore appena si libera. Quando sarà più libero per ricevere una chiamata, qualora fosse necessario? B …

4 b Ripetete il dialogo scambiandovi i ruoli.

Salve Buongiorno Buonasera	potrebbe sarebbe così gentile da	passarmi mettermi in contatto con	il signor Farina? la signora Farina?
Le può dire che Potrebbe dirle che	ho chiamato per ho bisogno di	parlare con lui / lei	riguardo all'appuntamento. riguardo alla visita.
Sono	il dottor / la signora / l'avvocato	Rossi / Bianchi / Neri.	
Preferirei Sarebbe possibile…? Vorrei	essere contattato	via email via telefono via cellulare	per favore. cortesemente. per cortesia.
Sarò più libero Avrò più tempo	di mattina durante il pomeriggio	per ricevere telefonate per parlare al telefono	qualora fosse necessario. se necessario.

5 Scrivi una breve conversazione utilizzando l'imperativo formale. Usa le frasi 1-8 dell'esercizio 1 e/o il testo dell'audio 2a per aiutarti. Scrivi 130-140 parole.

4.5 COMMUNICATION AND TECHNOLOGY AT WORK

4.5b Tecnologia sul lavoro

Decollo

★ Parlare dell'importanza della tecnologia sul lavoro
★ Le forme negative; la negazione con il passato prossimo

1 a Quattro giovani parlano di tecnologia sul lavoro. Per ogni numero (1-4) scegli la lettera corretta (A-F). Attenzione! Ci sono due lettere in più.

1 Non riuscirei mai a lavorare senza avere accesso ad Internet in maniera costante. Lo uso per fare qualunque cosa sul lavoro. Soprattutto per comunicare istantaneamente con i miei colleghi che lavorano in altre sedi.

2 Non ho neanche idea di come lavorare senza computer. Tanto tempo fa si scriveva tutto a mano. Poi è arrivata la macchina da scrivere. Però il computer è decisamente il mezzo migliore per creare documenti in modo veloce.

3 Per il mio lavoro uso una connessione veloce, il mio laptop, il microfono e le cuffie. Lavoro da casa e non ho bisogno di fare neanche un metro per andare al lavoro. È fantastico! Evviva la tecnologia!

4 Nell'azienda per la quale lavoro tutti i dipendenti hanno un tablet. Li utilizziamo soprattutto per fare videoconferenze quando siamo in viaggio e per essere rintracciabili via skype.

A Sofia ha iniziato a lavorare da poco e trova il computer davvero indispensabile per poter creare certificati e attestati in modo efficiente.

B Marisa fa un lavoro molto flessibile che le permette di passare più tempo con i suoi bambini. Non spreca tempo per andare al lavoro. Questo si chiama lavoro a chilometro zero.

C Fabio pensa che sia estremamente importante essere sempre connessi ad Internet. Lui lavora spesso su progetti insieme ad altre persone che non si trovano nel suo stesso edificio. Ecco perché è importante essere sempre in contatto con loro via Internet.

D Maurizio vorrebbe utilizzare un tablet per ogni videochiamata ma non ha abbastanza soldi per poterselo permettere. Spera di comprarne uno molto presto.

E Michele è sempre all'estero per lavoro e quindi gli fa molto comodo avere con sé un dispositivo portatile. L'azienda per la quale lavora ne fornisce uno ad ogni impiegato.

F Elena non potrebbe mai lavorare senza un computer. Nella sua compagnia lo usano per creare opuscoli per vendere dei prodotti online e per fornire un servizio di chat per i clienti.

1 b Copia e traduci nella tua lingua le parole riguardanti la tecnologia citate dalle persone nell'esercizio 1a.

2 a Ascolta tre direttori che parlano ad una conferenza sull'importanza della tecnologia nel mondo del lavoro. Poi decidi se le frasi sono vere V o false F. Correggi quelle false.
  1 Antonio pensa che la tecnologia sia essenziale nel lavoro.
  2 Fabrizio ha iniziato a lavorare da poco nel settore automobilistico.
  3 Fabrizio pensa che sia diventato più difficile competere con altre compagnie.
  4 Giulia pensa che la tecnologia abbia portato dei vantaggi nel suo business.

SECTION 4: STUDYING AND WORKING

    5 Secondo Giulia, la tecnologia rende più difficile la vendita dei prodotti.
    6 Secondo Viola la vendita non è più personalizzata.
    7 Viola ha un'opinione molto positiva della tecnologia nel suo settore.
    8 Nel settore di Viola, la tecnologia ha causato svantaggi.

2 b Ascolta di nuovo e rispondi alla seguente domanda.
Secondo Fabrizio, che cosa serve oggigiorno per vendere i prodotti del suo settore?

3 a Le forme negative. Leggi la sezione H della Grammatica. Poi inserisci le espressioni in modo corretto.

Esempio: Non le piace affatto lavorare al computer.
    1 le piace lavorare al computer. (*non … affatto*)
    2 guardo film sul tablet perché fa male agli occhi. (*non … mai*)
    3 facciamo videoconferenze perché non abbiamo un account aziendale. (*non … ancora*)
    4 con il laptop, ascoltiamo musica audiolibri. (*non … né … né*)
    5 dico una parola riguardo all'uso eccessivo dei telefonini. (*non … neanche*)
    6 costano molto sono nocivi per lo sviluppo del linguaggio nei bambini. (*non solo … ma … anche …*)
    7 fa chattare con il suo cellulare. (*non … che*)
    8 seguo tipo di social. (*non … nessun*)

3 b La negazione con il passato prossimo. Leggi la sezione H della Grammatica. Trasforma le frasi dell'esercizio 3a al passato prossimo.

4 a Le parole inglesi nella lingua italiana. Ascolta questa frase e ripetila tre volte ad alta voce. Poi traducila nella tua lingua.

losonounbusinessanalystnell'ambitodell'informationtechnology

4 b Detta la frase al tuo compagno e poi il tuo compagno la detta a te. Chi fa meno errori?

5 Lavorate in due per fare una conversazione. Rispondete a turno alle domande 1-5.
    1 È utile usare la tecnologia sul lavoro e perché?
    2 Quali sono i mezzi tecnologici più utilizzati in ambito lavorativo nel tuo paese e perché?
    3 Perché alcune compagnie non hanno ancora adottato tecnologie moderne?
    4 Quale sarà il mezzo tecnologico più usato dalle compagnie in futuro e perché?
    5 Secondo te, quali sono i pro e i contro dell'utilizzo della tecnologia sul lavoro?

6 Crea un poster sull'impatto della tecnologia sul lavoro, usando le espressioni nella tabella.

Ci sono molti / alcuni	vantaggi	della tecnologia sul lavoro, come	velocizzare la comunicazione.
	svantaggi		i problemi in caso non funzioni.
Da un lato	la tecnologia aiuta	perché	accorcia le distanze.
			azzera le spese di trasporto.
Dall'altro lato	può essere un problema	perché	può non funzionare.
			può essere difficile da usare per alcune persone.
La tecnologia	ha migliorato	la comunicazione	tra varie sedi della stessa compagnia.
	ha peggiorato		tra colleghi in varie nazioni.
La tecnologia	è utile	per	la gestione dei conti. / la pubblicità dei prodotti.
	non è utile		comunicare tra colleghi.

4.5 COMMUNICATION AND TECHNOLOGY AT WORK

4.5c Il posto è della signorina Bianco!

Volo

★ Parlare di annunci di lavoro e colloqui
★ Da quanto tempo? / da + presente / imperfetto; futuro anteriore

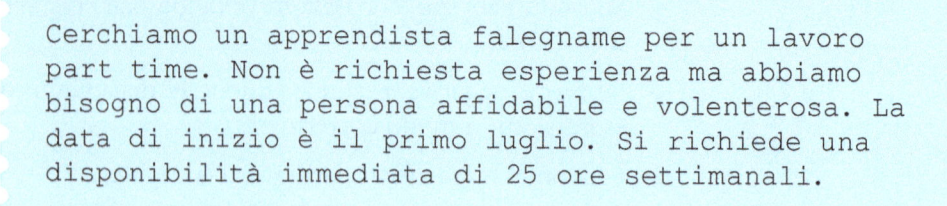

Cerchiamo un apprendista falegname per un lavoro part time. Non è richiesta esperienza ma abbiamo bisogno di una persona affidabile e volenterosa. La data di inizio è il primo luglio. Si richiede una disponibilità immediata di 25 ore settimanali.

Stiamo cercando un parrucchiere esperto per il nostro nuovo salone di bellezza. Il giorno di apertura al pubblico sarà il 2 settembre. Si richiede disponibilità a tempo pieno e un minimo di 10 anni di esperienza in un salone.

Cercasi giardiniere professionista che abbia esperienza nella creazione di giardini. Ne abbiamo bisogno per lavori in ville di nuova costruzione nella zona periferica della città. È richiesto un minimo di 5 anni di esperienza nell'ambito.

La compagnia telefonica Rosso è alla ricerca di centralinisti full time. I turni saranno di 8 ore ciascuno. Le linee sono attive dalle 9 del mattino alle 9 di sera. Saranno favoriti i candidati con esperienza e con la buona conoscenza dell'inglese.

---

1 a Leggi gli annunci di lavoro e rispondi alle domande (1-8).
1 Quale annuncio di lavoro non richiede esperienza nel campo?
2 Di che tipo di persona hanno bisogno dal primo luglio?
3 Quale annuncio richiede esperienza con i capelli?
4 Che cosa succederà il 2 settembre?
5 A cosa dovrà lavorare il giardiniere professionista?
6 Quanta esperienza è richiesta per il lavoro da giardiniere?
7 Cosa succede dalle 9 di mattina alle 9 di sera e in quale compagnia?
8 Quali sono le qualità che avvantaggeranno i candidati?

1 b Copia e traduci nella tua lingua tutti i tipi di lavoro menzionati nell'esercizio 1a.

2 a Ascolta il colloquio di lavoro e correggi le frasi.

Esempio: 1 ~~sentito~~ letto

1 La signorina Bianco ha sentito che cercano qualcuno con esperienza.
2 Lei avrà accumulato due mesi di esperienza entro la fine dell'estate.
3 L'intervistatore crede che possa essere abbastanza.
4 L'esperienza che avrà fatto sarà di lavoro a tempo parziale.
5 Entro la fine dell'estate sarà specializzata in massaggio tailandese.
6 Avrà anche ricevuto un attestato di livello 2.

SECTION 4: STUDYING AND WORKING

 7 Non avrà preso ferie e non potrà iniziare a lavorare direttamente per il centro bellezza.
 8 Le ferie che avrà maturato non le verranno pagate a fine stagione.

2 b Ascolta di nuovo, scrivi e traduci le domande.

3 a *Da quanto tempo? / da* + presente / imperfetto. Leggi la sezione K3 della Grammatica. Inserisci il verbo corretto.

Esempio: studi

 1 Sei molto brava! Da quanto tempo .... (*tu, studiare*) l'italiano?
 2 Da quanto tempo .... (*lui, studiare*) l'italiano quando si è trasferito in Italia?
 3 .... (*lui, dormire*) da un'ora quando è stato svegliato da un rumore improvviso.
 4 .... yoga da quando avevo 15 anni. (*io, praticare*)
 5 Amo viaggiare. Da quando .... (*io, parlare*) varie lingue mi diverto ancora di più.
 6 Le è sempre piaciuto suonare la chitarra fin da quando .... (*lei, essere*) bambina.
 7 Vai a trovare tuo zio? Da quanto tempo .... (*lui, vivere*) in America?
 8 Da quanto tempo .... (*lui, abitare*) lì quando siete andati a trovarlo?

3 b Futuro anteriore. Leggi la sezione G15 della Grammatica. Scrivi e traduci le frasi dell'esercizio 2a che contengono il futuro anteriore.

4 A cosa ti fa pensare questa immagine? Discutine con un compagno rispondendo alle domande.

- Perché una persona sorride e le altre no?
- Che cosa avranno detto, secondo te?
- Che cosa stanno pensando?

5 Risposta all'annuncio di lavoro. Scrivi una lettera in risposta a un annuncio di lavoro. Includi i seguenti cinque punti. Scrivi 130-140 parole in italiano.

- A quale annuncio di lavoro stai rispondendo
- Dove hai letto l'annuncio di lavoro
- Perché sei interessato a questo tipo di lavoro
- Quali informazioni extra vorresti ricevere riguardo al lavoro
- Quando sarai disponibile per ricevere una telefonata

131

5.1 International travel

5.1a I mezzi di trasporto

★ Viaggiare in treno, in auto e in aereo
★ Aggettivi con significati particolari; pronomi tonici (per es. *secondo me*, *per te*, ecc.)

Cari amici e amiche del forum,

come vi spostate in città e quando andate in vacanza? Io in città cerco di usare il tram o la bicicletta: con la bicicletta evito il traffico, ma per i miei genitori ci sono troppi pericoli per le strade, e sempre tanti incidenti perché gli autisti non tengono in considerazione le bici. Il traffico in città è terribile e tutti si lamentano dell'inquinamento, ma nessuno fa nulla per limitarlo. Le auto nuove inquinano di meno, ma in giro ci sono ancora tantissimi veicoli vecchi, che sono molto inquinanti. Secondo me, il governo dovrebbe incoraggiare l'uso di mezzi elettrici, come il tram, con grandi progetti e iniziative nuove, magari costruendo nuove linee e riducendo il prezzo dei biglietti. Che ne pensate?

Quando andiamo in vacanza, ci sono sempre discussioni: io e mia madre vorremmo andare in treno, mentre mio padre e mia sorella vogliono assolutamente andare in macchina. Per loro sono importanti l'indipendenza e la flessibilità che ci dà la macchina, ma per noi è molto meglio un viaggio rilassato, che ci offre la possibilità di chiacchierare senza preoccuparci di distrarre chi guida. Mia sorella sostiene che in treno è impossibile portare molti bagagli, ma per me basta organizzarsi bene, e un viaggio rilassato che inquina poco vale un piccolo sacrificio nel bagaglio!

Ciao,

Rosalba

1 Leggi il post di Rosalba e rispondi alle seguenti domande in italiano.

Esempio: 1 per evitare il traffico

1 Perché Rosalba usa la bicicletta in città?
2 Com'è viaggiare in bicicletta, secondo i genitori di Rosalba?
3 Chi causa gli incidenti, secondo i genitori di Rosalba?
4 Perché alcune auto sono più inquinanti?
5 Perché Rosalba preferisce il tram?
6 Com'è un viaggio in macchina, secondo il padre e la sorella di Rosalba?
7 Perché non bisogna chiacchierare in macchina, secondo Rosalba?
8 Come bisogna essere per viaggiare in treno, secondo Rosalba?

2 a Quattro amici, Aldo, Giacomo, Giorgia e Roberta, parlano dei mezzi di trasporto che preferiscono. Ascolta quello che dicono e scegli la persona corretta per ogni numero.

Esempio: 1 Aldo

1 .... ha fatto una vacanza in Sicilia.
2 .... e la sua famiglia sono andati in macchina.

SECTION 5: THE INTERNATIONAL PERSPECTIVE

3 Secondo ...., sarebbe meglio fare un viaggio lungo in aereo.
4 .... si è annoiato moltissimo durante il viaggio.
5 Secondo ...., se le stazioni sono affollate, la nonna diventa ansiosa.
6 .... e i suoi genitori viaggiano spesso in aereo.
7 .... ha paura dell'aereo.
8 Secondo ...., il treno è il mezzo più rilassante e meno inquinante.

2 b Ascolta di nuovo e scrivi i vantaggi e gli svantaggi dei tre mezzi di trasporto per i lunghi viaggi. Poi traducili nella tua lingua.

3 a I pronomi tonici. Leggi la sezione F10 della Grammatica. Completa le frasi seguenti con la forma corretta dei pronomi tonici.

Esempio: 1 te

1 Paola, secondo ...., è rilassante viaggiare in aereo?
2 Ragazzi, oggi vado in centro in tram. Volete venite con .... ?
3 Secondo i miei genitori, usare la bicicletta in città non è sicuro, ma io non sono d'accordo con ....
4 Anna mi ha invitato a casa sua: vieni anche tu da .... ?
5 I miei fratelli ed io andiamo al mare, e con .... viene anche mia nonna.
6 Gianni ha paura dell'aereo, per .... non è un mezzo sicuro.
7 Alba e Giuseppe, secondo ...., qual è il mezzo di trasporto più rilassante?
8 Viaggiare mi piace tantissimo, specialmente se gli amici viaggiano con ....

3 b Rileggi il post di Rosalba. Trova cinque esempi dell'uso degli aggettivi *nuovo*, *vecchio* e *grande*. Copiali insieme ai nomi e traducili nella tua lingua.

4 a Il gruppo *tr* in italiano. Ascolta questa frase e separa le parole. Poi ripetila tre volte ad alta voce e traducila nella tua lingua.

Conlatrombaatracollailtrombettieretrotterellasultramtraballando.

4 b Detta la frase al tuo compagno e poi il tuo compagno la detta a te. Chi fa meno errori?

5 a Lavorate in due per fare una scenetta. Siete alla stazione e volete comprare un biglietto per Venezia. Scegliete il ruolo A (l'impiegato/a della biglietteria) o B (chi viaggia).

1 A Buongiorno, desidera? B …
2 A Andata o andata e ritorno? B …
3 A Quando vuole viaggiare? B …
4 A A che ora vuole partire? B …
5 A Benissimo, e in che classe vuole viaggiare? B …

5 b Ripetete il dialogo scambiandovi i ruoli.

6 In gruppi di tre o quattro, scrivete ognuno un testo per raccontare un viaggio memorabile. Leggete il vostro testo al gruppo. Scrivete circa 130-140 parole. Includete le seguenti informazioni.

Un viaggio memorabile
- Da dove siete partiti e dove siete arrivati.
- Con quale mezzo di trasporto avete viaggiato e perché l'avete scelto.
- Che cosa è successo durante il viaggio e che cosa avete pensato.
- Che cosa vi è piaciuto particolarmente del viaggio e perché.
- Che cosa cambiereste in un altro viaggio simile e perché.

5.1 INTERNATIONAL TRAVEL

5.1b Vacanze alternative

Volo   Accettazione 27

★ **Paragonare diversi tipi di vacanze e viaggi**
★ **Imperfetto di *stare* + gerundio; pronomi oggetto diretto e indiretto: posizione e ordine**

Una vacanza diversa

Quest'anno ho fatto una vacanza diversa: ho passato una settimana in un agriturismo gestito da una onlus che si occupa di ragazzi con disabilità. Insieme ad altri ragazzi e ragazze della mia età, tutti volontari, ho assistito i ragazzi disabili nelle attività. Bisognava seguirli in quello che stavano facendo, aiutarli se stavano imparando qualcosa di nuovo e stargli vicino per dargli sicurezza e incoraggiarli. C'erano molti animali e bisognava alzarsi presto per dargli da mangiare, ma il contatto con gli animali, specialmente con i cavalli, è stato molto utile: i ragazzi disabili riuscivano a comunicare in modo istintivo con gli animali con cui stavano lavorando.

Oltre a lavorare con i ragazzi disabili, ho dovuto anche aiutare in alcuni lavori agricoli, come raccogliere la verdura e metterla nelle ceste, e dare una mano durante i pasti: ho apparecchiato e sparecchiato i tavoli, ho lavato i piatti e li ho messi a posto e ho preparato la frutta, lavandola e mettendola sui tavoli.

È stata una settimana faticosa, ma molto bella: ho conosciuto tanti ragazzi come me che lavorano regolarmente con i disabili e fanno questa esperienza ogni anno; e tanti ragazzi che, pur avendo delle limitazioni fisiche o mentali, ti sanno dare tantissima amicizia e ti fanno sentire utile e importante. Ci sono state sempre tanta allegria e tante risate, specialmente quando sono scivolato giù dal cavallo che stavo cercando di cavalcare, perché non avevo stretto bene la sella!

Ritornerò senz'altro l'anno prossimo, e ho intenzione di continuare a fare volontariato con questa associazione anche durante l'anno, così non dovrò aspettare un anno prima di rivedere i miei nuovi amici.

Guido

1 a Leggi il blog di Guido e indica se le affermazioni sono vere (V), false (F) o non nel testo (N).

Esempio: 1 V

1 Guido ha fatto volontariato in un agriturismo per una settimana.
2 Oltre ai ragazzi disabili, c'erano anche alcuni adulti disabili.
3 Guido ha osservato che era più difficile per i ragazzi disabili lavorare con gli animali.
4 I volontari hanno dovuto anche lavorare in campagna.
5 A Guido non piacciono i lavori agricoli.
6 Guido ha anche dato una mano in cucina, nella preparazione dei pasti.
7 Alcuni volontari aiutano anche in altri periodi dell'anno.
8 Guido vorrebbe rivedere presto i nuovi amici.

1 b Correggi le affermazioni false dell'attività 1a con delle frasi vere secondo il blog.

2 a Ascolta l'intervista alla radio con Annalisa, una giovane ambientalista. Per ogni domanda, scegli le due frasi vere (A-E).

1 **A** Annalisa ha partecipato ad una camminata di beneficenza.
   B L'idea dell'iniziativa è partita dai genitori di Annalisa.
   C Annalisa ha usato le vacanze per fare qualcosa per l'ambiente.
   D Tutta la famiglia ha partecipato alla pulizia della spiaggia.
   E In famiglia, solo Annalisa e sua sorella sono ambientaliste.
2 **A** All'iniziativa hanno partecipato 100 persone.
   B In maggioranza, erano persone anziane.
   C Annalisa e gli altri volontari hanno dormito in albergo.
   D I volontari hanno fatto una gara di cucina.
   E I volontari hanno mangiato in spiaggia.

2 b Nella terza parte dell'intervista, Annalisa parla del viaggio. Come hanno viaggiato i volontari?

3 a I pronomi diretti e indiretti. Leggi le sezioni F2 e F4 della Grammatica. Riscrivi le seguenti frasi usando i pronomi corretti al posto delle parti sottolineate. Attenzione alla concordanza del participio passato!

Esempio: 1 vorrei invitarli
   1 Vorrei invitare i miei amici a venire in vacanza in agriturismo.
   2 Ho aiutato i ragazzi disabili a cavalcare.
   3 Abbiamo dato da mangiare agli animali.
   4 Riciclate tutta la plastica?
   5 Proteggere l'ambiente è importante.
   6 Hanno usato le biciclette ogni giorno.
   7 Hai dato un libro a Giada.
   8 Hanno preparato la cena per noi.

3 b Rileggi il blog di Guido. Trova quattro esempi dell'uso di *stare* con il gerundio. Copiali e traducili nella tua lingua.

4 a Lavorate in due per fare una conversazione su una vacanza alternativa. Scegliete il ruolo A o B: A fa le domande e B risponde.

1 A Com'è, secondo te, una vera vacanza alternativa? **B** …
2 A Immagina di aver fatto una vacanza alternativa. Perché l'hai scelta? **B** …
3 A Mi puoi descrivere che cosa facevi ogni giorno? **B** …
4 A Nel futuro, che tipo di vacanza ti piacerebbe fare? Perché? **B** …
5 A Secondo te, quali sono i vantaggi e gli svantaggi delle vacanze alternative?
   B …

4 b Ripetete il dialogo scambiandovi i ruoli.

5 Scrivi un articolo per il giornalino della scuola su un luogo dove hai trascorso le vacanze. Scrivi circa 130-140 parole in italiano. Includi le seguenti informazioni.
Le mie vacanze
- Dov'è e com'è questa località.
- Che cosa offre ai turisti.
- Che cosa ti piace particolarmente e perché.
- Perché, secondo te, è un bel posto per trascorrere una vacanza.
- Vantaggi e svantaggi di viaggiare verso questa località.
- Quali esperienze sono state importanti per te e perché.

5.2 Weather on holiday

5.2a Che tempaccio!

★ Il tempo e i suoi effetti sulle vacanze
★ Il trapassato prossimo; costruzioni causative (per es. *il vento ha fatto cadere gli alberi*)

Maltempo su gran parte dell'Italia

Un'ondata di maltempo ha colpito molte regioni d'Italia in questi giorni di fine estate, causando disagi ad abitanti e visitatori nelle località turistiche della costa adriatica e delle zone montuose del nord-est. In alcuni casi, i problemi alla circolazione su strade e autostrade delle regioni nord-occidentali, centrali e adriatiche sono stati seri, con rallentamenti, code ed alcuni incidenti, dovuti in gran parte all'eccessiva velocità, ma anche alle piogge intense e al forte vento, che ha fatto sbandare autocarri e auto che avevano continuato a viaggiare a velocità sostenuta nonostante gli avvisi di moderare la velocità.

In alcune zone del Veneto, il forte vento ha fatto cadere degli alberi, che hanno bloccato le strade, causando ulteriori disagi e rallentamenti, ma per fortuna nessuna vittima. In alcuni campeggi intorno alla località turistica di Lido di Iesolo, le dodici ore di pioggia continua e battente hanno causato allagamenti, in particolare delle zone dove erano state piantate le tende. Verso mezzanotte, a causa dell'acqua che aveva invaso le loro tende, molti campeggiatori le hanno abbandonate, rifugiandosi negli edifici dei bar e dei ristoranti dei campeggi.

La mattina seguente, dopo l'intervento dei vigili del fuoco, i campeggiatori sono stati trasferiti nei locali di scuole o palestre vicine, dove i volontari della protezione civile li hanno assistiti, facendogli recuperare gli abiti e gli oggetti che avevano lasciato nelle tende. Molti campeggiatori, dato che le previsioni del tempo non facevano sperare in un rapido miglioramento, hanno deciso di anticipare la partenza e hanno lasciato i campeggi allagati. Sempre a causa del forte vento, che ha fatto volare via gli ombrelloni e ha fatto crollare le cabine, alcuni stabilimenti balneari della riviera adriatica sono stati gravemente danneggiati. I turisti hanno reagito con filosofia e in alcuni casi hanno persino aiutato a far ritornare spiagge e stabilimenti alla normalità.

1 Leggi l'articolo e rispondi alle seguenti domande in italiano.

Esempio: 1 Alla fine dell'estate.

1 Quando c'è stato il maltempo?
2 Quali zone turistiche sono state colpite in modo particolare?
3 Qual è stata la conseguenza del maltempo sulle strade?
4 Come hanno contribuito ai problemi alcuni automobilisti?
5 Qual è stato l'aspetto positivo dei danni causati dal vento?
6 Perché i campeggiatori avevano lasciato le loro tende?
7 Chi ha aiutato i campeggiatori la mattina dopo?
8 Perché molti campeggiatori hanno deciso di andarsene?

SECTION 5: THE INTERNATIONAL PERSPECTIVE

2 Quattro amici, Massimo, Valeria, Alberto e Giuliana, parlano delle loro recenti vacanze. Ascolta quello che dicono e per ogni domanda scegli le quattro frasi vere.
 1 A Le vacanze di Valeria sono state abbastanza belle.
   B Secondo Massimo, il brutto tempo rovina le vacanze in tenda.
   C La famiglia di Massimo continua a fare vacanze in tenda.
   D Secondo Valeria, nelle vacanze in tenda, bisogna adattarsi ai disagi.
   E Quando pioveva, nel campeggio di Valeria non c'era elettricità.
 2 A Valeria ha passato una notte al bar.
   B I volontari hanno cucinato per i campeggiatori.
   C La pioggia ha rovinato la vacanza di Valeria.
   D Valeria e la sua famiglia sono tornati subito a casa.
   E La madre di Massimo aveva paura del vento.

3 a Il trapassato prossimo. Leggi la sezione G14 della Grammatica. Metti i verbi al trapassato prossimo. Attenzione alla concordanza del participio passato!

Esempio: era stato
 1 Durante il temporale, il vento .... (*essere*) fortissimo.
 2 Ho chiesto a Luca di venire in vacanza al mare, ma .... (*lui – decidere*) di andare in montagna.
 3 Quando Stefania ti ha telefonato, ... (*tu – già alzarsi*), Monica?
 4 Non .... (*ancora – smettere*) di piovere, ma siamo usciti lo stesso.
 5 Il maltempo .... (*causare*) disagi a tutta la popolazione.
 6 Molti alberi .... (*cadere*).
 7 Per la pioggia, noi non .... (*uscire*) dalla tenda per tutto il pomeriggio.
 8 Voi .... (*aiutare*) a preparare i pasti.

3 b Rileggi l'articolo. Trova sette esempi di costruzione causativa con *fare*. Copia le frasi e traducile nella tua lingua.

4 La pronuncia di *qui*, *quo* e *qua*. Ascolta questa frase e separa le parole. Poi ripetila tre volte ad alta voce e traducila nella tua lingua.

Qualiquestioniequantiquesitiinquestiquindiciquaderninonsonoquotidianequisquilie?

5 a Lavorate in due per fare una conversazione sui problemi causati dal brutto tempo durante le vacanze. Scegliete il ruolo A o B.
 1 A *Com'è una giornata tipica in vacanza quando fa brutto tempo?* B …
 2 A *Mi puoi descrivere il tempo che detesti di più quando sei in vacanza?* B …
 3 A *Parlami dell'ultima volta che ha fatto brutto tempo mentre eri in vacanza. Che cosa avete fatto?* B …
 4 A *Nel futuro, pensi che gli episodi climatici estremi aumenteranno? Perché?* B …
 5 A *Secondo te, in che modo si possono limitare i problemi causati dal maltempo in vacanza?* B …

5 b Ripetete la conversazione scambiandovi i ruoli.

6 Scrivi un articolo per il giornalino della tua scuola sui problemi causati dal maltempo. Scrivi circa 130-140 parole in italiano. Includi le seguenti informazioni.
Problemi causati dal maltempo
- Gli episodi climatici estremi sono in aumento o in diminuzione?
- Quali recenti episodi ti hanno colpito in modo particolare e perché?
- Un episodio che è successo recentemente.
- Le persone che sono state coinvolte.
- Quali sono state le conseguenze e perché?

5.3 Festivals and faiths

5.3a Feste e tradizioni nelle comunità internazionali

★ Feste e festività religiose nelle diverse parti del mondo
★ La forma passiva; costruzioni passive con *si* (*si passivante*)

Quali sono le feste più belle nella vostra comunità?

Li Fei. Nella comunità cinese, una delle feste più belle è la Festa di Primavera, chiamata anche Capodanno cinese. La festa si celebra fra il 21 gennaio e il 19 febbraio, secondo il calendario lunare, quindi il giorno cambia ogni anno. La festa vera e propria inizia la sera della vigilia, quando si fa una grande cena in famiglia, e termina dopo quindici giorni con la Festa delle Lanterne. Durante questo periodo si sta in famiglia, e si vanno a trovare parenti e amici, portando loro buste rosse con dei piccoli doni. Si portano abiti rossi, il colore tradizionale, e si decorano case e strade con fiocchi e nastri rossi. Quasi dappertutto si fanno i fuochi artificiali, che sono sempre spettacolari, ma la mia tradizione preferita è la Danza del Leone, una grande sfilata per le vie della città, in cui un manichino che rappresenta un leone marcia e danza al suono di tamburi e cimbali.

Dilbagh. Il 13 o il 14 aprile, la comunità Sikh festeggia il Vaisakhi, la tradizionale festa che commemora la nascita della nostra religione, nel 1699. Si fa un grande corteo, una processione dietro a un carro su cui è trasportato il Libro Sacro con cori, balli e simulazioni di combattimento. Molti accompagnano il corteo a piedi nudi. Ai lati i giovani offrono ai passanti frutta fresca e secca, caramelle e bevande fresche in segno di accoglienza. Ma per me la meraviglia della giornata sta nei colori. Si vedono bellissimi turbanti, con colori che rappresentano i sentimenti che si vogliono trasmettere. Le donne portano vestiti coloratissimi e il chunni, un foulard di tela leggera.

Sita. Diwali è la festa delle luci, una delle più antiche e importanti feste Hindu, ma è celebrata anche da Buddisti e Sikh. La festa dura tre giorni: c'è l'usanza di comprare qualche utensile nuovo per la casa, che è ripulita da cima a fondo. Il senso della festa è che la dea della ricchezza, Lakshmi visiterà le case piene di luci durante il giorno di festa. I negozi sono tutti molto decorati e nelle famiglie si preparano cibi speciali come i papri e le deevlas. È molto importante che tutta la casa sia bene illuminata con lampade ad olio, candele e torce. La sera di Diwali, i bambini si divertono facendo esplodere i petardi. Alla fine, si balla e si gioca a carte per tutta la notte.

Samina. La festa dell'Eid al-Fitr è una festa gioiosa. I musulmani, dopo il mese di digiuno, ringraziano Dio per averli sostenuti nello sforzo. Durante questa festa si raccoglie la zakat, l'elemosina per i bisognosi. La festa si celebra la mattina con una preghiera di gruppo e con visite a parenti e amici, doni, banchetti, elemosina ai poveri e dolci tradizionali. In questo giorno, i musulmani sono anche incoraggiati a perdonare e dimenticare tutte le offese ricevute. Si spera di trattenere questi sentimenti per tutto l'anno, perché lo scopo del Ramadan è la fratellanza che è commemorata con l'Eid. Dopo la preghiera le ragazze si dipingono le mani: è un modo per sentirsi molto unite e nello stesso tempo diverse.

SECTION 5: THE INTERNATIONAL PERSPECTIVE

1 Leggi il testo del forum sulle festività e scegli il nome corretto per ogni numero.

1 Per questa festa, si veste di rosso.
2 Si fa delle decorazioni sulle mani.
3 Aiuta la madre a pulire tutta la casa.
4 Segue una processione senza scarpe.
5 Raccoglie dei soldi da dare in beneficenza.
6 Compra degli oggetti nuovi per la casa.
7 Regala cibo agli spettatori.
8 Accende tantissime luci.

2 Ascolta l'intervista con Beniamino sulle festività ebraiche e scegli la lettera corretta (A-C) per ogni numero (1-6).

1 Da quanto tempo esiste la comunità ebraica di Torino?
A da 15 secoli
B da 600 anni
C dal 1560

2 Per quale motivo sono diventati famosi alcuni membri della comunità?
A erano scrittori e scienziati
B erano insegnanti di scienze
C erano personaggi politici

3 Quand'è la festa di Chanukah?
A alla fine di dicembre
B il 25 dicembre
C all'inizio di dicembre

4 Perché è significativa la luce?
A perché le giornate sono brevi e buie
B perché le giornate sono calde e luminose
C perché le giornate sono fredde e buie

5 Quando si accendono le candele?
A tutte insieme la prima sera
B una per sera per nove giorni
C una per sera per otto giorni

6 Che cosa fanno i bambini durante la festa?
A preparano i dolci tipici
B accendono le candele
C giocano con le trottole tradizionali

3 La forma passiva. Leggi la sezione G21 della Grammatica. Trasforma le frasi da passive ad attive. Attenzione alla concordanza del participio passato!

Esempio: I cinesi celebrano la Festa di Primavera.

1 La Festa di Primavera è celebrata dai cinesi.
2 Le strade sono state decorate di rosso dalla gente.
3 Il manichino del Leone è portato da due uomini.
4 Il Libro Sacro è stato trasportato dal carro.
5 Il corteo è stato seguito da tante persone.
6 Diwali è festeggiato anche dai Sikh.
7 I musulmani sono incoraggiati dalla religione a perdonare le offese.
8 Per festeggiare Diwali, sono state accese molte luci dalla famiglia di Sita.

4 Lavorate in due per fare una conversazione sulle feste internazionali. Scegliete il ruolo A o B: A fa le domande e B risponde.

1 A Quali festività internazionali conosci? B …
2 A Mi puoi descrivere come festeggi una di queste festività di solito? B …
3 A Parlami dell'ultima festività che hai festeggiato con la tua famiglia. B …
4 A Nel futuro, pensi che le festività religiose perderanno la loro importanza? Perché? B …
5 A Secondo te, in che modo si possono mantenere vive le festività tradizionali di ogni paese? B …

5 Scrivi un articolo per una guida turistica sulle diverse festività tradizionali della tua regione o del tuo paese. Scrivi circa 130-140 parole in italiano. Includi le seguenti informazioni.

Festività tradizionali
- Quali sono le festività tradizionali più caratteristiche.
- Come si festeggiano e perché.
- Una festa recente che ti è piaciuta particolarmente.
- Le attività e manifestazioni che ci sono state.
- Qual è l'importanza di questa festa nel contesto culturale del paese.

5.4 International menus

5.4a Che bontà!

* Specialità culinarie dalle diverse parti del mondo
* Costruzioni negative (per es. *alcuno, nemmeno, nulla, non solo... ma anche, né...né*); uso del gerundio e gerundio con i pronomi (per es. *comprandolo*)

A La cucina sikh, pur essendo basata sulla tradizionale cucina indiana, è strettamente latto-vegetariana, cioè non contiene né carne né pesce. I piatti sono speziati, spesso a base di legumi e verdure marinate, e ricordano alcune ricette indiane. Fra i piatti più aromatici e facili da preparare ci sono gli spiedini sikh, fatti marinando peperoni e formaggio *paneer*; l'*aloo gobi*, fatto con patate, cavolfiore e zenzero; e il *kadhi pakora* di cipolle, delle ottime frittelle servite con il riso. Fra i dolci, il *barfi*, fatto con latte, mandorle, cardamomo, cannella e pistacchi.

B In Marocco, il pasto è rimasto un importante momento di comunicazione, quindi dura molto a lungo. Comincia con la bstilla, una sfoglia ripiena, e prosegue con il kebab, uno spiedino di agnello. Poi viene la tajine, fatta marinando pollo o altra carne in salsa piccante e servendola con il tipico pane marocchino. Il pasto prosegue con la batinjaan, un'insalata di melanzane o pomodori tagliati a pezzetti e con il piatto nazionale marocchino, il couscous. Questa specialità si mangia prendendola da un grande contenitore con un cucchiaio. Il pranzo termina con dolci preparati con miele e mandorle, e con l'immancabile tè caldo alla menta, non solo rinfrescante ma anche digestivo: il sapore più tradizionale del Marocco, servito in un bicchierino decorato.

C Alla base della cucina brasiliana ci sono riso e fagioli, sempre presenti sulla tavola, e la manioca. Per il pasto, si serve un piatto unico, arricchendolo con carne o pesce alla griglia e con contorno di verdure, e aromatizzando il cibo con coriandolo e con zenzero freschi. Fra i piatti tipici ci sono la notissima *feijoada*, il piatto nazionale brasiliano, fatta con fagioli, carne, cavolo e arancia. La frutta, gustosissima, è utilizzata nella preparazione di dolci e di spremute e frullati squisiti e ricchi di vitamine: si fanno diluendo la frutta esotica in acqua o latte. Un succo da non perdere è sicuramente il *caldo de cana*, che non è solo gustoso, ma anche economico.

D La cucina cinese è molto gustosa, fondandosi su alcuni elementi principali: il riso, i legumi, i cereali, le carni e i dolci. I cinesi cercano nelle loro ricette di sposare tutti e cinque i sapori del palato: dolce, acidulo, amaro, piccante e salato, creando ottime combinazioni. Il sapore *umami*, sconosciuto agli italiani, rappresenta un punto forte della cucina cinese, oltre che di quella giapponese. La cucina cinese in Italia si allontana un po' da quella della madrepatria a causa degli ingredienti occidentali. Ma nei ristoranti cinesi italiani la scelta nel menù è comunque varia ed appetitosa.

1 Leggi i testi sulla cucina internazionale (A-D) e le frasi (1-8). Scegli la lettera corretta per ogni numero.

Esempio: 1 D
1 In Italia questa cucina non è molto autentica.
2 Le ricette di questa cucina uniscono carne, verdura e frutta.
3 Le ricette di questa cucina non contengono mai carne.
4 Uno dei gusti principali è completamente nuovo in Italia.
5 In questa cucina, alla fine del pasto si beve sempre una bevanda calda.
6 I ristoranti servono tantissimi piatti diversi.

SECTION 5: THE INTERNATIONAL PERSPECTIVE

   7 In questa cucina si servono ottime bevande a base di frutta.
   8 In questa cucina, i pasti hanno molte portate.

2 Quattro amici, Arturo, Loredana, Leone e Mirella, parlano dei piatti internazionali che hanno assaggiato in vacanza. Ascolta l'intervista e scegli il nome corretto per ogni numero (1-8).

Esempio: 1 Arturo

1 Quest'anno ha assaggiato dei piatti nuovi.
2 A casa mangia spesso specialità indiane.
3 Pensa che le specialità indiane meno piccanti siano buonissime.
4 Non sa se i ristoranti cinesi che ha provato sono autentici.
5 Non ha mai assaggiato i wanton fritti.
6 Ha assaggiato la cucina cinese poche volte.
7 Pensa che la banana fritta sia troppo dolce.
8 Non trova il cibo cinese abbastanza soddisfacente.

3 a Il gerundio. Leggi la sezione G9 della Grammatica. Trasforma le parti sottolineate usando il gerundio e i pronomi quando sono necessari.

Esempio: 1 viaggiando

1 Ho scoperto questo piatto <u>mentre viaggiavo</u>.
2 Bisogna cuocere la crema <u>e mescolare la crema</u>.
3 Prepara la carne: <u>usa un coltello grande</u> per tagliarla.
4 Gusterete meglio questo piatto <u>se lascerete il piatto</u> in frigo per due ore.
5 Il piatto diventa più saporito <u>quando aggiungete al piatto</u> delle spezie.
6 Sarebbe meglio non esagerare con i dolci <u>e tenere</u> alcuni <u>dolci</u> per il giorno dopo.
7 <u>Se cuoci queste verdure</u> a vapore, queste verdure avranno meno calorie.
8 Abbiamo mescolato uova e zucchero <u>e abbiamo sbattuto uova e zucchero</u> con un frustino.

3 b Rileggi i testi sulla cucina internazionale. Trova tre esempi di frasi negative. Copiale e traducile nella tua lingua.

4 a Lavorate in due per fare una scenetta. Immaginate di dare dei consigli ad un turista sui ristoranti delle diverse nazionalità. Scegliete il ruolo del/della turista A o dell'abitante del posto B.

1 A Quali ristoranti internazionali ci sono in questa zona? B …
2 A Lei quale cucina sceglie di solito quando mangia fuori? Perché? B …
3 A Che cosa ha mangiato l'ultima volta che è andato/a al ristorante? B …
4 A Quale cucina internazionale mi consiglierebbe? Perché? B …
5 A Quali piatti tipici dovrei provare? Perché? B …

4 b Ripetete il dialogo scambiandovi i ruoli.

5 Scrivi una pagina per il tuo blog su alcuni piatti che secondo te si dovrebbero provare almeno una volta nella vita. Scrivi circa 130-140 parole in italiano. Includi le seguenti informazioni.

Piatti internazionali
- Quali sono secondo te i piatti 'da provare' e perché.
- Come si preparano.
- Un piatto che hai provato recentemente e che ti è piaciuto particolarmente.
- In quale occasione l'hai assaggiato.
- Qual è l'importanza della cucina nel contesto culturale del tuo paese.

5.5 Environmental problems

5.5a Salvare il pianeta

volo

★ I problemi dell'ambiente e le loro soluzioni
★ Il condizionale passato e il futuro nel passato (per es. *ha detto che sarebbe stato ...*)

Il traffico e l'inquinamento in città

Chi vive in città è esposto ad una miscela di inquinanti ambientali. Le principali fonti di inquinamento sono il traffico e il **1**.......... . Le concentrazioni di inquinanti nell'aria variano da un giorno all'altro e può essere difficile percepire la differenza tra una giornata a basso inquinamento e una ad alto inquinamento. È anche difficile stabilire quale area della città è più o meno inquinata. Numerosi studi in tutto il mondo hanno sostenuto fin dalla fine del secolo scorso che respirare aria inquinata avrebbe avuto conseguenze sulla salute umana.

Inquinamento e smog sono in aumento a Roma: la **2**.......... di polveri inquinanti nell'aria si sta facendo sempre più **3**.......... in una città che è già fra le più inquinate d'Europa. Il Comune ha quindi deciso alcuni giorni fa che la circolazione dei veicoli più inquinanti (ciclomotori, auto e moto con motori a **4**.......... o diesel di vecchia generazione) nel centro di Roma sarebbe stata proibita per due giornate consecutive. I recenti rilievi avevano evidenziato valori oltre la soglia delle polveri sottili (PM10) in alcune aree della città, con il rischio che la **5**.......... nella Capitale sarebbe potuta peggiorare drasticamente.

Dalla strada alle quattro mura di casa. L'inquinamento acustico non è solo un problema legato al traffico, ma è soprattutto un rumore di fondo che avvolge il 95% della nostra giornata, comprese le ore che trascorriamo in casa. Le autorità lavorano da tempo ad un piano comunale contro l'**6**.......... , ma in una città come Roma – che con i suoi 1285 chilometri quadrati è la più estesa d'Europa – non è proprio una passeggiata **7**.......... .

Dal momento che la principale fonte di rumore è il traffico, sono intervenute fissando i limiti dei valori acustici della città sia di giorno che di notte: rispettivamente 70 e 60 decibel.

Contro l'inquinamento acustico lotta anche Legambiente, che alcuni mesi fa ha pubblicato un dossier sull'inquinamento acustico da autovetture, nel quale ha dichiarato che Roma sarebbe risultata decisamente **8**.......... i limiti.

1 Leggi l'articolo sull'inquinamento a Roma e scegli dal riquadro l'espressione corretta per riempire ogni spazio (1-8). Attenzione: ci sono tre espressioni in più!

Esempio: 1 riscaldamento domestico

oltre	inquinamento acustico	realizzarlo
veicoli elettrici	preoccupante	benzina
riscaldamento domestico	qualità dell'aria	concentrazione
ingorghi	biciclette	

2 Ascolta la conversazione fra Caterina e Cristiano sui problemi dell'ambiente e scegli la lettera corretta (A-D) per ogni numero (1-6).

Esempio: 1 A

SECTION 5: THE INTERNATIONAL PERSPECTIVE

1 Che cosa ha fatto Cristiano recentemente?
   A si è iscritto a Legambiente
   B ha letto un dossier di Legambiente
   C ha telefonato a Legambiente
   D ha seguito una campagna di Legambiente
2 Che cosa pensa Caterina del contributo individuale alla lotta per l'ambiente?
   A non serve a niente
   B non è abbastanza
   C può essere abbastanza
   D è assolutamente indispensabile
3 Perché Cristiano usa la bicicletta?
   A per ridurre l'inquinamento
   B per ridurre il rumore
   C per ridurre gli ingorghi di auto
   D per non respirare tanto inquinamento
4 Che cosa pensa Caterina della bicicletta come mezzo di trasporto urbano?
   A è troppo pericolosa
   B fa male alla salute
   C fa innervosire gli automobilisti
   D non fa risparmiare molto tempo
5 Quali campagne ha fatto recentemente Legambiente?
   A contro l'energia nucleare
   B solo per ridurre il rumore
   C contro il rumore e per l'energia rinnovabile
   D solo per aumentare l'uso dell'energia solare
6 Che cosa pensa Cristiano dell'energia nucleare?
   A potrebbe essere l'energia del futuro
   B costa ancora troppo
   C richiede troppi investimenti
   D è troppo dannosa per il pianeta

G 3 Il condizionale passato. Leggi la sezione G17 della Grammatica. Trasforma le frasi al passato. Attenzione alla concordanza del participio passato!

Esempio: 1 I romani pensavano che il traffico non sarebbe mai migliorato.

1 I romani pensano che il traffico non migliorerà mai.
2 La sindaca di Roma dice che bloccare la circolazione non risolverà i problemi.
3 Le ricerche concordano sul fatto che respirare aria inquinata danneggerà la salute.
4 Gli esperti dicono che sarà difficile stabilire il livello esatto di inquinamento.
5 I medici dicono che le persone subiranno le conseguenze dell'inquinamento anche se non hanno mai avuto problemi di salute.
6 Il sito dice che le sue pagine riassumeranno gli effetti sulla salute.
7 Le autorità stabiliscono che alcuni veicoli non potranno circolare.
8 Il decreto dice che la temperatura degli edifici non dovrà superare i 18°C.

4 a Lavorate in due per fare una conversazione sui problemi ambientali. Scegliete il ruolo A o B: A fa le domande e B risponde.
1 A Quali problemi ambientali ti preoccupano di più? B …
2 A Mi puoi descrivere le conseguenze di uno di questi problemi? B …
3 A Che cosa pensava la gente dei problemi ambientali trent'anni fa? B …
4 A Nel futuro, pensi che i problemi ambientali avranno maggiore importanza? Perché? B …
5 A Secondo te, in che modo si possono risolvere i problemi ambientali del tuo paese? B …

4 b Ripetete la conversazione scambiandovi i ruoli.

5 Scrivi un articolo per il giornalino della tua scuola sui problemi ambientali più sentiti nel tuo paese. Scrivi circa 130-140 parole in italiano. Includi le seguenti informazioni.
   Problemi ambientali
   - Quali sono i principali problemi ambientali del tuo paese.
   - Quali sono state le loro cause e perché.
   - Un problema per te particolarmente importante.
   - Le possibili soluzioni a questo problema.
   - Qual è l'importanza dell'ambiente nel contesto sociale del tuo paese.

Vocabolario

4.1a La vita al liceo

- **essere bocciato** to fail
- **la lavagna interattiva multimediale** interactive (white)board
- **misto** mixed
- **obbligatorio** compulsory
- **la prima superiore** first year in high school
- **essere promosso** to pass
- **la (scuola) media** secondary school
- **severo** strict

4.1b Quanti ricordi!

- **ammalarsi** to feel ill/sick
- **l'asilo** nursery school
- **l'astuccio** pencil case
- **la caramella** sweet
- **fare l'appello** to take the register
- **frequentare** to attend
- **la giovinezza** youth
- **la gomma** eraser
- **l'infanzia** childhood
- **mettersi a fare** to start doing something
- **prendere per mano** to take by the hand
- **il righello** ruler

4.2a Cosa ti piacerebbe diventare?

- **l'avvocato** lawyer
- **diventare** to become
- **l'esperienza lavorativa** work experience
- **la formazione** training
- **il giudice** judge
- **guidare** to drive
- **l'infermiere, l'infermiera** nurse
- **l'ingegnere informatico** IT engineer
- **l'interprete** interpreter
- **iscriversi** to enrol
- **l'istituto tecnico** vocational secondary school
- **il macellaio** butcher
- **il panettiere** baker
- **il postino** postman
- **il traduttore** translator
- **il veterinario** vet

4.2b È possibile che diventi un biologo marino!

- **disegnare** to draw
- **il fornaio** baker
- **gratis** free
- **mantenersi** to support oneself
- **maturo** sensible, mature
- **osservare** to observe
- **pesante** arduous
- **portare a termine** to complete
- **provarci** to give it a try
- **il sacrificio** sacrifice
- **il successo** success
- **temere** to fear

4.3a Che lavoro posso fare?

- **l'azienda** company, firm
- **il campo** field
- **la carriera** career
- **convincere** to convince
- **crescere** to grow; to raise (children, animals)
- **diplomarsi** to graduate (from high school)
- **l'imprenditore** entrepreneur
- **l'impresa** business, enterprise
- **permettere** to allow
- **seguire** to follow
- **suggerire** to suggest
- **il volontario** volunteer

4.3b La mia carriera

- **andare in pensione** to retire
- **l'apprendimento** learning
- **l'assistente di volo** flight attendant
- **conseguire** to obtain
- **contattare** to contact, to get in touch
- **il conservatorio** music school
- **il datore di lavoro** employer
- **il disegnatore d'interni** interior designer
- **disoccupato** unemployed
- **essere licenziato** to get fired/sacked
- **essere promosso** to get promoted
- **impegnarsi** to commit to
- **insoddisfatto** dissatisfied
- **intraprendere** to undertake, to start
- **motivato** motivated
- **il neo laureato** newly graduated (from university)
- **il ramo** branch
- **resiliente** resilient
- **la sede** offices, branch
- **la trasferta** business trip, assignment

4.4a Prendo un anno sabbatico

- **acquisire** to acquire
- **l'aiutante** helper
- **dedicarsi** to dedicate oneself
- **la fattoria** farm
- **integrarsi** to integrate
- **muratore** construction worker
- **l'organizzatore di eventi** event organiser
- **il/la vlogger** vlogger

4.4b Faccio domanda per questo lavoro

- **ampliare** to increase, expand, build up
- **anticipatamente** ahead of time
- **apprendere** to learn
- **il colloquio** interview
- **gestire** to manage
- **percepire** to perceive, detect
- **proattivo** proactive
- **pure** also, even, as well
- **le referenze** references
- **il requisito** requirement
- **lo stipendio** salary
- **ulteriore** additional, further

4.5a Comunicare al telefono

- **aziendale** business
- **il budget** budget, allocation
- **la chat** (group) chat
- **mancato** missed
- **l'officina meccanica** garage
- **il pacco** package, parcel
- **il rimborso** refund
- **riparare** to fix, to repair
- **il selfie** selfie
- **i servizi di pulizia** cleaning services
- **sistemare** to fix, to sort out
- **il veicolo** vehicle

4.5b Tecnologia sul lavoro

l'acquisto purchase	**il dispositivo** device	**scaricare** to download
assicurarsi to ensure	**fare affidamento** to rely on	**lo schermo** screen
il beneficio benefit	**istantaneamente** instantly	**sollecitare** to push for
il caricabatterie charger	**il motore di ricerca** search engine	**la spina** plug
la chiavetta USB memory stick	**la parola d'ordine** password	**la stampante** printer
il clic click	**la password** password	**lo svantaggio** disadvantage
cliccare to click	**portatile** portable	**la vendita** sale
il disagio inconvenience	**rintracciabile** trackable	**il Wi-Fi** WiFi

4.5c Il posto è della signorina Bianco!

accumulare to collect, to accumulate	**il giardiniere** gardener	**la stagione** season (working)
l'annuncio advert	**In bocca al lupo!** Break a leg!	**tener presente qualcosa** to keep something in mind
consecutivo consecutive	**il parrucchiere** hairdresser	
il falegname carpenter	**richiedere** to require, to request	**la terapia** therapy

5.1a I mezzi di trasporto

l'autista car driver	**inquinare** to pollute	**spingere** to push
l'auto(mobile), la macchina car	**l'impatto ambientale** environmental impact	**spostarsi** to travel
il bagaglio luggage	**l'incidente** accident	**tenere in considerazione** to consider
evitare to avoid	**lamentarsi** to complain	**tirare** to pull
in città in the city	**limitare** to limit	**il tram** tram

5.1b Vacanze alternative

agricolo agricultural	**disabile** disabled person	**il patrimonio naturale** natural heritage
l'agriturismo farm holiday	**incoraggiare** to encourage	**raccogliere** to harvest, to pick
apparecchiare to set the table	**occuparsi di** to deal with	**sparecchiare** to clear the table
dare una mano to lend a hand	**la onlus (organizzazione non lucrativa di utilità sociale)** non-profit organisation	

5.2a Che tempaccio!

l'allagamento flooding	**il miglioramento** improvement	**reagire** to react
bloccare to obstruct	**l'ondata** wave	**rifugiarsi** to take shelter
la circolazione road traffic	**la protezione civile** civil protection	**strappare** to tear / rip off
colpire to strike	**il rallentamento** slowing down	**trasferire** to move
il disagio difficulty	**rapido** fast	**la vittima** victim

5.3a Feste e tradizioni nelle comunità internazionali

il battesimo baptism/christening	**il digiuno** fasting	**il santo** saint
commemorare to commemorate	**la fede** faith	**la sfilata** parade
la comunità community	**marciare** to march	**il tamburo** drum
la credenza belief	**il pellegrinaggio** pilgrimage	**l'usanza** custom

5.4a Che bontà!

il cavolfiore cauliflower	**la mandorla** almond	**la salsa** sauce
il cavolo cabbage	**marinare** to marinate	**la sfoglia** pastry
la cipolla onion	**la melanzana** aubergine	**speziato** spicy
contenere to contain	**il pasto** meal	**strettamente** strictly
il formaggio cheese	**la patata** potato	**vegetariano** vegetarian
i legumi pulses	**il peperone** pepper	

5.5a Salvare il pianeta

la concentrazione concentration	**il limite** limit	**la scimmia** monkey
la conseguenza consequence	**le pale eoliche** wind turbines	**il serpente** snake
la deforestazione deforestation	**la polvere** dust	**la soglia** limit
l'elefante elephant	**il riciclaggio** recycling	**sostenere** to sustain
ingiusto unfair	**le risorse naturali** natural resources	**il trasporto condiviso** shared transport
l'inquinamento acustico noise pollution	**il rumore** noise	**il vulcano** volcano

Angolo dell'esame D1

Come migliorare il tuo italiano scritto

Esempi da studiare e analizzare

1 a Leggi la risposta all'esercizio seguente. Insieme ad un compagno, trova quello che va bene e quello che si potrebbe migliorare.

Scrivi 130-140 parole in italiano.

La mia estate di lavoro in Italia

Scrivi un articolo per il giornalino della tua scuola. Parla della tua esperienza e includi le tue opinioni.
- il tipo di lavoro che ti piace fare e perché.
- il lavoro che hai fatto in Italia.
- la tua opinione sui lavori estivi all'estero.
- che cosa hai imparato da questa tua esperienza.
- un altro lavoro che ti piacerebbe fare nel futuro e perché.

> Mi piace molto lavorare con la gente.
>
> In Italia ho lavorato in un albergo. Nell'albergo pulisco le camere e pulisco la cucina. Il lavoro è un po' noioso.
>
> Secondo me, i lavori estivi sono una cosa molto buona. L'Italia è molto interessante e c'è molto da vedere e da fare. Puoi anche guadagnare un po' di soldi e conoscere gente interessante.
>
> Durante la mia esperienza ho imparato molto sulla cultura italiana, per esempio le feste, il cibo, i negozi, la storia, la musica e il cinema. Ho anche imparato molte parole nuove.
>
> Nel futuro mi piacerebbe fare il medico. Secondo me, è un lavoro interessante. Puoi aiutare la gente. Ma tutto dipende se prendo buoni voti nei miei esami.
>
> (119 parole)

Cinque strategie per migliorare il tuo livello

→ Unisci le frasi usando i connettivi (*perché, dal momento che, dato che, anche se, oltre a, a parte, tanto ... quanto, quindi, perciò*, ecc.), ed i pronomi relativi (*che, chi, cui, il quale*, ecc.).
→ Dovresti esprimerti usando una varietà di tempi verbali: passato, presente e futuro. I vari punti della domanda ti indicano quale tempo dovresti usare.
→ Usa una varietà di modi per esprimere la tua opinione (*penso che, credo che, mi sembra che, mi pare che, dal mio punto di vista, secondo me, per quanto mi riguarda, a mio avviso*, ecc.).
→ Usa anche delle forme negative (*niente, nulla, nessuno, da nessuna parte, mai*, ecc.). Sono un modo molto utile per alzare un po' il livello di quello che scrivi (*Non mi è piaciuto per niente ..., però ho trovato carino / divertente ...*).
→ Scrivi facendo attenzione a non superare il limite di parole, ma cercando di arrivarci.

1 b Ora scrivi una risposta più sofisticata, mettendo in pratica queste cinque strategie. Se vuoi, puoi cambiare le informazioni o dare informazioni più dettagliate.

1 c Scambia il tuo testo con la versione del tuo compagno. Commentate ognuno l'esercizio dell'altro.

SECTION 5: THE INTERNATIONAL PERSPECTIVE

2 a Insieme ad un compagno, leggi questo esercizio e per ogni punto decidete quali delle cinque strategie si possono utilizzare e come.

Scrivi 130-140 parole in italiano.

Le mie attività extra-scolastiche

Scrivi un testo per il tuo blog sulle attività extra-scolastiche a cui partecipi. Includi i seguenti punti:

- il genere di attività che ti piacciono e perché.
- un'attività che hai fatto recentemente.
- la tua opinione riguardo alle attività extra-scolastiche.
- un'attività che farai nel futuro.
- gli svantaggi di alcune attività.

2 b Ora leggi la risposta a questo esercizio. Prendi degli appunti su quello che va bene e su quello che potrebbe essere migliorato.

Mi piace molto far parte della squadra di pallacanestro della mia scuola. Sono molto sportivo e faccio anche nuoto.

La settimana scorsa ho fatto una partita importante che era contro un'altra scuola. Abbiamo vinto ed ero molto contento, quindi adesso possiamo rappresentare la nostra città nel campionato regionale.

Secondo me, le attività extra-scolastiche sono molto buone perché puoi fare molte cose e puoi trovare molti amici nuovi. Secondo me, devono essere di più anche se nella mia scuola quasi tutti fanno un'attività extra, uno sport o altro.

Nel futuro voglio fare equitazione. Abbiamo un gruppo di equitazione, ma è il martedì e il martedì ho anche pallacanestro che non voglio perdere. Voglio fare equitazione perché mi piacciono i cavalli.

Uno svantaggio dell'equitazione è che è uno sport abbastanza caro. Penso che sia troppo caro per me. Costa un sacco di soldi.

(131 parole)

Quattro strategie finali

→ Varia quello che dici usando dei sinonimi o delle espressioni con lo stesso significato. Una cosa semplice da fare può essere non usare le stesse parole usate nella domanda, o dire 'adoro' invece che 'mi piace'.
→ Includi frasi che contengono più di un tempo verbale, per esempio passato prossimo + imperfetto, presente + futuro. Cerca anche di usare i tempi verbali più complessi, come il presente progressivo o il condizionale.
→ Considera altre opinioni prima di dire la tua.
→ Considera l'ordine delle frasi. Dare le stesse informazioni in un ordine diverso può rendere più sofisticato quello che scrivi. Per esempio: 'Gioco a calcio il martedì e faccio nuoto tutti i giorni', con una piccola modifica diventa: 'Oltre a fare nuoto tutti i giorni, gioco anche a calcio il martedì'.

2 c Ora scrivi una risposta più sofisticata, mettendo in pratica queste quattro strategie. Se vuoi, puoi cambiare le informazioni o dare informazioni più dettagliate.

2 d Scambia il tuo testo con la versione del tuo compagno. Commentate ognuno l'esercizio dell'altro.

Angolo dell'esame D2

Come fare una conversazione in modo naturale

Consigli

Per ottenere buoni risultati nella conversazione bisogna tener presente quattro punti-chiave:

A Parlare con scioltezza e disinvoltura

B Usare i tempi verbali correttamente

C Migliorare la pronuncia e l'intonazione

D Considerare punti di vista diversi e saper esprimere la propria opinione

A Parlare con scioltezza e disinvoltura

1 a Trova la conclusione corretta per ogni inizio di frase. Traduci le frasi nella tua lingua e imparale.

Esempio: 1 F

1	Questo punto mi sembra	A	ripetere la domanda?
2	Chiedo scusa, potresti ripetere	B	un esempio.
3	Vuoi dire	C	capisco.
4	Per favore, puoi	D	puoi dirlo con altre parole?
5	Vorrei farti	E	_____ o _____?
6	Mi dispiace, ma non	F	molto interessante.
7	Non sono sicuro di aver capito,	G	quello che hai detto?

1 b Scegli cinque domande per la conversazione dalla sezione 4 o dalla sezione 5 del libro. Fa' una conversazione con un compagno, usando le domande e cinque frasi dell'esercizio 1a.

Esempio:

A: È importante, secondo te, proteggere l'ambiente?

B: Per favore, puoi ripetere la domanda?

A: Sì, certo. È importante, secondo te, proteggere l'ambiente?

B: Ah sì, secondo me è molto importante.

Strategie

→ Pensa a come puoi far emergere quello che sai. Puoi: fare esempi, usare forme negative, usare parole come 'beh', 'allora', 'poi' o fare domande all'esaminatore.

→ Usa i connettivi (e, ma, però, perché) per unire due frasi brevi.

→ Usa aggettivi e avverbi per fare descrizioni più dettagliate.

→ Usa i suggerimenti dell'angolo dell'esame D1.

---

1 c Ora ripeti la conversazione usando queste strategie.

B Usare i tempi verbali correttamente

2 a Leggi le domande (1-5) e per ogni domanda scegli il tempo verbale corretto (A-E). Se vuoi, puoi controllare i tempi verbali nella sezione di grammatica – i riferimenti sono fra parentesi.

SECTION 5: THE INTERNATIONAL PERSPECTIVE

1 Che cosa farai durante l'estate?
2 Dove sei andato/a in vacanza l'anno scorso?
3 Quali vestiti portavi?
4 Che tipo di vacanza preferisci?
5 Se fossi milionario/a, dove andresti in vacanza?

A presente (G1)
B imperfetto (G12)
C condizionale (G17)
D passato prossimo (G11)
E futuro (G15)

2 b Ora esercitati con un compagno, facendo le domande a turno e usando ogni volta un verbo diverso. Attenzione ad usare i tempi verbali corretti.

C Migliorare la pronuncia e l'intonazione

3 a I suoni. Ascolta queste parole e ripetile tre volte. Poi leggi ogni parola e lavora con un compagno per spiegare a turno perché le parole si pronunciano così.

cinque	anche	migliore	scienze	macchina
caffè	giugno	lettera	aereo	cappuccino
chiave	ciao	margherita	europeo	errore
giovedì	farmacia	bisogno	eccolo	altro

3 b Cerca sul libro gli scioglilingua per esercitare la pronuncia e leggili di nuovo alcune volte.

Queste quattro regole generali ti possono aiutare:
1 Le parole accentate sull'ultima vocale hanno l'accento scritto: città, perché, caffè, però.
2 Le doppie consonanti si pronunciano sempre: oggi, allora, arrivo.
3 I gruppi consonantici 'gn' e 'gli' hanno una sola pronuncia ciascuno: ogni, aglio.
4 Le vocali alla fine della parola devono sempre essere pronunciate: io, noi, tuo.

3 c Pronuncia e accento. Leggi e ascolta queste frasi. Trova la regola giusta (1-4) per ogni parola sottolineata.

Che cosa c'è nella tua città per i turisti?

La mia città è in Sardegna: è piena di cose interessanti da fare per tutti; abbiamo musei, parchi con aiuole di gigli e un teatro.

D Considerare punti di vista diversi e saper esprimere la propria opinione

4 a Trova la conclusione più adatta (A-G) per le frasi 1-7. Traduci le frasi nella tua lingua e imparale.

Esempio: 1 G

1 I vantaggi sono…
2 Secondo un articolo che
3 Non sono d'accordo
4 Da un lato…
5 Secondo un programma
6 Molti dicono che…
7 Secondo me,…

A e anch'io credo che…
B invece altri dicono…
C che ho visto…
D ho letto recentemente…
E perché, secondo me,…
F dall'altro…
G ma gli svantaggi sono…

Grammar

The following grammar summary includes all of the grammar and structure points required for the Cambridge IGCSE™ Italian.

Grammar section contents

A Nouns (*I nomi*)
    A1 Gender of regular nouns (*Il genere dei nomi regolari*)
    A2 Plurals (*I plurali*)
    A3 Irregular nouns (*I nomi irregolari*)
B Articles (*Gli articoli*)
    B1 Indefinite articles (*Gli articoli indeterminativi*)
    B2 Definite articles (*Gli articoli determinativi*)
    B3 Uses of definite articles (*Usi degli articoli determinativi*)
    B4 Partitives (*I partitivi*)
C Adjectives (*Gli aggettivi*)
    C1 Adjectives agreements (*La concordanza degli aggettivi*)
    C2 Position of adjectives (*La posizione degli aggettivi*)
    C3 Basic exceptions (*Le eccezioni più comuni*)
    C4 Common irregular adjectives (*I più comuni aggettivi irregolari*)
    C5 Possessive adjectives (*Gli aggettivi possessivi*)
    C6 Interrogative adjectives (*Gli aggettivi interrogativi*)
    C7 Comparative adjectives (*Gli aggettivi comparativi*)
    C8 Superlative adjectives (*Gli aggettivi superlativi*)
    C9 Demonstrative adjectives (*Gli aggettivi dimostrativi*)
    C10 Indefinite adjectives (*Gli aggettivi indefiniti*)
D Prepositions (*Le preposizioni*)
    D1 Simple prepositions (*Le preposizioni semplici*)
    D2 Combined prepositions (*Le preposizioni articolate*)
    D3 Verbs and prepositions (*Verbi seguiti da preposizioni*)
    D4 Prepositions with the verb andare (*Le preposizioni con il verbo "andare"*)
E Adverbs (*Gli avverbi*)
    E1 Adverbs of manner and formation (*Gli avverbi di modo e formazione*)
    E2 Adverbs of time and frequency (*Gli avverbi di tempo e di frequenza*)
    E3 Adverbs of place (*Gli avverbi di luogo*)
    E4 Adverbs of quantity (*Gli avverbi di quantità*)
    E5 Uses of *ci* (*c'è, ci sono, ci vado*) (*Gli usi di "ci"*)
    E6 Interrogative adverbs (*Gli avverbi interrogativi*)
    E7 Comparative adverbs (*Gli avverbi comparativi*)
    E8 Superlative adverbs (*Gli avverbi superlativi*)
    E9 Common adverbial phrases (*Le locuzioni avverbiali più comuni*)
F Pronouns (*I pronomi*)
    F1 Subject pronouns (*I pronomi personali soggetto*)
    F2 Direct object pronouns (*I pronomi diretti*)
    F3 Uses of *ecco* with pronouns (*Gli usi di "ecco" con i pronomi*)
    F4 Indirect object pronouns (*I pronomi indiretti*)
    F5 Reflexive pronouns (*I pronomi riflessivi*)
    F6 Position of pronouns with infinitive, gerund and imperative (*La posizione dei pronomi con l'infinito, il gerundio e l'imperativo*)
    F7 Demonstrative pronouns (*I pronomi dimostrativi*)
    F8 Interrogative pronouns (*I pronomi interrogativi*)
    F9 Relative pronouns (*I pronomi relativi*)
    F10 Disjunctive pronouns (*I pronomi disgiuntivi o tonici*)
    F11 Possessive pronouns (*I pronomi possessivi*)
    F12 Indefinite pronouns (*I pronomi indefiniti*)
    F13 Partitive pronoun *ne* (*Il pronome partitivo "ne"*)
G Verbs (*I verbi*)
    G1 Present tense regular verbs (*Il presente dei verbi regolari*)
    G2 Present tense irregular verbs (*Il presente dei verbi irregolari*)
    G3 Common uses of *fare* (*Usi comuni del verbo "fare"*)
    G4 The auxiliaries *essere* and *avere* (*Gli ausiliari "essere" e "avere"*)
    G5 Uses of *avere* (*Usi di "avere"*)
    G6 The verb *piacere* (*Il verbo "piacere"*)
    G7 Reflexive verbs (*I verbi riflessivi*)
    G8 Modal verbs (*I verbi modali*)
    G9 Gerund and present continuous (stare + gerund) (*Il gerundio e il presente progressivo*)
    G10 Impersonal forms and the impersonal *si* (*Le forme impersonali e il "si" impersonale*)
    G11 Perfect tense (*Il passato prossimo*)
    G12 Imperfect tense (*L'imperfetto*)
    G13 Imperfect continuous (*L'imperfetto progressivo*)
    G14 Pluperfect tense (*Il trapassato prossimo*)
    G15 Future tense (simple and past) (*Il futuro semplice e anteriore*)
    G16 Immediate future (stare per + infinitive) (*Il futuro immediato*)
    G17 Conditional (simple and past) (*Il condizionale presente e passato*)
    G18 Imperative (*L'imperativo*)
    G19 Subjunctive (present and past) (*Il congiuntivo presente e passato*)
    G20 Subjunctive (imperfect and pluperfect) (*Il congiuntivo imperfetto e trapassato*)
    G21 Passive and the passive form with *si* (*Il passivo e il "si" passivante*)
    G22 Perfect infinitive (*L'infinito passato*)
H Negatives (*La negazione*)
    H1 Single negatives and their position (*Le forme negative semplici e la loro posizione*)
    H2 Double negatives and their position (*Le forme negative doppie e la loro posizione*)
I How to ask a question (*Come fare domande*)
J Numbers (*I numeri*)
    J1 Cardinal numbers (*I numeri cardinali*)
    J2 Ordinal numbers (*I numeri ordinali*)
K Time and dates (*L'ora e le date*)
    K1 Time (*L'ora*)
    K2 Dates (*Le date*)
    K3 Useful expressions of time with present, perfect and imperfect tenses (*Le espressioni di tempo utili con il presente, il passato prossimo e l'imperfetto*)
L Conjunctions (*Le congiunzioni*)
    L1 Coordinating conjunctions (*Le congiunzioni coordinanti*)
    L2 Subordinating conjunctions (*Le congiunzioni subordinanti*)
M Common quantities (*Le quantità più comuni*)

GRAMMAR

A Nouns (*I nomi*)

A1 Gender of regular nouns (*Il genere dei nomi regolari*)

Nouns in Italian can be either masculine or feminine. Masculine nouns generally end in **-o** and feminine end in **-a**. If a noun ends in **-e** it can be either masculine or feminine.

la casa (f)	the house
il libro (m)	the book
la stazione (f)	the station
il fiore (m)	the flower

- Nouns ending in **-ione** are usually feminine.

la lezione	the lesson
l'opinione	the opinion
la televisione	the television

A2 Plurals (*I plurali*)

Italian nouns form their plural by changing their final vowels.

- Masculine nouns ending in **-o** change to **-i** in the plural.

fratello (brother) → *fratelli* (brothers)

panino (sandwich) → *panini* (sandwiches)

- Feminine nouns ending in **-a** change to **-e** in the plural.

macchina (car) → *macchine* (cars)

sorella (sister) → *sorelle* (sisters)

- Nouns ending in **-e** (masculine or feminine) change to **-i** in the plural.

il colore (colour) → *i colori* (colours)

la regione (region) → *le regioni* (regions)

A3 Irregular nouns (*I nomi irregolari*)

Some Italian nouns do not follow the regular pattern. Some common groups, with their plural forms, are given below.

- Masculine nouns which end in **-a**. These form their plural with an **-i**.

il problema (the problem) → *i problemi* (the problems)

il programma (the programme) → *i programmi* (the programmes)

Note: *cinema* is an exception and doesn't change in the plural.

il cinema (the cinema) → *i cinema* (the cinemas)

- Feminine nouns ending in **-o**. They do not change in the plural.

l'auto (car) → *le auto* (cars)

la foto (photo) → *le foto* (photos)

Note: the feminine noun *mano* (f) (hand) becomes *mani* (hands) in the plural.

la mano → *le mani*

- Nouns ending with an accented vowel. These nouns do not change their final vowel in the plural.

il caffè (coffee) → *i caffè* (coffees)

la città (city) → *le città* (cities)

- Another category of irregular nouns are those ending in **-ista**. They can be masculine or feminine in the singular but in the plural they follow the regular pattern for plurals.

il/la turista (the tourist) → *i turisti* (the male or a mixed group of tourists)
                le turiste (the female tourists)

- There is a group of completely irregular masculine nouns, often parts of the body, which pluralise with an **-a** and also change gender in the plural (from masculine to feminine). Here are some:

il braccio (m) (arm) → *le braccia* (f) (arms)

il dito (m) (finger) → *le dita* (f) (fingers)

l'uovo (m) (egg) → *le uova* (f) (eggs)

- Finally note this irregular noun and its plural form:

l'uomo (m) (the man) → *gli uomini* (the men)

B Articles (*Gli articoli*)

B1 Indefinite articles (*Gli articoli indeterminativi*)

The singular indefinite article can be *a* or *an* in English. In Italian, the form used depends on the gender and the letter the following word starts with.

	Singular	Use with nouns starting with...
Masculine	un	most consonants and all vowels
	uno	s + consonant, ps, gn, z, x, y
Feminine	una	a consonant
	un'	a vowel

151

GRAMMAR

un compagno di classe → a class mate

un amico → a (male) friend

uno studente → a (male) student

una studentessa → a (female) student

un'arancia → an orange

B2 Definite articles (*Gli articoli determinativi*)

The definite article corresponds to *the* in English. In Italian, the form used depends on the gender, number (i.e. singular or plural) and the letter the following word starts with.

	Singular	Use with nouns starting with…
Masculine	il	most consonants
	lo	s + consonant, ps, gn, z, x, y
	l'	a vowel
Feminine	la	a consonant
	l'	a vowel

	Plural	Use with nouns starting with…
Masculine	i	most consonants
	gli	s + consonant, ps, gn, z, x, y
	gli	a vowel
Feminine	le	all consonants and vowels

il ragazzo (the boy) → *i ragazzi* (the boys)

lo zucchino (the courgette) → *gli zucchini* (the courgettes)

l'ombrello (the umbrella) → *gli ombrelli* (the umbrellas)

l'aranciata (the orangeade) → *le aranciate* (the orangeades)

la bicicletta (the bicycle) → *le biciclette* (the bicycles)

For articles combining with prepositions see D2.

B3 Uses of definite articles (*Usi degli articoli determinativi*)

The definite article is used more frequently in Italian than in English, where it is often omitted. The definite article is used:

- in front of countries and regions

l'Italia, la Francia, il Portogallo, l'Inghilterra, la Lombardia, la Toscana
Italy, France, Portugal, England, Lombardy, Tuscany

- to express likes and dislikes

Mi piace il caffè. I like coffee.

Non mi piacciono i ragni. I don't like spiders.

- in front of titles

il signor Bianchi Mr Bianchi

la signora Gabutti Mrs Gabutti

- with times

Sono le 8. It's 8 o'clock.

È l'una. It's 1 o'clock.

B4 Partitives (*I partitivi*)

Partitive articles express the meaning of *some / any* and are formed by combining the preposition **di** and the definite article. To better understand the mechanism of combining prepositions, including **di**, with the definite articles see section D3.

Here are the forms of partitive articles.

Masculine partitive articles	
Singular	Plural
di + il = del pane	di + i = dei libri
di + l' = dell'olio	di + gli = degli ombrelli
di + lo = dello zucchero	

Feminine partitive articles	
Singular	Plural
di + la = della frutta	di + le = delle mele
di + l' = dell'acqua	

Vorrei del pane / dello zucchero / delle mele.
I would like some bread / sugar / apples.

Avete dell'acqua minerale / della frutta?
Have you got any mineral water / fruit?

C Adjectives (*Gli aggettivi*)

C1 Adjectives agreement (*La concordanza degli aggettivi*)

Adjectives agree in gender and number with the noun they qualify. The two main types of adjectives are the ones ending in **-o/-a** and the ones ending in **-e** (in the singular).

- **-o/-a** ending adjectives

	Singular	Plural
Masculine	-o	-i
Feminine	-a	-e

il ragazzo italiano / i ragazzi italiani
the Italian boy / boys

la ragazza alta / le ragazze alte
the tall girl / girls

GRAMMAR

- **-e** ending adjectives

	Singular	Plural
Masculine	-e	-i
Feminine	-e	-i

il ragazzo socievole / i ragazzi socievoli
the sociable boy / boys

la scuola inglese / le scuole inglesi
the English school / schools

- Some adjectives end in **-a**. The majority of these end in **-ista**. They have one form for the singular but two for the plural.

	Singular	Plural
Masculine	-a	-i
Feminine	-a	-e

il ragazzo / la ragazza ottimista / egoista
the optimist / selfish boy / girl

i ragazzi ottimisti / egoisti
the optimist / selfish boys

le ragazze ottimiste / egoiste
the optimist / selfish girls

Note: if an adjective is referring to more than one noun of different genders you have to use the masculine plural form.

Il ragazzo e la ragazza sono italiani.
The boy and the girl are Italian.

C2 Position of adjectives (*La posizione degli aggettivi*)

Adjectives in Italian usually follow the noun they qualify, unlike in English.

il treno veloce	the fast train
la sedia comoda	the comfortable chair
gli studenti americani	the American students
le lezioni noiose	the boring lessons

C3 Basic exceptions (*Le eccezioni più comuni*)

There are some adjectives that usually precede the noun. The most common ones are:

- **bello** (beautiful, nice), **brutto** (ugly, bad), **buono** (good), **cattivo** (bad), **giovane** (young), **vecchio** (old), **grande** (big, large), **piccolo** (small), **largo** (wide), **grosso** (big), **lungo** (long)

una bella passeggiata	a nice walk
un vecchio castello	an old castle
una piccola casa	a small house

Note: when **bello** and **buono** are placed before a noun you have to follow certain rules.

- **buono**

The adjective **buono** changes to **buon** before a masculine noun with the exception of nouns starting with *s*+consonant, *z, gn, ps, x, y* which retain the form **buono**. In the feminine form it follows the normal pattern (**buona/buone**).

un buon esempio / amico   a good example / a good friend

Buon appetito! Buon compleanno!
Enjoy your meal! Happy birthday!

un buono studente / psicologo
a good student / a good psychologist

- **bello**

When the adjective **bello** comes before a noun you must take into account what letter the noun starts with and which gender it is to know which form to use.

	Singular	Use with nouns starting with…
Masculine	un bel libro	most consonants
	un bello spettacolo	s + consonant, ps, gn, z, x, y
	un bell'albergo	a vowel
Feminine	una bella signora	a consonant
	una bell'idea	a vowel
	Plural	**Use with nouns starting with…**
Masculine	i bei libri	most consonants
	i begli spettacoli	s + consonant, ps, gn, z, x, y
	i begli alberghi	a vowel
Feminine	le belle signore	a consonant
	le belle idee	a vowel

- Some adjectives change their meaning depending on whether they come before or after certain nouns.

una donna grande	a big/large woman
una grande donna	a great woman
un amico vecchio	an old (in age) friend
un vecchio amico	an old friend (one you have known for a long time)

C4 Common irregular adjectives (*I più comuni aggettivi irregolari*)

- Some adjectives denoting colours are invariable and do not change their endings. They are: **blu** (blue), **viola** (purple), **rosa** (pink), **beige** (beige), **lilla** (lilac), **fucsia** (fuchsia).

la gonna blu / le calze blu
the blue skirt / the blue socks

il cappello rosa / i guanti rosa
the pink hat / the pink gloves

153

GRAMMAR

- Foreign adjectives are also invariable. For example: **gratis**, **snob**, **pop**, **rock**, **folk**.

la musica pop / le canzoni rock
pop music / rock songs

il biglietto gratis / i biglietti gratis
the free ticket / the free tickets

C5 Possessive adjectives (*Gli aggettivi possessivi*)

The possessive adjective in Italian is preceded by the definite article. It agrees in gender and number with the noun it qualifies. Note that the possessive adjective agrees with the person / object possessed and not with the possessor as it does in English.

	Singular		Plural	
	Masculine	Feminine	Masculine	Feminine
my	il mio	la mia	i miei	le mie
your	il tuo	la tua	i tuoi	le tue
his / her / its	il suo	la sua	i suoi	le sue
our	il nostro	la nostra	i nostri	le nostre
your (plural)	il vostro	la vostra	i vostri	le vostre
their	il loro	la loro	i loro	le loro

il mio cellulare — my mobile phone
la mia famiglia — my family
il suo libro — his / her book
le sue penne — his / her pens
i nostri amici — our friends
le loro case — their houses

- The only time when the definite article in front of the possessive adjective is dropped is with singular nouns denoting family members, with the exception of **loro** (*their*).

mio padre / mia madre — my father / my mother
suo nonno — his / her grandfather
nostro zio / nostra zia — our uncle / our aunt
il loro fratello / la loro sorella — their brother / their sister

- The **definite article** must always be used with family members in the plural.

i miei fratelli, le tue sorelle, i suoi nonni, i vostri cugini ecc.
my brothers, your sisters, his/her grandparents, your cousins etc.

- When you put the **indefinite article** in front of the possessive adjective in the singular, the meaning changes to 'of mine', 'of yours' etc.

un mio amico — a friend of mine

una loro insegnante — a teacher of theirs

C6 Interrogative adjectives (*Gli aggettivi interrogativi*)

The main interrogative adjectives are: **che**, **quale/i** and **quanto/a/i/e.**

- **che**

Che is invariable and translates the English 'what?'.

Che gusto vuoi? — What flavour do you want?

Che ora è? — What time is it?

- **quale/i**

Quale / Quali can be translated with 'which? / what?'. There is only one form for the singular (**quale**) and one for the plural (**quali**).

Quale colore / stagione preferisci?
Which colour / season do you prefer?

Quali studenti / parole conosci?
Which students / words do you know?

- **quanto/a/i/e**

Quanto / Quanta / Quanti / Quante is used to talk about quantities and can be translated in English with 'how much?' (**quanto/a**) or how many?' (**quanti/e**)

Quanto zucchero / Quanta pizza vuoi?
How much sugar / pizza do you want?

Quanti fratelli / Quante sorelle hai?
How many brothers / sisters have you got?

C7 Comparative adjectives (*Gli aggettivi comparativi*)

Comparative adjectives are used to make comparisons between people or objects. If the characteristic / quality of one person or object is considered the same as another's ('as ... as' in English) you use:

- **(così) ... come ...** or **(tanto) ... quanto ...**

Giulia è (così) intelligente come Lucia.
Giulia is as intelligent as Lucia.

Giulia è (tanto) intelligente quanto Lucia.
Giulia is as intelligent as Lucia.

If one person or object possesses a certain quality to a higher or lower degree than another's ('more / less...than' in English) you use:

- **più / meno ... di ...** when you compare two nouns or pronouns

Milano è più inquinata di Lucca.
Milano is more polluted than Lucca.

I miei fratelli sono meno alti di me.
My brothers are less tall than I am.

GRAMMAR

- **più / meno ... che ...** when you compare adjectives, verbs or adverbs

È più ricco che intelligente.
He is richer than he is intelligent.

È più facile scrivere che parlare.
Writing is easier than speaking.

Preferisco stare qui che lì.
I'd rather stay here than there.

Note: the ending of the adjective agrees in gender and number with the noun it qualifies.

- There are four adjectives which have a regular comparative form as well as an irregular one: **buono, cattivo, grande, piccolo**.

Adjective	Regular comparative	Irregular comparative
buono (good)	più buono (better)	migliore (better)
cattivo (bad)	più cattivo (worse)	peggiore (worse)
grande (big)	più grande (bigger)	maggiore (bigger)
piccolo (small)	più piccolo (smaller)	minore (smaller)

Questo caffè è più buono / migliore di quello.
This coffee is better than that one.

I problemi che dobbiamo affrontare sono più grandi / maggiori dei vostri.
The problems we have to tackle are bigger than yours.

C8 Superlative adjectives (*Gli aggettivi superlativi*)

To say 'the most / the least' in Italian you use:

- the definite article + **più / meno** + adjective

Venezia è la città più bella del mondo.
Venice is the most beautiful city in the world.

È il libro meno caro che ho trovato.
It's the cheapest book I've found.

Note: the ending of the adjective agrees in gender and number with the noun it qualifies.

- Like in the case of the comparatives, there are four adjectives which have a regular superlative form as well as an irregular one: **buono, cattivo, grande, piccolo**.

Adjective	Regular superlative	Irregular superlative
buono (good)	il più buono (the best)	il migliore (the best)
cattivo (bad)	il più cattivo (the worst)	il peggiore (the worst)
grande (big)	il più grande (the biggest)	il maggiore (the biggest)
piccolo (small)	il più piccolo (the smallest)	il minore (the smallest)

Qui si fa la pizza più buona / migliore.
They make the best pizza here.

È la cattedrale più grande / maggiore d'Europa.
It's the biggest cathedral in Europe.

- The equivalent of the English 'very / really...' is formed by dropping the final vowel of the adjective and adding the suffix **-issimo/a/i/e**.

un gelato buonissimo / una città affollatissima
a very good ice-cream / a really crowded city

i biglietti carissimi / le lezioni noiosissime
the very expensive tickets / the very boring lessons

- You can also use **molto** + the adjective. Note that **molto** is invariable in this case.

È un gelato molto buono!
It's a really good ice-cream!

Questi biglietti sono molto cari.
These tickets are very expensive.

- Irregular superlatives: **ottimo** from **buono** (very good, the best) and **minimo** from **piccolo** (minimal, the least).

un ottimo formaggio   an excellent cheese

un contenuto di zucchero minimo   a minimal amount of sugar

C9 Demonstrative adjectives (*Gli aggettivi dimostrativi*)

The demonstrative adjectives are: **questo** (this) and **quello** (that).

- **Questo** follows the regular pattern for **-o** ending adjectives.

	Singular	Plural
Masculine	questo	questi
Feminine	questa	queste

questo esercizio / questi esercizi   this exercise / these exercises

questa penna / queste penne   this pen / these pens

- **Quello** follows the pattern of the definite article.

	Singular	Plural
Masculine	quel (il)	quei (i)
	quell' (l')	quegli (gli)
	quello (lo)	quegli (gli)
Feminine	quella (la)	quelle (le)
	quell' (l')	quelle (le)

quel libro / quei libri   that book / those books

quell'amico / quegli amici   that friend / those friends

quello studente / quegli studenti   that student / those students

quella macchina / quelle macchine   that car / those cars

quell'arancia / quelle arance   that orange / those oranges

GRAMMAR

C10 Indefinite adjectives (*Gli aggettivi indefiniti*)

The indefinite adjectives are used to indicate unspecified things or persons. The most common ones are: **ogni**, **qualche**, **qualunque** and **qualsiasi**. They are invariable and are followed by *singular nouns*.

- **ogni** (every, each)

ogni giorno / anno every day / year

- **qualche** (a few, some)

qualche mese / settimana a few months / weeks

An alternative adjective that has the same meaning is **alcuni/e**. Note it is followed by a plural noun.

alcuni mesi / alcune settimane a few months / weeks

- **qualunque / qualsiasi** (any, whatever, whichever)

Qualunque / qualsiasi città visiteremo ci divertiremo.
Whichever city we visit we'll have fun.

Other common indefinite adjectives are:

- **alcuno/a/i/e** (some)

alcuni studenti some students

alcune fragole some strawberries

Note: in a negative construction **alcuno/a** means 'not any'.

Non avevo alcuna intenzione di andare al mare.
I didn't have any intention of going to the seaside.

- **altrettanto/a/i/e** (as much / as many)

Abbiamo altrettanto lavoro.
We have as much work.

Ho tre pagine da studiare ed altrettanti esercizi da fare.
I have three pages to study and as many exercises to do.

- **altro/a/i/e** (other / another)

Ho un'altra giornata di ferie.
I have another day of holiday.

Hanno altri lavori da fare.
They have other jobs to do.

- **ciascuno** (each) which is used in the singular form and follows the same rule as the indefinite article (**un**, **uno**, **un'**, **una**).

Masculine	*ciascun libro* (un)	each book
	ciascuno studente (uno)	each student
Feminine	*ciascuna ragazza* (una)	each girl
	ciascun'infermiera (un')	each nurse

- **molto/a/i/e** (much / many / a lot of) or **parecchio/a/i/e** (much / many / a lot of) both of which agree in gender and number with the noun that follows.

molta / parecchia umidità much / a lot of humidity
molte / parecchie persone many / a lot of people

- **troppo/a/i/e** (too much / too many) which agrees in gender and number with the noun that follows.

troppo lavoro / troppa acqua
too much work / too much water

troppi turisti / troppe macchine
too many tourists / too many cars

- **tutto/a/i/e** (all, the whole) which is always followed by the definite article and agrees in gender and number with the noun that follows.

tutto il tempo all the time / the whole time
tutta la giornata all day long
tutti i professori all the teachers
tutte le sorelle all the sisters

D Prepositions (*Le preposizioni*)

D1 Simple prepositions (*Le preposizioni semplici*)

There are many prepositions in Italian. They are always followed by a noun or a pronoun and can never be placed at the end of a sentence or question like in English. The most common ones are: **a** (to, at, in), **da** (from, by), **su** (on, about), **di** (of, by, from), **in** (in, to, by), **per** (for), **fra / tra** (between, in), **con** (with).

Their meaning often changes according to the word they are linked with and the context. For example, when you mention where you live or you were born, you have to use the preposition **a** with towns and cities but the preposition **in** with countries or regions.

*Abito **a** Milano.*
I live in Milan.

*Luca è nato **in** Italia, **in** Umbria.*
Luca was born in Italy, in Umbria.

*La mia famiglia vive **in** Sardegna.*
My family lives in Sardinia.

Another example: if you want to say you are from a city or town, you have to use preposition **di**.

*Sophie è **di** Londra.*
Sophie is from London.

However, with the verb *venire* (to come), you have to use preposition **da**.

GRAMMAR

Vengo da Napoli.
I come from Naples

Manon viene dalla Francia.
Manon comes from France.

Questi pomodori vengono dall'Italia.
These tomatoes come from Italy.

Note that with this particular construction the names of countries are always preceded by the definite article, so you have to combine the preposition *da* with the appropriate definite article to say which country a person is from. See section D2 for more information.

The general advice regarding prepositions is to note their meaning in context, as they do not often correspond to their English counterparts.

The verb **andare** (to go), for example, can be followed by different prepositions, depending on the place you are going to. See section D4 to find out more.

Other useful prepositions to know are:

circa	roughly, about
contro	against
dentro	inside
dietro	behind
dopo	after
lungo	along
senza	without
sopra	above, on
sotto	under
tranne	except
verso	towards, about

Note the use of **da** in expressions like **da bambino** (when I was a child).

Note also the use of **da** + present tense to express duration:

Studio italiano da molto tempo.
I've been studying Italian for a long time.

See also section K3.

D2 Combined prepositions (*Le preposizioni articolate*)

The prepositions *a*, *da*, *di*, *in* and *su* combine with the definite articles to form a single word.

	il	lo	la	l'	i	gli	le
a	al	allo	alla	all'	ai	agli	alle
da	dal	dallo	dalla	dall'	dai	dagli	dalle
di	del	dello	della	dell'	dei	degli	delle
in	nel	nello	nella	nell'	nei	negli	nelle
su	sul	sullo	sulla	sull'	sui	sugli	sulle

Ecco la piantina della città.
Here's a map of the city.

La giacca è sul letto.
The jacket is on the bed.

Dalla mia finestra vedo il duomo.
From my window I can see the cathedral.

Note: *di* + the definite article can also have the meaning of 'some / any' in English. See section B4 for more information.

There are some prepositions followed by *a*, *di* or *da* which also combine with the definite article. Here are some common ones.

accanto a (next to)	*accanto al ristorante* next to the restaurant
al centro di (in the centre of)	*al centro del salotto* in the centre of the lounge
davanti a (in front of)	*davanti ai negozi* in front of the shops
dietro a (behind)	*dietro alla casa* behind the house
di fronte a (opposite)	*di fronte alla banca* opposite the bank
fino a (up to / until)	*fino al semaforo* up to the traffic light
in fondo a (at the end / the bottom of)	*in fondo alla strada* at the end of the street
in mezzo a (in the middle of)	*in mezzo alla piazza* in the middle of the square
intorno a (around)	*intorno al castello* around the castle
lontano da (far from)	*lontano dalla spiaggia* far from the beach
prima di (before)	*prima del ponte* before the bridge
vicino a (near)	*vicino al mare* near the sea

D3 Verbs and prepositions (*Verbi seguiti da preposizioni*)

Many verbs followed by an infinitive require either preposition *di* or *a*. Here is a list of some common ones.

- common verbs requiring preposition *di*:

cercare di	to try
decidere di	to decide
dimenticarsi di	to forget
finire di	to finish
promettere di	to promise to
ricordarsi di	to remember
smettere di	to stop / quit
sognare di	to dream of

157

GRAMMAR

*Cerco **di** fare questo esercizio.*
I am trying to do this exercise.

*Ha smesso **di** fumare.*
She stopped smoking.

- common verbs requiring preposition **a**:

abituarsi a	to get used to
aiutare a	to help to
cominciare a	to start
continuare a	to continue
imparare a	to learn to
insegnare a	to teach to
riuscire a	to succeed in / to manage to

*Ho cominciato **a** studiare l'italiano due anni fa.*
I started studying Italian two years ago.

*Sta imparando **a** suonare il piano.*
She is learning to play the piano.

D4 Prepositions with the verb *andare* (*Le preposizioni con il verbo "andare"*)

The verb **andare** can be followed by different prepositions, depending on the place you go to. There are no rules that tell you which preposition to use. Note how the prepositions combine with the definite article in some cases. Here are some examples:

andare a scuola	to go to school
al cinema	to the cinema
al mare	to the seaside
al supermercato	to the supermarket
alla stazione	to the station
a teatro	to the theatre
in banca	to the bank
in campagna	to go to the countryside
in centro	to the centre
in discoteca	to the disco
in montagna	to the mountains
in palestra	to the gym
in spiaggia	to the beach

Before the name of a shop you have to use preposition **da**.

*Vado **da** Sainsbury a fare la spesa.*
I go to Sainsbury's to do my shopping.

You also have to use preposition **da** before names of people or professions.

*Stasera andiamo **da** Lucia.*
Tonight we are going to Lucia's.

*Devo andare **dal** dottore / **dal** dentista.*
I must go to the doctor's / the dentist's.

E Adverbs (*Gli avverbi*)

E1 Adverbs of manner and formation (*Gli avverbi di modo e formazione*)

There are many different types of adverbs depending on their function. The adverbs of manner tell you *how* something is done. They are the equivalent of the English *-ly*.

- Many of them are formed by adding **-mente** to the feminine form of the adjective.

*allegra – allegra**mente***	cheerfully
*fortunata – fortunata**mente***	luckily
*veloce – veloce**mente***	quickly

- Adjectives ending in **-le** or **-re** drop the final **-e** before adding **-mente**.

*naturale – natural**mente***	naturally
*facile – facil**mente***	easily)

- These types of adverbs are usually placed after the verbs.

Lo vedo regolarmente	I see him regularly.
Può parlare lentamente?	Can you speak slowly?

- In this category of adverbs there are some that don't follow the above pattern. For example:

bene	well	*male*	badly
piano	softly/slowly	*forte*	fast/loudly

E2 Adverbs of time and frequency (*Gli avverbi di tempo e di frequenza*)

These adverbs answer the question *when?* (adverbs of time) or *how often?* (adverbs of frequency). Here are some of the most common ones.

a volte sometimes	*domani* tomorrow	*ieri* yesterday
adesso now	*dopo* after	*non ... mai* never
allora then	*di solito* usually	*oggi* today
ancora still, again	*fa* ago	*ogni tanto* now and again
appena just	*già* already	*presto* early

prima — before
spesso — often
sempre — always
tardi — late

E3 Adverbs of place (Gli avverbi di luogo)

These adverbs tell you *where* something takes or took place. Here are some of the most common ones.

dappertutto	everywhere
davanti	in front
dietro	behind
lì / là	there
qui / qua	here

E4 Adverbs of quantity (Gli avverbi di quantità)

Adverbs of quantity answer the question *how much?* and to *what extent?* Here are some common ones.

abbastanza (+ noun) sufficiently / enough	*appena* not quite / barely	*poco* little / not much
abbastanza (+adj) quite / fairly	*circa* about / roughly	*quasi* almost / nearly
ancora some more	*meno* less	*troppo* too / too much
	molto / tanto very / a lot	*un po'* a bit

Note: adverbs do not change their endings, unlike adjectives.

Ho mangiato molto / troppo
I've eaten a lot / too much. (*adverb*)

Ho mangiato molta frutta / molti biscotti.
I've eaten a lot of fruit / many biscuits. (*adjective*)

E5 Uses of ci (c'è, ci sono, ci vado) (Gli usi di "ci")

Ci is an adverb that means 'there'. It is used to avoid repeating the name of a place and is placed before the verb.

*"Quando vai in Spagna?" "**Ci** vado la settimana prossima."*
"When are you going to Spain?" "I am going there next week."

Note the following expressions with the verb **essere**: **c'è** (there is), **ci sono** (there are).

C'è una banca in centro?
Is there a bank in the centre?

Ci sono molti studenti.
There are many students.

E6 Interrogative adverbs (Gli avverbi interrogativi)

The interrogative adverbs are used to ask questions. Here are the main ones.

Quando ...? When ...?	**Quando** arriva il treno? When is the train arriving?
Dove ...? Where ...?	**Dove** abita il tuo ragazzo? Where does your boyfriend live?
Come ...? How / What ...?	**Come** si chiama tuo cugino? What is your cousin called?
Perché ...? Why ...?	**Perché** non sei venuto ieri? Why didn't you come yesterday?
Quanto ...? How much ...?	**Quanto** hai speso? How much did you spend?

With **quando, dove, come, quanto** the final vowel drops if it comes before **è**, **era**, **erano** (is, was, were).

Dov'è la tua casa?
Where is your house?

Com'erano i tuoi nonni?
What were your grandparents like?

Quand'è il tuo compleanno?
When's your birthday?

Quant'è il conto?
How much is the bill?

E7 Comparative adverbs (Gli avverbi comparativi)

Just like with adjectives you can make comparisons with adverbs using the same construction (see section C7). To make a comparison with an adverb you use **più / meno** + adverb + **di**:

Luca corre più velocemente di Marco.
Luca runs faster than Marco.

Parla più chiaramente di lui.
He speaks more clearly than him.

Note the following irregular comparative adverbs:

bene (well) → *meglio* (better)
male (bad / badly) → *peggio* (worse)

Oggi mi sento meglio / peggio di ieri.
Today I feel better / worse than yesterday.

E8 Superlative adverbs (Gli avverbi superlativi)

Superlative adverbs describe the action of a person or thing compared to that of several others. To form it you use **il + più / meno** + adverb (often followed by the word **possibile**):

Parla il più lentamente possibile.
He is speaking as slowly as possible.

GRAMMAR

Vado in centro il meno spesso possibile.
I go to the centre as rarely as possible.

E9 Common adverbial phrases (*Le locuzioni avverbiali più comuni*)

In Italian there are many adverbs composed by more than one word. Here are some common ones:

all'improvviso
all of a sudden

fino ad ora
up until now / so far

in ritardo / in anticipo
late / early

nel frattempo
in the meantime

niente affatto / per nulla
not at all

(a) poco a poco
little by little

Note these adverbial expressions used for comparing:

da una parte … dall'altra / da un lato … dall'altro
on one hand … on the other …

F Pronouns (*I pronomi*)

F1 Subject pronouns (*I pronomi personali soggetto*)

The subject pronouns are:

Singular	Plural
io (I)	*noi* (we)
tu (you)	*voi* (you)
lui/lei (he/she/it)	*loro* (they)
Lei (you, formal)	

They are used far less than in English. The information of who is doing the action is already contained in the ending of the verb so they are not necessary.

Lavoro a Milano.   I work in Milan.

Studiamo francese.   We study French.

Subject pronouns are used to put emphasis.

Io lavoro a Milano ma lei lavora a Roma.
I work in Milan but she works in Rome.

F2 Direct object pronouns (*I pronomi diretti*)

The direct object pronouns are:

Singular	Plural
mi (me)	*ci* (us)
ti (you)	*vi* (you)
lo (him / it)	*li* (them, m)
la / La (her / it / you, formal)	*le* (them, f)

The direct object pronoun refers to the person or thing that receives the action of the verb. It is generally placed in front of the verb, unlike in English.

È un libro interessante. Lo consiglio.
It's an interesting book. I recommend it.

Quando ti posso chiamare?
When can I call you? (informal)

Quando La posso chiamare?
When can I call you? (formal)

When the direct object pronoun comes before a compound tense with the auxiliary **avere**, the past participle agrees in gender (*m/f*) and number (*sing/pl*) with the direct object pronoun.

Dove hai comprato quella borsa? L'ho comprata al mercato.
Where did you buy that bag? I bought it at the market.

Hai incontrato i miei amici? Sì, li ho incontrati ieri.
Have you met my friends? Yes, I met them yesterday.

Note: *lo* and *la* shorten to *l'* before an h or a vowel.

F3 Uses of *ecco* with pronouns (*Gli usi di "ecco" con i pronomi*)

Ecco is a word often used with direct object pronouns, which attach to the end to mean 'here I am, here you are, here he / she / it is', and so on.

Dov'è Jenny? Eccola!
Where is Jenny? Here she is!

Hai trovato il passaporto? Sì, eccolo!
Have you found the passport? Yes, here it is!

F4 Indirect object pronouns (*I pronomi indiretti*)

The indirect object pronouns are:

Singular	Plural
mi (to me)	*ci* (to us)
ti (to you)	*vi* (to you)
gli (to him / to it)	*gli* (to them, m/f)
le / Le (to her / to it / to you, formal)	*loro* (to them, m/f)

The indirect object pronouns receive the action of the verb indirectly. In English they are often preceded by 'to' or 'for'. They agree in gender and number with the noun they replace. Like in the case of the direct object pronouns they are generally placed in front of the verb, with the exception of ***loro*** which always comes after.

160

Cosa le hai detto?
What did you tell her?

Ci hanno dato l'indirizzo sbagliato.
They gave us the wrong address.

Gli scrivo ogni giorno.
I write to him/them every day.

Telefono loro ogni sera.
I ring them every evening.

Many verbs take the indirect object pronoun when they refer to a person. For example:

chiedere a qualcuno
to ask someone

regalare a
to give as a present

dare a
to give

rispondere a
to answer

dire a
to tell

scrivere a
to write to

mostrare a
to show

telefonare a
to ring

raccontare a
to tell

Cosa ti hanno regalato? What did they give you as a present?

Gli ho detto che non posso venire. I told him I can't come.

The verb **piacere** (to like) also requires the indirect object pronoun. See section G6.

F5 Reflexive pronouns (*I pronomi riflessivi*)

The reflexive pronouns are:

Singular	Plural
mi (myself)	*ci* (ourselves)
ti (yourself)	*vi* (yourselves)
si (himself / herself / itself)	*si* (themselves)
si (yourself formal)	

Reflexive pronouns are used with reflexive verbs. See section G7 for an explanation.

F6 Position of pronouns with infinitive, gerund and imperative (*La posizione dei pronomi con l'infinito, il gerundio e l'imperativo*)

Pronouns usually precede the verbs but there are some cases when they follow them. Note:

- Pronouns are usually tagged at the end of a **gerund**.

La farai felice portandola al cinema.
You will make her happy by taking her to the cinema.

- If however, the gerund forms part of the **stare** + gerund construction, you can either place it before the verb or at the end of the gerund.

Gli sto scrivendo un SMS. or *Sto scrivendogli un SMS.*
I am writing a text message to him.

- With the **imperative**, pronouns must be placed before the verb in the case of the formal imperative (*Lei*) but after it with all the other persons.

Mi telefoni domani!
Ring me tomorrow! (formal)

Telefonami/telefonatemi domani!
Ring me tomorrow! (informal/you plural)

- Pronouns are usually tagged at the end of an **infinitive**.

È venuta a trovarmi ieri. She came to see me yesterday.

- In the case of **infinitives** following a modal verb (**volere, dovere, potere, sapere**) pronouns can be placed before the verb or tagged at the end of the infinitive.

Lo voglio vedere subito. or *Voglio vederlo subito.*
I want to see him immediately.

Le devo parlare. or *Devo parlarle.*
I must speak to her.

F7 Demonstrative pronouns (*I pronomi dimostrativi*)

A demonstrative pronoun is used instead of a noun to point out people or things. In Italian there are two: **questo** (this/this one) and **quello** (that/that one). They agree in gender and number with the noun they refer to or replace.

	Singular	Plural
Masculine	*questo* (this/this one)	*questi* (these/these ones)
Feminine	*questa* (this/this one)	*queste* (these/these ones)

	Singular	Plural
Masculine	*quello* (that/that one)	*quelli* (those/those ones)
Feminine	*quella* (that/that one)	*quelle* (those/those ones)

Questo è mio fratello.
This is my brother.

Quella è la mia classe.
That's my class.

Non voglio questo/a. Preferisco quello/a..
I don't want this one. I prefer that one.

Note: when **quello** is used as an adjective it has more forms than the pronoun. See section C9.

F8 Interrogative pronouns (*I pronomi interrogativi*)

Interrogative pronouns are used without a noun to ask questions. They are:

161

GRAMMAR

Chi ...? Who ...?	**Chi** hai visto ieri? Who did you see yesterday?
(Che) cosa ...? What ...?	**Cosa** fai oggi pomeriggio? What are you doing this afternoon?
Quale/i ...? Which one/ones ...?	Abbiamo cinque tipi di pizza. **Quale** vuole? We have five types of pizzas. Which one do you want?
Quanto/a ...? How much ...?	È un'ottima minestra. **Quanta** ne vuoi? It's a great soup. How much do you want?
Quanti/e ...? How many ...?	"Ho comprato un po' di mele." "**Quante**?" 'I bought a few apples'. 'How many?'

While **chi?** and **che cosa? / che? / cosa?** are invariable, **quale** and **quanto** agree with the noun they refer to.

Note: *Di chi...?* means *Whose...?* Unlike the English *Whose*, *Di chi...* cannot be followed by a noun.

Di chi è questo cellulare?
Whose mobile phone is this?

Di chi sono quelle scarpe?
Whose shoes are those?

F9 Relative pronouns (*I pronomi relativi*)

Relative pronouns link two clauses. They can refer to a person or a thing and are used to avoid repetitions.

- The most common relative pronoun is **che** (*who*, *that*, *which*). It is invariable and can have the function of subject or of object.

La ragazza che canta è mia cugina. (subject)
The girl who is singing is my cousin.

Il film che ho visto è bellissimo. (object)
The film (that) I saw yesterday is very good.

Note: in English you usually omit the relative pronoun when it is used as an object but in Italian you always have to use it.

- When the relative pronoun is used **with a preposition** (*in*, *con*, *a*, *da* etc.), you use **cui**.

La città in cui vivo è molto inquinata.
The city in which I live is very polluted.

Il ragazzo a cui scrivo si chiama Giorgio.
The boy to whom I write is called George.

- An alternative to **che** or **cui** is *il quale / la quale / i quali / le quali*. Unlike **che** and **cui**, which are invariable, these pronouns agree in gender and number with the noun they refer to. These pronouns are mainly used in the written language.

La città nella quale (in + la quale = nella quale) *vivo è molto inquinata.*

Il ragazzo al quale (a + il quale = al quale) *scrivo si chiama Giorgio.*

- The **definite article** + **cui** + **a noun** has the meaning of *whose* and expresses possession. The article must agree with the noun it refers to.

il cui professore	whose teacher
la cui scuola	whose school
i cui amici	whose friends
le cui figlie	whose daughters

Gianni, il cui padre è un chirurgo famoso, ha deciso di studiare Medicina.
Gianni, whose father is a famous surgeon, has decided to study medicine.

- Another relative pronoun is **chi**. It is always singular and it means 'the person / the people who', 'whoever'.

Chi non ha capito la regola di grammatica deve fare questi esercizi.
The person who / Whoever hasn't understood the grammar rule must do these exercises.

- It is also worth noting the relative pronoun **quello che / ciò che** literally 'that which', which translates with 'what' in English.

Non capisco quello che / ciò che mi dice.
I don't understand what he is saying to me.

Quello che / ciò che hai detto non è vero.
What you said is not right.

F10 Disjunctive pronouns (*I pronomi disgiuntivi o tonici*)

Disjunctive or stressed pronouns are the ones used after a preposition. They are also used when you want to put emphasis on the pronoun. They are:

Singular	Plural
me (me)	noi (us)
te (you)	voi (you, *pl*)
lui (him) / lei (her)	loro (them)
Lei (you, *formal*)	

Vorrei parlare con lui / lei.
I'd like to talk to him / her.

L'ha fatto per me.
He did it for me.

F11 Possessive pronouns (*I pronomi possessivi*)

Possessive pronouns, just like possessive adjectives, agree with the noun they refer to and not with the subject like in English.

GRAMMAR

	Singular		Plural	
	Masculine	Feminine	Masculine	Feminine
mine	*il mio*	*la mia*	*i miei*	*le mie*
yours	*(il) tuo*	*(la) tua*	*(i) tuoi*	*(le) tue*
his / hers / its	*(il) suo*	*(la) sua*	*(i) suoi*	*(le) sue*
ours	*(il) nostro*	*(la) nostra*	*(i) nostri*	*(le) nostre*
yours (plural)	*(il) vostro*	*(la) vostra*	*(i) vostri*	*(le) vostre*
theirs	*(il) loro*	*(la) loro*	*(i) loro*	*(le) loro*

Questo è il mio cellulare. Dov'è il tuo?
This is my mobile phone. Where is yours?

Il nostro indirizzo è … E il vostro?
Our address is … And yours?

Possessive pronouns are normally preceded by the definite article. When they follow the verb **essere** the definite article drops.

"Di chi è questa bicicletta?" "È mia!"
'Whose bicycle is this?' 'It's mine'.

"Di chi sono quelle chiavi?" "Sono nostre".
'Whose keys are those?' 'They are ours.'

F12 Indefinite pronouns (*I pronomi indefiniti*)

Indefinite pronouns refer to unspecific people and things and are only used in the singular form. The most common ones are:

qualcosa (something, anything)	*Vorremmo qualcosa da bere.* We'd like something to drink. *C'è qualcosa da fare?* Is there anything to do?
qualcuno (someone, somebody)	*Qualcuno mi ha detto che eri partito.* Someone told me you had left.
ognuno / ciascuno (each one, every one)	*Ognuno deve fare il proprio dovere.* Everyone must do their duty.
niente / nulla (nothing, anything) See section H2 for double negatives.	*Niente mi fa paura.* Nothing scares me. *Non ho mangiato niente.* I haven't eaten anything.
nessuno (no one, nobody) See section H2 for double negatives.	*Nessuno è venuto alla riunione.* Nobody came to the meeting. *Non ho visto nessuno.* I haven't seen anyone.
uno (one)	*Ne ho visto uno.* I have seen one.

Note: *qualcosa*, *niente* and *nulla* are invariable, while the others take the gender of the noun they refer to.

F13 Partitive pronoun *ne* (*Il pronome partitivo "ne"*)

Ne is a pronoun which corresponds to the English 'some / any of it / of them' in phrases that refer to quantities and numbers. It avoids the need to repeat a noun that has previously been mentioned. In English it is not translated, but you cannot leave it out in Italian.

"Hai portato dell'acqua?" "Sì, ne ho una bottiglia".
'Did you bring any water?' 'Yes, I have a bottle (of it).'

"Hai molti amici su Facebook?" "Sì, ne ho più di 500".
'Have you got many friends on Facebook?' 'Yes, I have more than 500 (of them).'

G Verbs (*I verbi*)

There are three conjugations of verbs in Italian. The ending of the infinitive tells you if the verb belongs to the first conjugation (**-are**), second conjugation (**-ere**) or third conjugation (**-ire**). In the third conjugation there are two types of verbs. To conjugate a verb you add the appropriate ending to the stem of the infinitive.

G1 Present tense regular verbs (*Il presente dei verbi regolari*)

The present tense is used to describe what is taking place right now or usually. It can also be used to talk about something which is going to happen soon. This is how regular verbs conjugate:

	abitare	prendere	partire	capire
	(to live)	(to take)	(to leave)	(to understand)
io	abit-**o**	prend-**o**	part-**o**	cap-**isco**
tu	abit-**i**	prend-**i**	part-**i**	cap-**isci**
lui / lei	abit-**a**	prend-**e**	part-**e**	cap-**isce**
noi	abit-**iamo**	prend-**iamo**	part-**iamo**	cap-**iamo**
voi	abit-**ate**	prend-**ete**	part-**ite**	cap-**ite**
loro	abit-**ano**	prend-**ono**	part-**ono**	cap-**iscono**

Note: in the **tu** and the **noi** form there are some spelling changes for the following verbs:

GRAMMAR

- verbs ending in **-ciare** and **-giare** drop the **i** of the stem

cominci-are (to start)
tu cominc-i (you start)   *noi cominc-iamo* (we start)

mangi-are (to eat)
tu mang-i (you eat)   *noi mang-iamo* (we eat)

- verbs ending in **-care** and **-gare** insert an **h** in the second person singular and first person plural

gioc-are (to play)
tu gioch-i (you play)   *noi gioch-iamo* (we play)

pag-are (to pay)
tu pagh-i (you pay)   *noi pagh-iamo* (we pay)

In Italian when we talk about an action which started in the past but is ongoing we use the present tense, not the perfect tense like in English. The preposition to use to indicate the length of time is *da*.

Suono il piano da dieci anni.
I have been playing the piano for ten years.

Abitiamo qui da due mesi.
We have lived here for two months.

G2 Present tense irregular verbs (*Il presente dei verbi irregolari*)

There are many verbs which don't follow the regular pattern. These are the most common ones:

	fare	andare	venire	uscire	tenere
	(to make)	(to go)	(to come)	(to go out)	(to keep)
io	faccio	vado	vengo	esco	tengo
tu	fai	vai	vieni	esci	tieni
lui / lei	fa	va	viene	esce	tiene
noi	facciamo	andiamo	veniamo	usciamo	teniamo
voi	fate	andate	venite	uscite	tenete
loro	fanno	vanno	vengono	escono	tengono

G3 Common uses of *fare* (*Usi comuni del verbo "fare"*)

The verb **fare** can be translated in many different ways, depending on the word that follows. For example:

fare i biglietti
to get the tickets

fare i compiti / la spesa
to do the homework / the shopping

fare il bagno / la doccia
to have a bath / shower

fare il letto
to make the bed

fare la valigia
to pack

fare una foto
to take a picture

fare una passeggiata
to go for a walk

It can also be used to talk about the weather:

Fa bello / brutto / freddo / caldo.
It's nice / bad / cold / hot (weather wise).

Note the causative construction: **fare + infinitive** (to make someone do something or to get something done).

Mi ha fatto aspettare un'ora.
He made me wait for an hour.

Ho fatto lavare la macchina.
I had the car washed.

G4 The auxiliaries *essere* and *avere* (*Gli ausiliari "essere" e "avere"*)

Essere and **avere** are two very important auxiliary verbs which are used to form compound tenses.

	essere	avere
	(to be)	(to have)
io	sono	ho
tu	sei	hai
lui / lei	è	hai
noi	siamo	abbiamo
voi	siete	avere
loro	sono	hanno

G5 Uses of *avere* (*Usi di "avere"*)

The verb **avere** (to have) is sometimes used in Italian where in English you would use the verb 'to be'. Note the following expressions with **avere**:

avere ... anni
to be ... years old

avere caldo / freddo
to be hot / cold

avere sonno
to be sleepy

avere fame / sete
to be hungry / thirsty

avere fretta
to be in a hurry

avere paura
to be frightened

avere torto / ragione
to be right / wrong

There are other idiomatic expressions that use **avere**. For example:

avere bisogno di (to need)
Ho bisogno di soldi.   I need money.

avere voglia di (to feel like)
Non ho voglia di andare.   I don't feel like going.

avere intenzione di (to intend to)
Non ha intenzione di venire.   He is not intending to come.

avere mal di (to have an ... ache)
Ho mal di denti / mal di testa.   I have a toothache/headache.

164

G6 The verb *piacere* (*Il verbo "piacere"*)

The verb **piacere** (to like) behaves in a different way from English as what you like is the subject of the phrase, not the object. Instead of saying: *I like pizza* or *I like strawberries* in Italian you say: *pizza is pleasing to me / strawberries are pleasing to me*.

- If what you like or don't like is a singular noun or a verb you use the third person singular **piace**.

Mi piace la pizza / l'Italia / leggere.
I like pizza / Italy / reading.

Non mi piace il tè / pulire la mia stanza.
I don't like tea / cleaning my room.

- If what you like or don't like is a plural noun you use the third person plural **piacciono**.

Mi piacciono i funghi / le fragole.
I like mushrooms / strawberries.

Non mi piacciono i ragni / i broccoli.
I don't like spiders / broccoli.

- With the verb **piacere** you must use the indirect pronouns (see section F4):

mi piace / piacciono	(I like)
ti piace / piacciono	(you like)
gli / le piace / piacciono	(he / she likes)
ci piace / piacciono	(we like)
vi piace / piacciono	(you *pl* like)
gli piace / piacciono	(they like)

G7 Reflexive verbs (*I verbi riflessivi*)

A reflexive verb describes an action that the subject does to itself (to dress oneself, to wash oneself etc.). Many Italian reflexive verbs contain 'get' in the English translation (to get up, to get bored etc.). The infinitive of reflexive verbs ends in **-si**. These verbs always require a reflexive pronoun in front (see section F5). The verb then conjugates following the normal pattern for regular verbs.

	alzarsi	accorgersi	divertirsi
	(to get up)	(to realise)	(to enjoy oneself)
io	mi alz-**o**	mi accorg-**o**	mi divert-**o**
tu	ti alz-**i**	ti accorg-**i**	ti divert-**i**
lui / lei	si alz-**a**	si accorg-**e**	si divert-**e**
noi	ci alz-**iamo**	ci accorg-**iamo**	ci divert-**iamo**
voi	vi alz-**ate**	vi accorg-**ete**	vi divert-**ite**
loro	si alz-**ano**	si accorg-**ono**	si divert-**ono**

Mi alzo sempre alle otto.
I always get up at eight.

Non si accorge del suo errore.
He doesn't realise his mistake.

Si divertono molto durante la lezione.
They enjoy themselves a lot during the lesson.

G8 Modal verbs (*I verbi modali*)

Dovere (to have to), **potere** (to be able to), **volere** (to want to) and **sapere** (to know how to) are known as modal verbs. They conjugate in an irregular way and are always followed by the infinitive of the verb without any preposition. Here is the present tense:

	dovere	potere	volere	sapere
io	devo	posso	voglio	so
tu	devi	puoi	vuoi	sai
lui / lei	deve	può	vuole	sa
noi	dobbiamo	possiamo	vogliamo	sappiamo
voi	dovete	potete	volete	sapete
loro	devono	possono	vogliono	sanno

Oggi non posso uscire. Devo studiare.
I can't go out today. I must study.

Vuoi venire con noi al cinema?
Do you want to come with us to the cinema?

Non sa cucinare.
He / she doesn't know how to cook.

G9 Gerund and Present continuous (*stare* + gerund) (*Il gerundio e il presente progressivo*)

The gerund corresponds to the *-ing* ending of the verb in English. It is formed by changing the infinitive ending to **-ando** in the case of the first conjugation verbs and **-endo** in the case of the second or third conjugation verbs.

lavor-are (to work) – *lavor-ando* (working)

legg-ere (to read) – *legg-endo* (reading)

dorm-ire (to sleep) – *dorm-endo* (sleeping)

To form the present continuous, which is used to express an action happening at the time the person is speaking, you need the **present tense of *stare* + the gerund**.

Sto lavorando. Non disturbatemi!
I am working. Don't disturb me!

Stiamo leggendo la Divina Commedia.
We are reading the Divine Comedy.

Stanno dormendo.
They are sleeping.

Note: you can't use this construction to talk about something which is going to happen in the future like you do in English.

GRAMMAR

G10 Impersonal forms and the impersonal *si* (*Le forme impersonali e il "si" impersonale*)

Impersonal verbs do not refer specifically to a subject. They are often translated with 'it' in English. They always require the third person singular of the verb. For example:

Bisogna arrivare in orario alla lezione.
It is necessary to arrive on time to the lesson.

Basta compilare questo modulo.
It is enough to / you only need to fill in this form.

Weather expressions are impersonal:

Fa freddo / Fa caldo.
It's cold / It's hot.

Piove / Nevica.
It is raining / It is snowing.

When we are talking about what people generally do, we use the impersonal *si*. It is called impersonal, because it does not have a specific person as a subject. It is constructed using *si* + third person singular of the verb.

In Italia si guida sulla destra.
In Italy you/people drive on the right.

In Italia si va a scuola a 6 anni.
In Italy you go to school when you are 6 years old.

Note: with reflexive verbs the impersonal *si* turns into *ci*.

Ci si annoia molto alle lezioni di chimica.
One gets really bored during chemistry lessons.

G11 Perfect tense (*Il passato prossimo*)

The perfect tense is used to talk about one off actions that happened in the past. It is formed by using the **present tense of *avere*** or ***essere*** followed by the **past participle** of the verb.

The past participle of regular verbs is formed by changing the infinitive ending to **-ato** in the case of the first conjugation verbs, **-uto** in the case of the second conjugation verbs, **-ito** in the case of the third conjugation verbs.

lavor-are (to work) → *lavor-ato* (worked)

ricev-ere (to receive) → *ricev-uto* (received)

fin-ire (to finish) → *fin-ito* (finished)

The majority of verbs require the auxiliary *avere*. The past participle is the same for all persons.

	lavorare	ricevere	finire
	(to work)	(to receive)	(to finish)
io	ho lavorato	ho ricevuto	ho finito
tu	hai lavorato	hai ricevuto	hai finito
lui / lei	ha lavorato	ha ricevuto	ha finito
noi	abbiamo lavorato	abbiamo ricevuto	abbiamo finito
voi	avete lavorato	avete ricevuto	avete finito
loro	hanno lavorato	hanno ricevuto	hanno finito

Abbiamo lavorato fino a tardi.
We worked till late.

Ho ricevuto un bel regalo da mia mamma.
I received a nice present from my mum.

Hanno finito la lezione.
They have finished the lesson.

Some verbs use the present tense of *essere* to form the perfect tense. These verbs do not generally have an object (they are called intransitive). In this category there are many verbs of movement.

Note: the past participle of these verbs agrees in gender and number with the subject.

	arrivare	cadere	uscire
	(to arrive)	(to fall)	(to go out)
io	sono arrivato/a	sono caduto/a	sono uscito/a
tu	sei arrivato/a	sei caduto/a	sei uscito/a
lui / lei	è arrivato/a	è caduto/a	è uscito/a
noi	siamo arrivati/e	siamo caduti/e	siamo usciti/e
voi	siete arrivati/e	siete caduti/e	siete usciti/e
loro	sono arrivati/e	sono caduti/e	sono usciti/e

A che ora sei arrivato, Paul?
What time did you arrive, Paul?

È tornata a casa presto.
She came back home early.

Siamo usciti alle 9.
We went out at 9.

Note: reflexive verbs always use the auxiliary *essere* to form the perfect tense.

Si è alzato molto tardi.
He got up really late.

Non ci siamo divertiti.
We didn't enjoy ourselves.

Many verbs have an irregular past participle. Here are some common ones:

aprire (to open) → *aperto*
bere (to drink) → *bevuto*
chiedere (to ask) → *chiesto*
decidere (to decide) → *deciso*
dire (to say) → *detto*
fare (to make, to do) → *fatto*
leggere (to read) → *letto*
mettere (to put) → *messo*
perdere (to lose) → *perso*
prendere (to take, to get) → *preso*
rimanere (to stay) → *rimasto*
rispondere (to answer) → *risposto*
scegliere (to choose) → *scelto*

scrivere (to write) → *scritto*
smettere (to stop) → *smesso*
succedere (to happen) → *successo*
vedere (to see) → *visto*
vincere (to win) → *vinto*
vivere (to live) → *vissuto*

All these verbs require the auxiliary **avere** with the exception of the verbs **rimanere** and **succedere**, which require **essere**.
Note: the verb **vivere** can take either *essere* or *avere*.

G12 Imperfect tense (*L'imperfetto*)

The imperfect tense is used to indicate what happened regularly in the past or to describe things that continued over time.

	parlare	prendere	dormire
	(to speak)	(to take / to get)	(to sleep)
io	parl-**avo**	prend-**evo**	dorm-**ivo**
tu	parl-**avi**	prend-**evi**	dorm-**ivi**
lui / lei	parl-**ava**	prend-**eva**	dorm-**iva**
noi	parl-**avamo**	prend-**evamo**	dorm-**ivamo**
voi	parl-**avate**	prend-**evate**	dorm-**ivate**
loro	parl-**avano**	prend-**evano**	dorm-**ivano**

Parlavano molto velocemente.
They used to speak very quickly.

Prendevamo il sole tutti i giorni in vacanza.
We sunbathed every day on holiday.

Quando ero piccola avevo i capelli lunghi.
I used to have long hair when I was little.

Note the imperfect form of **c'è** (there is) → **c'era** (there was) and of **ci sono** (there are) → **c'erano** (there were).

C'era brutto tempo.
The weather was bad.

C'erano molte persone alla riunione.
There were many people at the meeting.

Some verbs do not follow the regular pattern. Here is the irregular form of some common ones:

	bere	dire	fare
	(to drink)	(to say)	(to do/to make)
io	bevevo	dicevo	facevo
tu	bevevi	dicevi	facevi
lui/lei	beveva	diceva	faceva
noi	bevevamo	dicevamo	facevamo
voi	bevevate	dicevate	facevate
loro	bevevano	dicevano	facevano

Note the differences between the imperfect and the perfect tense:

- The imperfect tense denotes a situation, while the perfect tense (*passato prossimo*) denotes a finished action, with a beginning and an end.

Non avevo fame e dunque non ho mangiato.
I wasn't hungry, therefore I didn't eat.

Era stanco e così è andato a letto presto.
He was tired, so he went to bed early.

- The imperfect is used to describe something that was taking place (an ongoing action) when something else happened which interrupted it (expressed by the perfect tense).

Guardavamo la televisione quando è arrivato il postino.
We were watching television when the postman arrived.

Mentre il professore spiegava la lezione è suonato il mio cellulare.
While the teacher was explaining the lesson, my mobile phone went off.

- If two actions were taking place at the same time in the past, you use the imperfect tense for both.

Mio papà cucinava mentre mia mamma ci aiutava a fare i compiti.
My dad was cooking while my mum was helping us to do homework.

Note: you must always use the imperfect tense after *mentre* (while).

G13 Imperfect continuous (*L'imperfetto progressivo*)

The imperfect continuous is used to highlight actions or events that were in progress at some point in the past. It is formed with the imperfect form of **stare** + the gerund.

Stavo guardando la televisione quando sei arrivato.
I was watching television when you arrived.

Stavano andando al cinema quando li ho incontrati.
They were going to the cinema when I met them.

G14 Pluperfect tense (*Il trapassato prossimo*)

The pluperfect is used to talk about an action that took place before another in the past. It corresponds to the English 'had + past participle' (i.e. had done). It is formed using the imperfect form of the auxiliary verb (**avere** or **essere**) and the **past participle** of the verb.

GRAMMAR

	lavorare	uscire
	(to work)	(to go out)
io	**avevo** lavorato	**ero** uscito/a
tu	**avevi** lavorato	**eri** uscito/a
lui / lei	**aveva** lavorato	**era** uscito/a
noi	**avevamo** lavorato	**eravamo** usciti/e
voi	**avevate** lavorato	**eravate** usciti/e
loro	**avevano** lavorato	**erano** usciti/e

Ero stanco perché avevo lavorato per dieci ore.
I was tired because I had worked for ten hours.

Siamo andati a casa loro ma erano usciti.
We went to their house but they had gone out.

G15 Future tense (simple and past) (*Il futuro semplice e anteriore*)

The **simple future** is used to talk about a future action. It is formed by adding the highlighted endings to the stem of the infinitive.

	parlare	prendere	dormire
	(to speak)	(to take / to get)	(to sleep)
io	parl-*erò*	prend-*erò*	dorm-*irò*
tu	parl-*erai*	prend-*erai*	dorm-*irai*
lui / lei	parl-*erà*	prend-*erà*	dorm-*irà*
noi	parl-*eremo*	prend-*eremo*	dorm-*iremo*
voi	parl-*erete*	prend-*erete*	dorm-*irete*
loro	parl-*eranno*	prend-*eranno*	dorm-*iranno*

Domani parlerò con il professore.
Tomorrow I'll talk to the teacher.

Dormiremo fino a tardi in vacanza.
We'll sleep till late on holiday.

As well as expressing a future action the future tense can also express a probability.

"Quanti anni ha Marco?" "Avrà 20 anni."
'How old is Marco?' 'He is probably 20.'

Ci saranno cento persone.
There are probably one hundred people.

Note: after **se** (if), **quando** (when) and **appena** (as soon as) you have to use the future tense in Italian when the other verb in the sentence is in the future.

Andrò a correre se sarà bello.
I'll go running if the weather is good.

Quando tornerà mi telefonerà.
When he comes back, he'll ring me.

There are some verbs that form the future in an irregular way. For example, the two auxiliary verbs, **essere** and **avere** (see verb tables online). Other common verbs that form the future in an irregular way are:

andare (to go) → *andrò, andrai, andrà, …*
bere (to drink) → *berrò*
dovere (to have to) → *dovrò*
rimanere (to remain) → *rimarrò*
tenere (to keep) → *terrò*
sapere (to know) → *saprò*
vedere (to see) → *vedrò*
venire (to come) → *verrò*
vivere (to live) → *vivrò*
volere (to want) → *vorrò*

The **future perfect** is used to say you 'will have done something'. To form it you need the future tense of the auxiliary verb (**avere** or **essere**) and the past participle.

	lavorare	uscire
	(to work)	(to go out)
io	**avrò** lavorato	**sarò** uscito/a
tu	**avrai** lavorato	**sarai** uscito/a
lui / lei	**avrà** lavorato	**sarà** uscito/a
noi	**avremo** lavorato	**saremo** usciti/e
voi	**avrete** lavorato	**sarete** usciti/e
loro	**avranno** lavorato	**saranno** usciti/e

Entro stasera avremo studiato quel capitolo.
We will have studied that chapter by tonight.

Sarà arrivata prima delle 9.
She will have arrived before 9.

G16 Immediate future (*stare per* + infinitive) (*Il futuro immediato*)

When you want to describe an action that is about to happen, you use the construction **stare per** + **infinitive**.

Stiamo per andare in centro.
We are about to go to the centre.

Il treno sta per partire.
The train is about to leave.

G17 Conditional (simple and past) (*Il condizionale presente e passato*)

The **simple conditional** is used to be polite, to express a wish or to give advice. In English you use 'would'. It is formed by adding the highlighted endings to the stem of the infinitive.

	parlare	prendere	dormire
	(to speak)	(to take / to get)	(to sleep)
io	parl-**erei**	prend-**erei**	dorm-**irei**
tu	parl-**eresti**	prend-**eresti**	dorm-**iresti**
lui / lei	parl-**erebbe**	prend-**erebbe**	dorm-**irebbe**
noi	parl-**eremmo**	prend-**eremmo**	dorm-**iremmo**
voi	parl-**ereste**	prend-**ereste**	dorm-**ireste**
loro	parl-**erebbero**	prend-**erebbero**	dorm-**irebbero**

Preferirei andare in quel ristorante.
I would prefer to go to that restaurant.

Partiremmo prima ma non c'è un treno.
We would leave earlier but there isn't a train.

Mi piacerebbe uscire stasera.
I would like to go out tonight.

The two auxiliary verbs, **essere** and **avere**, form the conditional in an irregular way (see verb tables online). Other common verbs that form the conditional in an irregular way are:

andare (to go) → *andrei*
bere (to drink) → *berrei*
dovere (to have to) → *dovrei*
rimanere (to remain) → *rimarrei*
tenere (to keep) → *terrei*
sapere (to know) → *saprei*
vedere (to see) → *vedrei*
venire (to come) → *verrei*
vivere (to live) → *vivrei*
volere (to want) → *vorrei*

The **past conditional** indicates an action that 'would have happened'. To form it you need the simple conditional of the auxiliary verb (**avere** or **essere**) and the past participle.

	lavorare	uscire
	(to work)	(to go out)
io	avrei lavorato	sarei uscito/a
tu	avresti lavorato	saresti uscito/a
lui / lei	avrebbe lavorato	sarebbe uscito/a
noi	avremmo lavorato	saremmo usciti/e
voi	avreste lavorato	sareste usciti/e
loro	avrebbero lavorato	sarebbero usciti/e

Avrei ripassato ma sono stato male.
I would have revised but I was unwell.

Sarebbe venuta ieri ma non ha potuto.
She would have come yesterday but she wasn't able.

Note: in Italian to express an action that was still in the future at the time it was mentioned but it is now in the past we use the **past conditional**, not the simple conditional like in English. This construction is commonly referred to as the 'future in the past'.

*Ha detto che mi **avrebbe telefonato**.*
He / She said he / she would ring me.

*Mi hanno promesso che **sarebbero venuti**.*
They promised me they would come.

G18 Imperative (*L'imperativo*)

The imperative is used to give instructions, advice, warnings or commands. It is formed by adding the highlighted endings to the stem of the infinitive according to the following rule: if you are addressing someone informally, you use the **tu** form; if you are addressing someone formally, you use the **Lei** form and if you are addressing a group of people you use the **voi** form.

	ascoltare	chiudere	aprire	finire
	(to listen)	(to close)	(to open)	(to finish)
tu	ascolt-**a**	chiud-**i**	apr-**i**	fin-**isci**
Lei	ascolt-**i**	chiud-**a**	apr-**a**	fin-**isca**
noi	ascolt-**iamo**	chiud-**iamo**	apr-**iamo**	fin-**iamo**
voi	ascolt-**ate**	chiud-**ete**	apr-**ite**	fin-**ite**

Gianni, ascolta attentamente!
Gianni, listen carefully!

Torni domani, signora!
Come back tomorrow, madam!

Aprite il libro e fate l'esercizio!
Open your books and do the exercise!

The **noi** form of the imperative corresponds to the English 'let's'.

Ascoltiamo questa canzone!
Let's listen to this song!

Andiamo a mangiare un gelato!
Let's go and have an ice cream!

Note: the negative **tu** form of the imperative ('don't!') is formed with **non** + **infinitive**.

Non buttare via la plastica!
Don't throw away plastic!

Non sprecare il cibo!
Don't waste food!

Here are the irregular forms of the two auxiliary verbs, *essere* and *avere*:

	essere	avere
	(to be)	(to have)
tu	sii	abbi
Lei	sia	abbia
noi	siamo	abbiamo
voi	siate	abbiate

GRAMMAR

Some verbs are irregular in the *tu*, *Lei* and sometimes *voi* forms. Here are some common ones:

Infinitive	tu	Lei	voi
andare	va'	vada	andate
dare	da'	dia	date
dire	di'	dica	dite
fare	fa'	faccia	fate
sapere	sappi	sappia	sappiate
stare	sta'	stia	state

Va'/vada/andate più piano!
Go slower!

Di'/dica/dite la verità!
Tell the truth!

Fa'/Faccia/fate attenzione!
Pay attention!

For the use of pronouns with the imperative, please see section F6.

Note: when the *tu* form of the verbs *andare, dare, dire, fare, stare* is followed by a pronoun the initial consonant of the pronoun is doubled with the exception of *gli*.

Dammi un'idea di quando puoi venire.
Give me an idea of when you can come.

Dimmi se non hai voglia di venire.
Tell me if you don't fancy coming.

Se non hai capito l'esercizio fallo di nuovo.
If you haven't understood the exercise, do it again.

Facci vedere dove abiti.
Show us where you live.

Dagli più tempo.
Give him/them more time.

G19 Subjunctive (present and past) (*Il congiuntivo presente e passato*)

Although the subjunctive is virtually unknown in English, it is useful to recognise its forms and understand its uses. The subjunctive is usually introduced by **che** and follows verbs expressing **opinions, emotions, hope, fear, doubt and wishes**. The subjunctive is used in a dependent clause when its subject differs from the subject in the main clause.

The regular **present subjunctive** is formed by adding the highlighted endings to the stem of the infinitive.

	abitare	prendere	partire	capire
	(to live)	(to take)	(to leave)	(to understand)
io	abit-**i**	prend-**a**	part-**a**	cap-**isca**
tu	abit-**i**	prend-**a**	part-**a**	cap-**isca**
lui / lei	abit-**i**	prend-**a**	part-**a**	cap-**isca**
noi	abit-**iamo**	prend-**iamo**	part-**iamo**	cap-**iamo**
voi	abit-**iate**	prend-**iate**	part-**iate**	cap-**iate**
loro	abit-**ino**	prend-**ano**	part-**ano**	cap-**iscano**

*Penso che Gianni **abiti** a Pisa.*
I think that Gianni lives in Pisa.

*Speriamo che non **partano** subito!*
Let's hope they are not leaving immediately!

*Temo che non **capisca**.*
I fear he/she doesn't understand.

Some verbs form the present subjunctive in an irregular way. Here are some common ones:

	essere	avere	andare	dire	fare
	(to be)	(to have)	(to go)	(to say)	(to do/to make)
io	sia	abbia	vada	dica	faccia
tu	sia	abbia	vada	dica	faccia
lui/lei	sia	abbia	vada	dica	faccia
noi	siamo	abbiamo	andiamo	diciamo	facciamo
voi	siate	abbiate	andiate	diciate	facciate
loro	siano	abbiano	vadano	dicano	facciano

Please consult the verb tables for more irregular forms, including modal verbs.

The **past subjunctive** is formed with the present subjunctive of the auxiliary verb (**avere** or **essere**) and the past participle of the verb.

	studiare	uscire
	(to study)	(to go out)
io	**abbia** studiato	**sia** uscito/a
tu	**abbia** studiato	**sia** uscito/a
lui / lei	**abbia** studiato	**sia** uscito/a
noi	**abbiamo** studiato	**siamo** usciti/e
voi	**abbiate** studiato	**siete** usciti/e
loro	**abbiano** studiato	**siano** usciti/e

*Credo che non **abbia studiato** la grammatica.*
I believe he hasn't studied the grammar.

*Dubito che **sia** già **uscita**.*
I doubt she has already gone out.

The subjunctive is also used after certain conjunctions. Here are the most common ones:

- **affinché/in modo che** (in order that/so that)

*L'insegnante ripete molte volte le parole **affinché** gli studenti **capiscano** la pronuncia.*
The teacher repeats the words many times so that the students understand the pronounciation.

- **a meno che (non)** (unless)

*Andrò a correre **a meno che (non) piova**.*
I'll go running unless it rains

- **prima che** (before)

*Devi andare a prendere i biglietti **prima che chiuda** la biglietteria.*
You must collect the tickets before the ticket office closes.

- **benché/malgrado/nonostante/sebbene** (although/despite the fact that)

Benché costi molto ho deciso di prenotare quel volo.
Despite the fact it's expensive, I've decided to book that flight.

G20 Subjunctive (imperfect and pluperfect). (*Il congiuntivo imperfetto e trapassato*)

If the verb in the main clause is in the past (perfect or imperfect) the subjunctive needs to be put in the imperfect or pluperfect.

The **imperfect subjunctive** is formed by adding the highlighted endings to the stem of the infinitive.

	abitare	prendere	partire
	(to live)	(to take)	(to leave)
io	abit-*assi*	prend-*essi*	part-*issi*
tu	abit-*assi*	prend-*essi*	part-*issi*
lui / lei	abit-*asse*	prend-*esse*	part-*isse*
noi	abit-*assimo*	prend-*essimo*	part-*issimo*
voi	abit-*aste*	prend-*este*	part-*iste*
loro	abit-*assero*	prend-*essero*	part-*issero*

*Non pensavo che **abitassero** così lontano.*
I didn't think they lived so far.

*Credevamo che l'aereo **partisse** alle 11.*
We thought the plane left at 11.

The **pluperfect subjunctive** is formed with the imperfect subjunctive of the auxiliary (**avere** or **essere**) plus the past participle of the verb.

	studiare	uscire
	(to study)	(to go out)
io	*avessi* studiato	*fossi* uscito/a
tu	*avessi* studiato	*fossi* uscito/a
lui / lei	*avesse* studiato	*fosse* uscito/a
noi	*avessimo* studiato	*fossimo* usciti/e
voi	*aveste* studiato	*foste* usciti/e
loro	*avessero* studiato	*fossero* usciti/e

*Credevo che **avesse studiato** il congiuntivo!*
I thought he / she had studied the subjunctive!

*Speravamo che non **fossero usciti**.*
We hoped they hadn't gone out.

- With a **present conditional** + **se** (**if**) you must use the imperfect subjunctive.

Andrei in Italia più spesso se avessi molti soldi.
I would go to Italy more often if I had lots of money.

Se fossi in te non mangerei tutte quelle caramelle.
If I were you I wouldn't eat all those sweets.

- With a **past conditional** + **se** (**if**) you must use the pluperfect subjunctive.

Avrebbero passato l'esame se avessero ripassato.
They would have passed the exam if they had revised.

G21 Passive and the passive form with *si* (*Il passivo e il "si" passivante*)

In a passive construction the object of the sentence becomes the subject.

I read the book (active) – The book is read by me (passive).

In Italian the passive is formed by the relevant tense of the **verb essere + the past participle**. Here are some examples of verbs in the active and passive form.

	Present	Future	Perfect	Imperfect
Active	Gino **mangia** la mela.	Gino **mangerà** la mela.	Gino **ha mangiato** la mela.	Gino **mangiava** la mela.
Passive	La mela **è mangiata** da Gino.	La mela **sarà mangiata** da Gino.	La mela **è stata mangiata** da Gino.	La mela **era mangiata** da Gino.

Note: the past participle agrees with the subject in gender and number.

Note: the equivalent of the English 'by' is preposition **da**.

To form the passive you can also use the construction: **si + 3rd person singular or plural of the verb** (= *si passivante*). When the passive subject is singular, you use the third person singular of the verb; when it is plural, you use the third person plural.

GRAMMAR

Come si pronuncia questa parola?
How is this word pronounced?

Si parla inglese qui.
English is spoken here.

Dove si vendono i biglietti dell'autobus?
Where are the bus tickets sold?

Si insegnano molte lingue in questa scuola.
Many languages are taught in this school.

G22 Perfect infinitive (*L'infinito passato*)

To form the past infinitive, you use the **infinitive of *avere* or *essere* + the past participle**. **Note:** the past participle following ***essere*** agrees with the subject.

Sono contento/a di avere visto mia nonna.
I am happy to have seen my grandmother.

Sono contento di essere stato in Italia. (if the speaker is male)
I am happy to have been to Italy.

Sono contenta di essere stata in Italia. (if the speaker is female)
I am happy to have been to Italy.

Note: ***dopo*** + perfect infinitive translates the English 'after + gerund'.

Dopo avere letto quel libro sui Romani ha deciso di studiare storia.
After reading that book on the Romans, he decided to study history.

H Negatives (*La negazione*)

H1 Single negatives and their position (*Le forme negative semplici e la loro posizione*)

To make a negative statement in Italian you simply put the word ***non*** in front of the verb.

Pietro non studia francese.
Pietro doesn't study French.

Non abitiamo in centro.
We don't live in the centre.

When there is a pronoun preceding a verb, ***non*** comes before the pronoun.

Non mi piace il calcio.
I don't like football.

Non li ho visti oggi.
I haven't seen them today.

H2 Double negatives and their position (*Le forme negative doppie e la loro posizione*)

In Italian, unlike in English, you use ***non*** in the same sentence as another negative word like ***mai*** (never), ***niente / nulla*** (nothing / not … anything) or ***nessuno*** (nobody / not… anyone). This construction is called **double negative**.

In the case of simple tenses the order of the words is as follows:

- ***non*** + verb + ***mai / niente (or nulla) / nessuno***

Non bevo mai il caffè.
I never drink coffee.

Non ricicla niente.
He / She doesn't recycle anything.

Non conosciamo nessuno.
We don't know anyone.

Non mangio nessun tipo di carne.
I don't eat any kind of meat.

In the case of compound tenses:

- ***non*** + auxiliary + ***mai*** + past participle

Non sono mai stato in Giappone.
I have never been to Japan.

Non ha mai letto Harry Potter.
He has never read *Harry Potter*.

- ***non*** + auxiliary + past participle + ***niente / nulla / nessuno***

Non hanno comprato niente.
They didn't buy anything.

Non ho visto nessuno.
I didn't see anyone.

- Note the expression: ***non*** + verb + ***che*** …

Non legge che romanzi.
She only reads novels. / She reads nothing but novels.

- Note also these negative constructions:

non … per niente / affatto (not at all)	*Non mi piace per niente / affatto.* I don't like it at all.
non … più (not anymore)	*Non mangia più carne.* She is not eating meat anymore.
non … ancora (not yet)	*Non abbiamo ancora fatto colazione.* We haven't had breakfast yet.
né … né … (neither … nor …)	*Non bevo né tè né caffè.* I don't drink either tea or coffee.
non … nemmeno / neanche (not even)	*Non ha detto neanche una parola.* He didn't even say a word.
non solo … ma anche … (not only … but also …)	*Non solo parla il cinese ma anche il russo.* Not only does he speak Chinese but also Russian.

GRAMMAR

I How to ask a question (*Come fare domande*)

The order of the words does not change in Italian when you ask a question. You simply raise your voice at the end.

Alessandro abita a Roma. (statement)
Alessandro lives in Rome.

Alessandro abita a Roma? (question)
Does Alessandro live in Rome?

For common words used to ask questions see sections C6 (interrogative adjectives), E6 (interrogative adverbs) and F8 (interrogative pronouns).

J Numbers (*I numeri*)

J1 Cardinal numbers (*I numeri cardinali*)

0 zero	18 diciotto	90 novanta
1 uno	19 diciannove	100 cento
2 due	20 venti	101 centouno
3 tre	21 ventuno	102 centodue
4 quattro	22 ventidue	200 duecento
5 cinque	23 ventitré	300 trecento
6 sei	24 ventiquattro	400 quattrocento
7 sette	25 venticinque	500 cinquecento
8 otto	26 ventisei	600 seicento
9 nove	27 ventisette	700 settecento
10 dieci	28 ventotto	800 ottocento
11 undici	29 ventinove	900 novecento
12 dodici	30 trenta	1000 mille
13 tredici	40 quaranta	2000 duemila
14 quattordici	50 cinquanta	10.000 diecimila
15 quindici	60 sessanta	100.000 centomila
16 sedici	70 settanta	1.000.000 un milione
17 diciassette	80 ottanta	

Note:

- **Venti, trenta, quaranta** etc. drop the final vowel before numbers **uno** and **otto** (**quarantuno, cinquantotto** etc.).
- **Tre** has an accent at the end when added to another number (**ventitré, trentatré** etc.).
- **Ventuno, trentuno** etc. drop the final **-o** before a noun: **ventun persone** (twenty-one people), **trentun giorni** (thirty-one days).
- From 2.000 onwards the word for thousand is **-mila** not **mille**.

J2 Ordinal numbers (*I numeri ordinali*)

1st primo	6th sesto	11th undicesimo
2nd secondo	7th settimo	12th dodicesimo
3rd terzo	8th ottavo	20th ventesimo
4th quarto	9th nono	30th trentesimo
5th quinto	10th decimo	100th centesimo

From number 11th onwards, ordinal numbers are formed by removing the final vowel of the cardinal number and adding **-esimo**. The only exception is with numbers ending in **tre**. These numbers keep the final **-e** of the number three without the accent. For example:

ventitré → *ventitreesimo* (twenty-third)
trentatré → *trentatreesimo* (thirty-third)

Ordinal numbers are adjectives, therefore agree in gender and number with the noun they qualify.

Questa è la seconda volta che succede.
This is the second time that it happens.

Oggi festeggia il diciottesimo compleanno.
Today he / she celebrates his / her 18th birthday.

K Time and dates (*L'ora e le date*)

K1 Time (*L'ora*)

To ask the time you say: **Che ora è?** or **Che ore sono?** (What time is it?)

To tell the time you say:

È mezzogiorno / mezzanotte / l'una.
It's midday/midnight/one o'clock.

Sono le due / le tre / le quattro.
It's two/three/four o'clock.

Sono le due e cinque / dieci / venti.
It's five/ten/twenty past two.

Sono le due e un quarto.
It's a quarter past two.

GRAMMAR

Sono le due e mezzo/a.
It's half past two.

Sono le due e trentacinque.
It's thirty-five past two (or twenty-five to three)

Sono le due meno dieci / venti.
It's ten/twenty to two.

Sono le due meno un quarto.
It's a quarter to two.

Note that in Italian first you put the hour, then you add or subtract the minutes.

The 24-hour clock is used in official settings only (with train times etc.). In that case you always mention the hours and the minutes.

14.15 = le quattordici e quindici

15.30 = le quindici e trenta

16.45 = le sedici e quarantacinque

To say 'at what time' you say **a che ora?**

To reply you say:

a mezzogiorno / a mezzanotte   at midday / midnight

all'una   at one o'clock

alle due / alle tre / alle quattro   at two / three / four o'clock

"A che ora comincia la lezione?" "Comincia alle nove."
'What time does the lesson start?' 'It starts at nine.'

"A che ora parte l'autobus?" "Parte alle sedici e trenta."
'At what time does the bus leave?' 'It leaves at 16.30.'

K2 Dates (*Le date*)

To say a date in Italian you use the definite article + the cardinal numbers, except for the first of the month where you use the ordinal number **primo**.

il primo agosto   the first of August

il due / tre / dieci / venti ... agosto
the second / third / tenth / twentieth ... of August

l'undici agosto   the eleventh of August

Note that months of the year are not capitalised in Italian.

Years are expressed using thousands, hundreds, tens and units:

1975 → millenovecentosettantacinque, 2020 → duemilaventi.

K3 Useful expressions of time with present, perfect and imperfect tenses (*Le espressioni di tempo utili con il presente, il passato prossimo e l'imperfetto*)

Here are the most common expressions to use with time.

- To say you have been doing something for a length of time (and what you are doing is still ongoing) you use the preposition **da** with the **present tense**.

Suono *la chitarra **da** un anno.*
I've been playing the guitar for a year.

Abitiamo *qui **da** tre mesi.*
We have lived here for three months.

- To ask how long someone has been doing something you say: *Da quanto tempo* + present tense?

Da quanto tempo *studi l'italiano?*
How long have you studied Italian for?

- To say you had been doing something in the past for a length of time you use the **imperfect** followed by preposition **da**.

Aspettava *l'autobus **da** un'ora.*
He / She had been waiting for the bus for an hour.

- To ask how long someone had been doing something you say: *Da quanto tempo* + imperfect tense?

Da quanto tempo *lavorava?*
How long had he / she been working for?

- To say you did something for a length of time (but you are not doing it anymore) you use preposition **per** with the **perfect tense**.

Ho giocato *a tennis **per** dieci anni.*
I played tennis for ten years.

Siamo rimasti *in Italia **per** tre settimane.*
We stayed in Italy for three weeks.

- To ask how long someone did something for you say: *Per quanto tempo* + perfect tense?

Per quanto tempo *avete viaggiato?*
How long did you travel for?

- Other useful time expressions are: **fa** (*ago*), **tra** or **fra** (*in*).

*due mesi **fa***   two months ago

tra / fra *due giorni / una settimana / tre mesi*
in two days / a week's / three months time

- To say: **last** week / month / year etc. you use the adjective ***scorso/a***.

*la settimana **scorsa** / l'anno **scorso** / il mese **scorso***
last week / last year / last month

*giovedì **scorso** / domenica **scorsa***
last Thursday / last Sunday

L Conjunctions (*Le congiunzioni*)

L1 Coordinating conjunctions (*Le congiunzioni coordinanti*)

Coordinating conjunctions are words that link two nouns, adjectives, adverbs or verbs. The most common ones are:

e / ed	and
anche	also
ma	but
o / oppure	or
o … o	either … or
sia … che	both … and
né … né	neither … nor

*Maria **e** Luisa stanno andando alla festa.*
Maria and Luisa are going to the party.

*Matteo **ed** Elena sono di Milano.*
Matteo and Elena are from Milan.

*Gioco a tennis e **anche** a calcio.*
I play tennis and also football.

*Sa scrivere ma **non** parlare.*
He / She can write but he / she can't speak.

*Preferisci il tè con latte **o** senza?*
Do you prefer tea with or without milk?

***O** mi rispondi **o** me ne vado.*
Either you answer me or I'm going.

*Mi piacciono **sia** il pesce **che** la carne.*
I like both meat and fish.

*Non mi piacciono **né** i funghi **né** i pomodori.*
I don't like neither mushrooms nor tomatoes.

L2 Subordinating conjunctions (*Le congiunzioni subordinanti*)

Subordinating conjunctions are words that link two clauses in order to complete or clarify the meaning. The most common ones are:

anche se	even if
appena	as soon as
mentre	while
perché	because
poiché	since
quando	when
se	if
visto che	considering that / given that

*Vado alla festa **anche se** non sto bene.*
I am going to the party even if I don't feel well.

*Telefona **appena** arrivi.*
Ring as soon as you arrive.

*Canto sempre **mentre** faccio la doccia.*
I always sing while I'm having a shower.

*Sono vegetariana **perché** amo gli animali.*
I am vegetarian because I love animals.

***Poiché** era tardi non sono andato.*
Since it was late I didn't go.

***Se** piove non veniamo.*
If it rains we won't be coming.

*Leggi questo libro **visto che** hai tempo.*
Read this book given thay you have got the time.

M Common quantities (*Le quantità più comuni*)

These are the most common quantities:

un etto (= cento grammi) di   one hundred grams of

un etto e mezzo (= centocinquanta grammi) di
one hundred and fifty grams of

due etti di   two hundred grams of

mezzo chilo di   half a kilo of

un chilo / due chili di   one kilo / two kilos of

mezzo litro di   half a litre of

un litro / due litri di   one litre / two litres of

Other words often associated with shopping and quantities are:

una bottiglia di   a bottle of

un barattolo di   a jar of

una lattina di   a can of

un pezzo di   a piece of

un quarto di   a quarter of

mezzo/a   half

Note: the abbreviation for **etto** is **hg.**, for **chilo** is **kg.** and for **litro** is **lt**.